Wo liegt eigentlich … begraben?

Für Michael
in Dankbarkeit für zehn Jahre voller Liebe und Treue,
Unterstützung und Verständnis.

Inhalt

Vorwort 11

● Alter Orient

Abraham	13	Josue	21
Amenophis III.	14	Mentuhotep II.	22
Assurbanipal	14	Moses	22
Assurnasirpal II.	14	Narmer	23
Cheops	15	Nebukadnezar II.	23
Chephren	16	Nofretete	24
Daniel	17	Ramses II.	24
David	17	Ramses III.	25
Djoser	18	Salomon	26
Echnaton	19	Sanherib	26
Elias	20	Saul	26
Hatschepsut	20	Sesostris III.	27
Imhotep	21	Sethos I.	27
Isaak	21	Thutmosis I.	28
Jakob	21	Thutmosis III.	29
Jeremias	21		

● Klassisches Altertum

Achilleus	30	Antoninus Pius	36
Aeneas	30	M. Antonius	36
Aetius	31	Archimedes	36
Agamemnon	31	Aristeides	37
Agathokles	31	Attila	37
Agrippa	31	Augustinus	38
Agrippina d. J.	32	Augustus	38
Aischylos	32	Boethius	40
Alarich	32	Brutus d. J.	40
Alexander d. Gr.	33	Caesar	41
Alkibiades	34	Caligula	41
Ambrosius	34	Caracalla	42
Antigonos Monophthalmos	35	Cassius	42
Antinous	35	Cato d. J.	42

Chlodwig I.	43	Homer	65
Claudius	43	Honorius	65
Commodus	44	Horaz	66
Constans	44	Jesus Christus	66
Constantin d. Gr.	45	Johannes	67
Constantius I.	46	Johannes Chrysostomos	68
Constantius III.	46	Judas Maccabaeus	68
Dareios I. d. Gr.	46	Julianus Apostata	69
Dareios III.	47	Justinian I.	69
Demetrios Poliorketes	49	Kambyses	69
Demosthenes	49	Kimon	70
Diocletian	50	Kleisthenes	70
Diogenes	50	Kleopatra	71
Dionysios I.	52	Kyros d. Gr.	71
Domitian	52	Leo d. Gr.	73
Drakon	52	Leonidas	73
Drusus d. Ä.	53	Livia	74
Elagabal	53	Livius	74
Ennius	53	Lucullus	74
Epameinondas	54	Lykurgos	75
Euripides	54	Lysander	75
Galerius	54	Lysimachos	76
Galla Placidia	55	Maecenas	76
Gallienus	57	Mani	76
Gelon	57	Mardonios	77
Germanicus	57	Marius	77
C. Gracchus	58	Mark Aurel	78
Tib. Gracchus	58	Martin von Tours	78
Hadrian	58	Maussollos	78
Hannibal	60	Maxentius	79
Harmodios und Aristogeiton	60	Maximianus Herculius	80
Hektor	60	Menelaos	80
Helena	61	Messalina	81
Hephaistion	62	Miltiades	81
Heraklit	62	Mithridates VI. Eupator	81
Herodes d. Gr.	62	Narses	82
Herodot	63	Nero	82
Hesiod	64	Nerva	83
Hieron I.	64	Odoaker	83
Hieronymus	64	Paris	83
Hippokrates	65	Paulus	84

Perikles	84
Petrus	85
Philippos II.	86
Pindar	87
Platon	87
Polykrates	87
Cn. Pompejus	88
Poppaea	88
Ptolemaios I. Soter	89
Pyrrhos	89
Romulus	90
Sappho	91
Scipio Africanus d. Ä.	91
Scipio Africanus d. J.	92
Seleukos I. Nikator	92
Seneca	93
Septimius Severus	93
Solon	93
Sophokles	94
Stilicho	94
Sulla	95
Tarquinius Superbus	95
Thales	96
Themistokles	96
Theoderich d. Gr.	97
Theodora	99
Theodosius I.	99
Theseus	100
Thukydides	100
Tiberius	100
Titus	101
Totila	101
Trajan	102
Valentinian I.	102
Valerian	103
Varus	103
Vergil	103
Vespasian	104
Wulfila	104
Xenophon	105
Xerxes I.	105
Zarathustra	106
Zenon von Kition	106

● Mittelalter

Abaelard und Heloise	107
Adalbert	107
Adolf von Nassau	108
Albertus Magnus	108
Alboin	109
Albrecht I.	109
Albrecht II.	109
Albrecht der Bär	110
Alexander Newskij	110
Alexios I. Komnenos	110
Alfons VIII.	111
Alfons X. der Weise	111
Alfred d. Gr.	112
Ali	112
Alkuin	113
Anselm von Canterbury	114
Ansgar	114
Antonius von Padua	114
Arnulf von Kärnten	115
Árpád	115
Artus	115
Averroes	116
Avicenna	116
Baibars	117
Basileios II. Bulgaroktonos	117
Batu	117
Bāyezīt I. Yıldırım	118
Becket, Thomas	118
Beda Venerabilis	119
Benedikt von Nursia	119

Bernauer, Agnes	120
Bernhard von Clairvaux	120
Bernward	121
Birgitta von Schweden	121
Boccaccio, Giovanni	122
Bohemund von Tarent	122
Bolesław I. der Tapfere	122
Bonifatius VIII.	122
Bonifatius	123
Brunichild	123
Chaucer, Geoffrey	124
Cid, El	124
Clemens II.	125
Clemens VI.	125
Cola di Rienzo	126
Dagobert I.	126
Dandolo, Enrico	128
Dante Alighieri	128
Dmitrij Donskoj	130
Dominikus	130
Dracula	130
Dschingis Chan	131
Du Guesclin, Bertrand	131
Eduard der Bekenner	132
Eduard I.	133
Eduard III.	133
Eduard, der „Schwarze Prinz"	134
Einhard	134
Eleonore von Aquitanien	135
Elisabeth von Thüringen	135
Erwin von Steinbach	136
Eulenspiegel, Till	136
Eyck, Jan van	138
Ferdinand III. d. Hl.	138
Franziskus von Assisi	139
Fredegund	140
Friedrich I. Barbarossa	140
Friedrich II.	141
Friedrich III.	142
Gero	144
Giotto	144
Gottfried von Bouillon	145
Gregor I. d. Gr.	145
Gregor V.	145
Gregor VII.	146
Gutenberg (eig. Gensfleisch), Johannes	146
Harald II. Godwinson	146
Harald Hardrada	147
Harun al-Raschid	147
Heinrich I.	148
Heinrich II.	148
Heinrich III.	149
Heinrich IV.	149
Heinrich V.	150
Heinrich VI.	150
Heinrich VII.	151
Heinrich II.	151
Heinrich V.	152
Heinrich der Seefahrer	152
Heinrich der Löwe	152
Heinrich von Meißen (Frauenlob)	153
Herakleios	153
Hermann von Salza	154
Hildegard von Bingen	154
Hrabanus Maurus	154
Hugo Capet	155
Hunyadi, Johannes	155
Hus, Johannes	155
Hussein	156
Innozenz III.	156
Irene	157
Isidor von Sevilla	157
Ivan I. Kalità	157
Ivan III. d. Gr.	158
Jagiełło	158
Jeanne d'Arc	158
Johann von Luxemburg	159
Johann Ohneland	159
Johann I. d. Gr.	160
Johann Ohnefurcht	160

Johanna	161	Margarete	177
Johannes I. Tzimiskes	161	Margarete Maultasch	178
Johannes II. Komnenos	161	Martin V.	178
Johannes Buridanus	162	Mathilde von Tuszien	179
Karl Martell	162	Matthias Corvinus	179
Karl d. Gr.	162	de' Medici, Cosimo d. Ä.	179
Karl II. der Kahle	163	de' Medici, Lorenzo il Magnifico	180
Karl III. der Dicke	164	Mehmed II. der Eroberer	180
Karl IV.	164	Michael VIII. Palaiologos	181
Karl V. der Weise	165	Mieszko I.	181
Karl VII.	165	Mohammed	181
Karl I. von Anjou	165	Murad I.	182
Karl der Kühne	166	Nikolaus von Kues	183
Katharina von Siena	166	Norbert von Xanten	183
Knut d. Gr.	167	Notker Balbulus („der Stammler")	183
Konrad I.	167	Notker Labeo („der Dicklippige")	184
Konrad II.	168	Odilo	184
Konrad III.	168	Odo	184
Konrad IV.	169	Odo	185
Konradin	169	Olaf II. d. Hl.	185
Konstantin XI. Dragases	169	Oleg	185
Konstanze	170	Olga	186
Kyrill (Konstantin) und Method	170	Omar	186
Leo IX.	171	Osman	186
Leon III.	171	Oswald von Wolkenstein	187
Leopold V.	171	Otto I. d. Gr.	187
Lothar I.	172	Otto II.	188
Lothar von Süpplingenburg	172	Otto III.	189
Ludwig I. der Fromme	172	Otto IV.	189
Ludwig II. der Deutsche	173	Otto von Freising	190
Ludwig III. der Jüngere	173	Ottokar II. Přemysl	190
Ludwig IV. das Kind	174	Parler, Peter	191
Ludwig IV. der Bayer	174	Paulus Diaconus	191
Ludwig IX. d. Hl.	174	Pelayo	191
Ludwig XI.	175	Peter I.	191
Ludwig I. d. Gr.	176	Peter der Eremit	192
Ludwig der Springer	176	Petrarca, Francesco	192
Maimonides	176	Philipp von Schwaben	193
Manfred	177		
Manuel I. Komnenos	177		

Philipp II. Augustus	193	Skanderbeg	208
Philipp IV. der Schöne	194	Stephan I. d. Hl.	209
Philipp II. der Kühne	194	Störtebeker, Klaus	209
Philipp III. der Gute	195	Stoß, Veit	210
Pippin III. der Jüngere	196	Suger	210
Pius II.	196	Tassilo III.	210
Polo, Marco	197	Tauler, Johannes	211
Rainald von Dassel	197	Theophanu	211
Richard I. Löwenherz	197	Thomas von Aquin	211
Richard III.	198	Thomas a Kempis (von Kempen)	212
Riemenschneider, Tilman	199	Timur i Leng (Tamerlan)	212
Robert Guiscard	199	Ulrich	213
Robert de Sorbon	199	Urban II.	213
Robin Hood	200	Vladimir I. d. Hl.	213
Roderich	200	Walahfrid Strabo	214
Roger II.	200	Waldemar IV. Atterdag	214
Roger Bacon	201	Wallace, William	214
Rogier van der Weyden	201	Walther von der Vogelweide	215
Roland	201	Wenzel	215
Romanos IV. Diogenes	202	Wenzel I. d. Hl.	215
Rublev, Andrej	202	Widukind	216
Rudolf von Rheinfelden	202	Wilhelm I. der Eroberer	216
Rudolf I.	203	Willibrord	217
Rudolf IV. der Stifter	203	Wolfram von Eschenbach	217
Ruprecht	204	Wyclif, John	218
Saladin	204	Žižka, Jan	218
Sergej von Radonež	206		
Seuse, Heinrich	206		
Sforza, Francesco	206		
Sigismund	207	Ohne Überlieferung	219
Silvester II.	207	Glossar	220
Sixtus IV.	208	Bildnachweis	222

Vorwort

Wolkenlos wölbte sich der Himmel über dem Bosporus, ruhig glitt das Schiff über das Meer. Monoton verkündete die Stimme des einheimischen Reiseleiters, an den Ufern wären auch zwei bedeutende Deutsche begraben – Colmar von der Goltz, der preußische Feldmarschall in osmanischen Diensten (das war mir bekannt), und Helmuth von Moltke, der Sieger von Königgrätz und Sedan – und das konnte nicht sein! Aber ich hatte den Ausführungen des Cicerone in diesem Augenblick kein gesichertes, unangreifbares Wissen entgegenzusetzen; ich kannte den Werdegang des berühmten Feldherrn, auch seinen mehrjährigen Aufenthalt in der Türkei, auf dem der Irrtum erkennbar beruhte – aber wo war er bestattet worden?

In diesem Augenblick durchzuckte mich ein Gedanke – es müßte ein Nachschlagewerk für die Grabstätten aller bedeutenden Persönlichkeiten der Weltgeschichte geben! Das Projekt erschien mir bald noch wichtiger, da ich bei meinen Recherchen nach dem Grab Moltkes (auf seinem Gut in Kreisau) feststellte, daß auch umfangreiche Enzyklopädien diesen Aspekt nur selten berücksichtigen. Eine junge Kunsthistorikerin begeisterte sich gleichfalls für diese Aufgabe; gemeinsam begannen wir unser Werk, dessen Umfang sich bald schon abzeichnete.

Ohne die Unterstützung einer wissenschaftlichen Institution erschien die Bearbeitung des unüberschaubar reichen Materials durch alle Zeiten von A bis Z als unmöglich. Daher entschieden wir uns für eine Gliederung nach den historischen Großepochen; so erschien 2006 der erste Band über den Alten Orient und das Klassische Altertum („Wo liegt eigentlich Caesar begraben?"), vier Jahre später ein weiterer über das Mittelalter („Wo liegt eigentlich Barbarossa begraben?"). Der nächste Abschnitt über die frühe Neuzeit ist bereits in Arbeit; das Gesamtprojekt bis in die Gegenwart ist auf etwa sechs Bände angelegt.

Der Erfolg der wissenschaftlichen Ausgabe – dem Interesse unserer Zeit an allen Aspekten der Sepulkralkultur geschuldet – hat den Verlag Philipp von Zabern veranlaßt, das Projekt in unveränderter Form als elektronisches Buch (eBook) anzubieten, zugleich die vorliegende gekürzte Fassung der beiden ersten Bände in sein Programm aufzunehmen. Unabdingbar war dazu eine durchgreifende Reduzierung ihres Umfangs, die auch den Interessen der Leser entgegenkommt; so ist etwa die vollständige Erfassung aller Päpste (oder französischen Könige) für den Historiker hilfreich, dem gebildeten Laien hingegen durchaus verzichtbar. Ebenso wurde auf den wissenschaftlichen Apparat verzichtet (für diesen steht ohnehin die vollständige Ausgabe zur Verfügung).

Grundlage für die Auswahl war die geschichtliche Bedeutung der Person, nicht der Grabstätte. So sind etwa die Gruft des Tutanchamun, das Mausoleum der Caecilia Metella oder das Jakobusgrab in Santiago de Compostela zweifellos von höchstem archäologischen bzw. religionsgeschichtlichen Rang; aber die dort Beigesetzten wird man doch wohl kaum zu den wichtigen Gestalten der Geschichte zählen. Eine gewisse Subjektivität war naturgemäß unvermeidbar, doch dürfte im allgemeinen kaum zweifelhaft sein, welche Staatsmänner und Feldherren, Künstler und Literaten zu den Großen des Altertums und Mittelalters zählen (die Persönlichkeiten, deren Grabstätten nicht überliefert sind, werden auf S. 219 aufgeführt).

So soll das Buch zum Blättern, Schmökern – und manchmal auch zum Staunen anregen, zudem eine Lücke in der historischen Forschung schließen; es sieht sich der schlichten Forderung Leopold von Rankes verpflichtet, zu zeigen, wie es eigentlich gewesen sei. Zugleich kann es ermuntern, sich neuen geschichtlichen Fragestellungen zuzuwenden – auch abseits bereits ausgetretener Pfade.

Ebenso mag es dazu anregen, die zahlreichen Grabstätten selbst aufzusuchen – von Spanien bis Syrien, von Schottland bis Ägypten.

Unser Dank gilt dem Verlag, der das Buch in gewohnter Qualität gestaltet hat, vor allem Herrn Dr. Jürgen Kron und Frau Constanze Holler sowie Christoph Nettersheim; ebenso unseren Ehepartnern, die das entstehende Werk mit unermüdlicher Geduld und stetem Interesse begleitet und gefördert haben.

Bad Frankenhausen / Gera, Stephan Elbern
im Februar 2011 Katrin Vogt

ALTER ORIENT

● **Abraham**
Israelitischer Patriarch (19.–17. Jh. v. Chr.)

Nach biblischer Überlieferung wandert er von Chaldäa in das „Gelobte Land" Kanaan aus; dort empfängt er die göttliche Verheißung zahlreicher Nachkommenschaft und ihrer ewigen Herrschaft über das Land. Seine Historizität ist umstritten. Wie seine Nachkommen Isaak und Jakob galt er als einer der drei Erzväter der Israeliten; auch in Christentum und Islam genoß er hohe Verehrung.

Er wird in der Höhle von Machpela bei Hebron bestattet, ebenso seine Frau Sara. Ihre Ruhestätte und die Gräber der Nachfahren werden hier seit über zwei Jahrtausenden verehrt; wahrscheinlich bestand hier bereits in der Zeit der Makkabäer ein Heiligtum. Herodes d. Gr. ließ die Grabhöhle durch eine Mauer umschließen. In der Spätantike wurde die Stätte von Christen wie auch von Juden besucht; sie wird als rechteckiger Bau in hervorragender Steinmetzarbeit beschrieben. Nach der arabischen Eroberung wurden die Grabstätten auch zum Ziel moslemischer Pilger.

→ Gottfried von Bouillon befestigte das Heiligtum als „Castellum ad S. Abraham"; hier lebten Augustiner-Chorherren, die nach eigenen Angaben die Gräber in der Höhle wiederentdeckten; zu ihrer Verehrung entstand eine Kreuzfahrerkirche. Nach der Katastrophe von Hattin wieder in moslemischem Besitz, wurde die heilige Stätte unter Baibars für alle Nichtmoslems gesperrt; die Kirche wurde zur Moschee, die Höhle für alle Besucher unzugänglich.

Der heutige Bezirk von Haram el-Chalil („Heiligtum des Freundes"; „Freund" bezeichnet im islamischen Sprachgebrauch Abraham) wird noch immer von der herodianischen Mauer umschlossen, die unter Baibars erhöht wurde; damals entstanden auch die vier (j. zwei) Minarette. Das Heiligtum besteht aus einem offenen Hof und der angrenzenden Moschee (der früheren Kirche).

In ihrer Vorhalle erheben sich die Kenotaphien von Abraham und Sara, auf der gegenüberliegenden Seite des Hofes die Gedenkgräber für Jakob und Lea; die Memorien von Isaak und Rebekka fanden im Inneren der Moschee Aufstellung. Frommer Volksglaube lokalisiert im Heiligtum auch die Grabstätten von Adam und Eva, von Joseph und seinen elf Brüdern.

● Amenophis III.
Ägyptischer König (18. Dyn., 1413–1375 v. Chr.)

Unter seiner Regierung erlebte Ägypten eine einzigartige Blüte: Von Nubien bis Syrien herrschte Frieden, die wirtschaftliche Prosperität ermöglichte reiches künstlerisches Schaffen; v. a. in den gewaltigen Tempelanlagen von Karnak und Luxor manifestierte sich eine neue Tendenz zur Kolossalarchitektur, die für das Neue Reich charakteristisch wurde.

Sein Grab im Tal der Könige (Nr. 22; → Thutmosis I.) folgt in der Reihung von Schacht, Vorraum, Halle und Krypta der Gruft Thutmosis' IV. (Nr. 43). Die Gewölbe zeigen den Sternenhimmel, Wände und Pfeiler den König vor den Gottheiten der Unterwelt; dabei erscheint der Herrscher erstmals von seinem „Ka" begleitet. In der Krypta fand sich ein zerbrochener Sarkophagdeckel aus rötlichem Granit; die schwerstbeschädigte Mumie wurde dagegen in der Cachette im Grab Amenophis' II. entdeckt und in das Museum von Kairo verbracht.

Vom Totentempel des Pharao blieben lediglich die beiden monumentalen Skulpturen erhalten, die einst den Eingang des Heiligtums flankierten, von der Nachwelt „Memnonskolosse" genannt.

● Assurbanipal
Assyrischer König (669–um 631 v. Chr.)

In mehrjährigem Krieg warf er die Erhebung Babyloniens nieder, dann zerschlug er endgültig das Reich von Elam; auch Ägypten wurde vorübergehend erobert. Der hochgebildete Herrscher gründete in seiner Residenz Ninive eine riesige Bibliothek. Obwohl er den Bestand des Reiches weitgehend wahrte, wurde er von der Legende zur weibischen Gestalt des Sardanapal umgestaltet.

Fragmente einer Inschrift in der Königsnekropole von Assur (→ Assurnasirpal II.) lassen auf eine Beisetzung Assurbanipals in der Gruft IV schließen.

● Assurnasirpal II.
Assyrischer König (883–859 v. Chr.)

Der erste große Herrscher des neuassyrischen Reiches führte zahlreiche Kriege im Vorderen Orient, die von grausamen Massenhinrichtungen und Deportationen ganzer Völker begleitet waren. Gleichzeitig wurden Verwaltung und Armee modernisiert. Die Residenz Salmanassars I. in Kalach (Nimrud) wurde erneuert; hier entstand der bedeutendste assyrische Palastkomplex mit zahlreichen hervorragenden Reliefdarstellungen.

Bei Ausgrabungen im Palastareal von Assur wurden 1912 die Königsgrüfte entdeckt. Die unterirdischen Grabstätten sind durch gewölbte Rampen und Treppen untereinander verbunden. Allerdings zeigten sie Spuren furchtbarer Verwüstung: Die Sarkophage waren in kleinste Partikel zerschmettert, die Gebeine zerstört, von den Beigaben nur Bruchstücke erhalten.

Aufgrund der Inschriften wurde die Gruft V als Grablege Assurnasirpals II. identifiziert. In den Gruftraum führt eine schwere Basalttür, auf beiden Seiten von der Königsinschrift flankiert. Die Mauern sind aus Backstein errichtet und mit Lehmziegeln ummantelt; sie erheben sich über drei Schichten von Basaltplatten, auf denen in ständiger Wiederholung gleichfalls die Königsinschrift erscheint. Teilweise in den Boden versenkt war der gewaltige Basaltsarkophag (j. im Pergamon-Museum). Nahezu alle Wände des Sarges trugen die Königsinschrift, sogar die nicht sichtbare Unterseite.

Die Königsgräber müssen ungeheure Schätze geborgen haben; eine Vorstellung ihres Reichtums vermitteln die vor wenigen Jahren in Kalach (Nimrud) entdeckten Ruhestätten der assyrischen Königinnen. Daß sie bei der Eroberung Assurs durch die Meder im 7. Jh. geraubt wurden, kann nicht verwundern. Aber die Spuren der Zerstörung weisen weit über den üblichen Vandalismus beutegieriger Krieger hinaus; systematisch wurden Gebeine und Inschriften zu kleinsten Teilchen zermalmt. Ihre Zerstörung war von höchster religiöser und politischer Bedeutung: Sie unterbrach die Verbindung zu den Ahnen im Jenseits und beraubte so das Volk einer entscheidenden Quelle seiner Kraft.

● Cheops
Ägyptischer König (4. Dyn., 2553–2530 v. Chr.)

Macht und wirtschaftliche Blüte des Reiches spiegeln sich in der gewaltigen Pyramide des Königs, die auch die organisatorische Leistungsfähigkeit des ägyptischen Staates zeigt: An jedem Tag seiner 23jährigen Herrschaft wurden – nur für die Grabstätte – durchschnittlich 800 t Kalkstein verarbeitet – vom Herausbrechen aus dem Fels bis zum Einfügen in den Bau.

Bei Gizeh ließ der König seine Pyramide errichten, die mit den benachbarten Grabbauten des Chephren und Mykerinos zu den Sieben Weltwundern des Altertums zählte. Mit einer Seitenlänge von 230 m und einer ursprünglichen Höhe von 146,6 m (j. 137) übertraf sie alle anderen Pyramiden des Nillandes. Die ursprüngliche Ummantelung aus Kalkstein ist verloren. Beeindruckend ist die Masse des Bauwerkes mit 6 Mio. Tonnen Stein, mehr noch

Gizeh, Pyramiden

die Exaktheit seiner Ausführung – die größte Abweichung in der Horizontalen beträgt 16 mm. Die ungeheure Grabstätte spiegelt die Vorstellung des Alten Reiches, daß der König auch nach seinem Tod Heil und Wohlstand des Landes gewährleistete.

In verschiedenen Bauphasen entstanden in ihrem Inneren drei Gangsysteme; der jüngste Gang mündet in die Grabkammer. Der schmucklose Raum birgt einen schlichten Granitsarkophag; Reste der Mumie wurden nicht entdeckt.

● Chephren
Ägyptischer König (4. Dyn., 2522–2496 v. Chr.)

Über die Regierungszeit von → Cheops' jüngerem Sohn ist wenig bekannt. Die gewaltigen Ausmaße seiner Pyramide und des vorgelagerten Sphinx lassen auf die Prosperität des Reiches schließen. Dagegen weist der Grabbau seines Nachfolgers Mykerinos durch die geringe Größe auf den Niedergang des Königtums oder eine wirtschaftliche Erschöpfung des Landes.

Neben dem Grabbau des Vaters ließ Chephren die eigene Pyramide errichten (215 m Seitenlänge, ursprünglich 143,5 m Höhe). Die Grabkammer barg einen schlichten Granitsarkophag, dessen Deckel bei der gewaltsamen Öffnung zerbrochen wurde.

Der Pyramidenbezirk umfaßte eine Kultpyramide, den Taltempel mit Aufgang, den Totentempel und fünf Bootsgruben, v. a. aber die gewaltige Wächterfigur des Sphinx mit dem Kopf des Königs und dem Leib eines Löwen.

● Daniel
Jüdischer Prophet (2. Jh. v. Chr.)

Nach biblischem Bericht lebte er als Seher am Hof → Nebukadnezars II.; doch ist seine Historizität ungesichert. Mit der Vision von den vier Weltreichen prägte das Buch Daniel das christliche Geschichtsdenken durch Jahrhunderte.

Angebliche Gräber des auch von den Moslems verehrten Sehers werden in Alexandria (Nebi-Daniel-Moschee), Babylon, Mal Amir (Iran) und bei Susa gezeigt.

● David
Jüdischer König (um 1000 v. Chr.)

Bereits als Jüngling wurde er beim Volk beliebt, v. a. durch den erfolgreichen Zweikampf mit dem Philister Goliath; vor dem Neid des Königs → Saul mußte er zunächst fliehen. Nach dessen Tod zum Nachfolger erhoben, einte er die jüdischen Stämme und erhob Jerusalem zur Hauptstadt des neuen Reiches.

Er wurde in der Davidsstadt von Jerusalem mit großem Aufwand bestattet. Die Ruhestätte umschloß auch die Grabkammer seines Sohnes → Salomon; dreizehn weitere Herrscher wurden später hier beigesetzt. Die königliche Nekropole lag oberhalb des Siloah-Teiches nahe der Stadtmauer; sie war noch Jahrhunderte später bekannt und wurde von den Juden verehrt.

Angeblich ließ Herodes d. Gr. das Grab Davids berauben; der Versuch, zu den verborgenen Grabkammern selbst vorzudringen, scheiterte jedoch an der Entzündung von Erdgasen. Zur Sühne für seinen Frevel stiftete der König am Eingang der Gruft ein marmornes Denkmal, das während des Bar-Kochba-Aufstandes einstürzte. Vermutlich wurde die Grabstätte in diesem Krieg oder bei der Errichtung der hadrianischen Stadt Aelia Capitolina zerstört, später vergessen und vom Volksglauben nach Zion verlegt; dort wird sie heute unterhalb des Abendmahlssaales der Christen als jüdisches Heiligtum verehrt.

Einige monumentale Gräber im Süden der Davidsstadt wurden hypothetisch als die biblisch bezeugte Königsnekropole identifiziert; doch ist zur Klärung dieser Frage weitere archäologische Forschung notwendig.

Djoser
Ägyptischer König (3. Dyn., 2632–2613 v. Chr.)

Er erweiterte den ägyptischen Machtbereich im Süden bis zum ersten Nilkatarakt. Mit der Errichtung seiner Stufenpyramide und des Totentempels bei Sakkara begründete er die Tradition der steinernen Monumentalgräber für die Herrscher des Nillandes.

Bei Sakkara errichtete → Imhotep für den König eine Stufenpyramide (Stufenmastaba), den ersten monumentalen Steinbau der Geschichte; die gewaltige Grablege sollte die Verehrung des Herrschers auf ewige Zeit gewährleisten. Zunächst wurde eine Mastaba angelegt und mehrfach erweitert; später setzte man vier zurücktretende Aufbauten, zuletzt zwei weitere Stufen auf. Der vollendete Bau, mit Kalkstein verkleidet, ragt zu einer Höhe von etwa 60 m auf.

Die königliche Grabkammer ist durch einen Gang erreichbar; sie liegt unterhalb eines Schachtes, in dem Reste der Mumie und ein vergoldeter Schädel gefunden wurden. Das Innere umschließt weitere Grabkammern für die Angehörigen des Herrschers sowie Magazine mit Tausenden von Gefäßen zu seiner Versorgung.

Die Stufenmastaba liegt in einem gewaltigen Baukomplex mit weiteren Vorratsräumen, dem Totentempel sowie dem „Totenpalast"; dieser sollte wohl als ewige Residenz für die weiterwirkende Kraft des Verstorbenen die-

Sakkara, Stufenmastaba des Djoser

nen. Die Räume waren mit Steinen aufgefüllt, so daß jedem Lebenden der Zugang verwehrt war. Die steinerne Architektur folgte den baulichen Formen von Holz und Lehmziegeln, aus denen der Palast errichtet war, der dem Herrscher zu Lebzeiten als Wohnsitz gedient hatte.

Im Süden der Pyramide lag ein zweites Grab, gleichfalls mit Magazinen und Fayenceschmuck ausgestattet; wahrscheinlich handelte es sich dabei um ein Scheingrab für die Kanopen oder das „Ka" des Königs.

Echnaton
Ägyptischer König (18. Dyn., 1375–1358 v. Chr.)

Der Sohn und Nachfolger → Amenophis' III. setzte in revolutionärer Abkehr von jahrhundertealten Traditionen die Sonnenscheibe (Aton) an die Stelle des ägyptischen Götterkosmos; seinen alten Namen Amenophis IV. legte er ab und nannte sich nach dem neuen Gott. Der Pharao gründete eine neue Hauptstadt in Amarna; nach ihr wurde der künstlerische Stil seiner Epoche benannt, der von einer bisher unerhörten privaten Darstellung der Herrscherfamilie geprägt war. Die Vernachlässigung der Außenpolitik führte zum Zerfall der ägyptischen Herrschaft in Vorderasien.

Nahe der neuen Residenz Achet-Aton (Amarna) ließ er ein Felsgrab anlegen. Dessen Hauptkammer weist eine fast unmerkliche Bodenerhebung für den Sarkophag auf; der ursprüngliche Wanddekor ist weitgehend zerstört. Eine der drei Nebenkammern umschloß das Grab der Prinzessin Meketaton; die hier erhaltenen Stuckreliefs illustrieren die Hymne ihres Vaters auf seinen Gott und zeigen die Trauer des Herrscherpaares um die Verstorbene.

Drei große Granitsarkophage aus dem Königsgrab von Amarna, die aus den Bruchstücken rekonstruiert wurden, bewahrt das Ägyptische Museum Kairo; ihre Reliefs zeigen Herrschersymbole und Szenen der Verehrung Atons; auf den Ecken erscheint → Nofretete, einer Schutzgöttin gleich. Der Grabausstattung des Königs entstammen auch der (unbenutzte) Kanopenschrein aus Alabaster sowie zahlreiche Uschebtis. Diese Funde lassen darauf schließen, daß Echnaton hier bestattet wurde, zumal er verfügt hatte, ihn selbst, seine Gemahlin Nofretete sowie die Tochter Meretaton an diesem Ort beizusetzen. Das spätere Schicksal der Gebeine des „Ketzerkönigs" ist umstritten; seine Mumie wurde bisher nicht entdeckt.

● **Elias**
Jüdischer Prophet (9. Jh. v. Chr.)

Er führte die monotheistische Erhebung gegen den Kult des syrischen Gottes Baal und trug maßgeblich zum Sturz des Königshauses bei. Allerdings ist der historische Kern des Geschehens hinter legendärer Umformung schwer erkennbar. Hochverehrt wurde Elias im späten Judentum, im Islam sowie in der Ostkirche.

Nach biblischem Bericht wurde er „in einem feurigen Wagen" in den Himmel entrückt; daher konnte keine Grabstätte existieren. Dennoch wurde in Jerusalem ein legendäres Grab des Propheten gezeigt.

● **Hatschepsut**
Ägyptische Königin (18. Dyn., 1502–1481 v. Chr.)

Zunächst übte die Tochter → Thutmosis' I. die Regentschaft für → Thutmosis III. aus. Später nahm sie den Pharaonentitel an und führte selbst die Regierung. In Abkehr von der expansiven Politik ihrer Vorgänger widmete sie sich der Sicherung von Frieden und Wohlstand; diesem Ziel diente auch die Expedition in das Weihrauchland Punt. Das Ende ihrer Herrschaft liegt im Dunkeln; ihr Neffe und Stiefsohn Thutmosis III. verhängte über die erste bedeutende Frau der Geschichte die Damnatio Memoriae.

Das berühmteste Monument der Königin ist der terrassenförmig angelegte Totentempel in Deir el-Bahari bei Theben mit den Reliefdarstellungen ihrer mythischen Geburt und der Expedition nach Punt. In seiner Achse liegt im Tal der Könige (s. o. Thutmosis I.) das Grab der Hatschepsut (Nr. 20). Von den anderen dortigen Grabstätten unterscheidet es sich durch eine ungewöhnliche Länge (213 m) und Tiefe (97 m); diese geht vielleicht auf den Wunsch der Königin zurück, ihre Ruhestätte möglichst nahe an das Sanktuarium des Totentempels heranzuführen. Das Grab blieb unvollendet und daher ohne Dekor; lediglich Kalksteinplatten mit Illustrationen zum „Unterweltbuch" wurden gefunden.

In der Grabkammer standen zwei Sarkophage für die Königin und ihren Vater Thutmosis I., dessen Grabausstattung teilweise hierher verbracht wurde. Ob Hatschepsut tatsächlich an diesem Ort beigesetzt wurde, bleibt angesichts ihres unbekannten Schicksals und der Tilgung ihres Andenkens ungeklärt.

Die ägyptische Altertümerverwaltung gab 2007 bekannt, daß eine weibliche Mumie aus dem Grab der Amme Hatschepsuts im Tal der Könige (KV 60) „mit modernsten naturwissenschaftlichen Methoden" als Leichnam der Herrscherin identifiziert werden konnte; in der Forschung stieß der Bericht jedoch auf große Skepsis.

Imhotep
Ägyptischer Architekt (um 2630 v. Chr.)

Als Ratgeber und Arzt wirkte er am Hof König → Djosers. Für ihn errichtete er die Stufenpyramide von Sakkara, den ersten monumentalen Steinbau der Welt; auch die Säule wurde erstmals in seinen Bauwerken verwendet. Durch Jahrhunderte blieb er unvergessen, als Gott und Beschützer der Schreiber verehrt. Auch die Griechen kannten ihn als „Imuthes" und setzten ihn mit Asklepios gleich.

Aufgrund von archäologischen und literarischen Hinweisen wurde sein Grab in Sakkara-Nord lokalisiert; bisher konnte es aber nicht gefunden werden.

Isaak
→ Abraham

Jakob
→ Abraham

Jeremias
Jüdischer Prophet (um 600 v. Chr.)

Trotz aller Widerstände trat er mit Bußpredigten und Warnungen gegen die königliche Politik auf; dennoch konnte er den Fall Jerusalems nicht verhindern. Nach der Katastrophe floh er in das ägyptische Exil. Das Buch Jeremias ist geprägt von dem tiefen Mitgefühl des Predigers mit dem Los seines besiegten Volkes.

Nach legendärer Überlieferung lag sein Grab auf einem Felsvorsprung nahe den „Jeremiasgrotten" am Damaskus-Tor von Jerusalem.

Josue
Führer der Israeliten (13. Jh. v. Chr.?)

Von → Moses zum Nachfolger berufen, wird Josue zum Führer des jüdischen Volkes bei der Landnahme in Kanaan; er erobert Jericho und erringt weitere Siege. Im Alter von angeblich 110 Jahren stirbt er in Timnat-Serach (bei Nablus?). Seine Historizität ist umstritten; vielleicht wurden mehrere Wellen der semitischen Zuwanderung unter seinem Namen zusammengefaßt.

Nach biblischer Überlieferung wurde er in Timnat-Serach auf dem Gebirge Ephraim begraben.

● Mentuhotep II.
Ägyptischer König (11. Dyn., 2061–2010 v. Chr.)

Von Theben aus eroberte er Unterägypten und begründete damit das Mittlere Reich; mehrere Aufstände wurden niedergeworfen. Der König nahm die expansive Politik gegen Libyen, Nubien und den Sinai wieder auf; mit seiner Regierung begann eine erneute Blüte der ägyptischen Kunst.

Als erster Herrscher des Nillandes ließ der König die eigene Grablege – das besterhaltene Monument des Mittleren Reiches – in Oberägypten errichten; im Talkessel von Deir el-Bahari bei Theben entstand seine monumentale Ruhestätte. Über einen Aufweg gelangte man zu einer zweistufigen Terrassenanlage, die ein würfelförmiger Bau als Sinnbild des mythischen Urhügels bekrönte. Aus dem vorgelagerten Hof führte ein Gang zur ursprünglich für den König bestimmten unterirdischen Grabkammer; hier fand man seine mumienartig umwickelte Sitzstatue, deren Darstellung als Osiris die spätere Umwandlung des Herrschergrabes in eine symbolische Ruhestätte des Totengottes erkennen ließ.

Dabei wurde auch der obere Aufbau entscheidend umgestaltet: Hinter der Terrassenanlage entstand ein Kolonnadenhof, an den sich ein Säulensaal mit dem Allerheiligsten für den Totenkult schloß. Vom Hof aus zog sich ein 150 m langer Felsgang zur granitverkleideten neuen Grabkammer; sie barg einen Alabasterschrein mit dem Sarg des Königs. Die Trennung von Ruhestätte und Totentempel wurde vorbildhaft für die Pharaonengräber im Tal der Könige (→ Thutmosis I.).

● Moses
Israelitischer Prophet (13. Jh. v. Chr.)

Als Kind ausgesetzt und gerettet, wird Moses später der Prophet Jahwes und Befreier seines Volkes aus der ägyptischen Knechtschaft; auf dem Berg Sinai empfängt er die Zehn Gebote. Er stirbt vor dem Erreichen des „Gelobten Landes" auf dem Berg Nebo. Hochverehrt wurde er von den drei großen monotheistischen Religionen; der historische Kern des biblischen Berichtes bleibt jedoch umstritten.

„Man begrub ihn im Land Moab, im Tal gegenüber von Bet-Peor; aber niemand kennt sein Grab bis heute", berichtet die Bibel; daher wurde seine Ruhestätte niemals zu einem Heiligtum der Juden.

Von christlichen Pilgern wurde das Grab des Moses dagegen seit der Spätantike auf dem Gipfel des Berges Nebo verehrt. Bei dem heutigen Khirbet-es-Siyagha zeigte man seine Memoria; die Anhöhe bietet einen herrlichen

Blick über Jordantal und Totes Meer und gilt daher als der Ort, von dem aus Moses vor seinem Tod das verheißene Land schauen durfte. Dort hätten – da ja kein Sterblicher das Grab kannte – Engel den Propheten bestattet. Über einem römischen Mausoleum wurde hier im 4. Jh. eine kleine Kirche errichtet; im 6. Jh. entstand eine dreischiffige Basilika mit reichem Mosaikdekor, die den Vorgängerbau als Presbyterium einbezog; wohl im 9. Jh. wurde das Heiligtum verlassen.

Narmer
Ägyptischer König (1. Dyn., um 2900 v. Chr.)

Berühmt wurde der König durch die Darstellungen seines Sieges über einen feindlichen Herrscher und der Vereinigung von Ober- und Unterägypten auf der nach ihm benannten Schieferpalette; dabei handelt es sich um die erste Wiedergabe eines historischen Ereignisses in der bildenden Kunst. Früher wurde Narmer vielfach mit dem ersten literarisch überlieferten ägyptischen König Menes gleichgesetzt.

Er wurde in der – heute stark zerstörten – königlichen Nekropole von Abydos beigesetzt. Ursprünglich wurde ihm Grab B 10 zugeschrieben, später aufgrund einer näheren Untersuchung der Einzelfunde das Doppelgrab B 17/18.

Nebukadnezar II.
König von Babylon (604–562 v. Chr.)

Erfolgreich führte er Krieg gegen Ägypten um den Besitz Syriens; lediglich Tyros konnte trotz dreizehnjähriger Belagerung seine Freiheit bewahren. Den Abfall der Juden bestrafte der König nach der Eroberung Jerusalems mit ihrer Deportation in die „Babylonische Gefangenschaft". Eine einzigartige wirtschaftliche Blüte ermöglichte den monumentalen Ausbau von Babylon; dort entstanden der Marduktempel und der Palast mit den berühmten „Hängenden Gärten", die gewaltige Stadtmauer sowie die Prozessionsstraße mit dem Ischtar-Tor (j. im Pergamonmuseum).

Die Beisetzung Nebukadnezars wird uns vorstellbar durch das für die Mutter seines Nachfolgers Nabonid überlieferte Grabzeremoniell: Der Leichnam wurde in juwelengeschmückte Gewänder gehüllt und mit kostbaren Ölen gesalbt; am Ort der Aufbahrung erwiesen ihr die Bevölkerung von Babylon, Abordnungen aus allen Teilen des Reiches, Könige, Fürsten und Statthalter die letzte Ehre. Beim Klang der Flöten streuten sie Asche auf ihre Gewänder;

Weinen und Wehklagen erklang, im ganzen Land schor man sich die Haare. Nach siebentägiger Trauer wurden die Gäste nach festlicher Bewirtung in ihre Heimat entlassen. Die Konservierung der Leiche darf angenommen werden.

Das Mausoleum der babylonischen Könige ist wahrscheinlich mit dem „Totenhaus" („Enambat") in der Neustadt von Babylon identisch; das literarische Zeugnis ist allerdings noch nicht archäologisch bestätigt worden. Eine weitere Herrschernekropole wird beim Besuch → Alexanders d. Gr. erwähnt; nach den griechischen Berichten waren die meisten Könige Babylons in den Sümpfen nahe der Stadt beigesetzt. Für möglich gehalten wird auch eine Bestattung des Königs in seiner Heimatstadt Uruk; die jüdische Überlieferung, der Sohn Nebukadnezars habe den Leichnam seines Vaters aus dem Grab entfernt und geschändet, ist lediglich eine „literarische Rache" am Eroberer von Jerusalem.

● Nofretete
Ägyptische Königin (18. Dyn., um 1370 v. Chr.)

Von unbekannter (vielleicht nichtägyptischer) Herkunft, wurde sie die Gemahlin → Echnatons, dem sie sechs Töchter gebar. Das Privatleben der Herrscherfamilie war ein wichtiges Sujet des Amarnastils, zu dessen bedeutendsten Werken die Porträtbüste der Königin zählt (j. in Berlin). Ihr Ende ist ungewiß; wahrscheinlich starb sie vor ihrem Gatten oder wurde von ihm verstoßen.

Der König hatte verfügt, Nofretete in seinem Grabmal (→ Echnaton) bei der neuen Residenz Achet-Aton beizusetzen. Ob die Königin tatsächlich hier bestattet wurde, erscheint angesichts der geringen Funde mit ihrem Namen (ein Ring und ein Uschebtifragment) als fraglich. Die Ungewißheit über ihr Schicksal läßt auch die Frage nach dem Grabort ungeklärt.

● Ramses II.
Ägyptischer König (19. Dyn., 1304–1238 v. Chr.)

Der Sohn → Sethos' I. führte den Krieg gegen die Hethiter fort. Bei Kadesch erlitt er zwar eine Niederlage, konnte aber durch seine persönliche Tapferkeit eine Katastrophe verhindern. Seither verherrlichte er die Schlacht auf seinen Bauten in zahlreichen Reliefs als einzigartigen Sieg. Fünfzehn Jahre später schloß er mit dem gleichrangigen Gegner dauerhaft Frieden.

In den folgenden Jahrzehnten widmete er sich der Errichtung zahlreicher Großbauten, u. a. des Säulensaales von Karnak und des Tempels von Abu

Simbel. Mit seinen Stiftungen erreichte die Kolossalarchitektur des Neuen Reiches ihren Höhepunkt.

Der Pharao wurde im Tal der Könige (Grab Nr. 7; → Thutmosis I.) bestattet. Mit einem scharfen Knick in der Achse führen die Gänge und Hallen zu einem Pfeilersaal mit Krypta. Die Wanddekorationen mit Darstellungen des Königs vor den Göttern sowie zu den Unterweltbüchern sind durch eingedrungenes Wasser stark beschädigt.

Die guterhaltene Mumie des Pharao wurde in der Cachette von Deir el-Bahari gefunden und in das Ägyptische Museum von Kairo gebracht. Auf ihrem Antlitz fanden sich Spuren der ursprünglichen Bemalung.

Ramses III.
Ägyptischer König (20. Dyn., 1198–1166 v. Chr.)

Der letzte bedeutende Herrscher Ägyptens schlug die Libyer zurück, die tief in das Delta eingedrungen waren; auch die tödliche Bedrohung durch die „Seevölker" wurde abgewehrt. Als letzter Pharao kämpfte er gegen das Hethiterreich, das kurz darauf unterging. Verhängnisvoll für die Zukunft waren seine großen Zugeständnisse an die Priesterschaft. Mit dem Tod des Königs begann der endgültige Verfall des Pharaonenreiches.

Für den Herrscher wurde eines der größten Gräber (Nr. 11) im Tal der Könige (→ Thutmosis I.) angelegt. Lange Gänge mit Seitenkammern führen durch mehrere Säle zum Grabraum mit dem Granitsarkophag des Herrschers (j. im Louvre, der Deckel im Fitzwilliam-Museum, Cambridge). Die Reliefdarstellungen zeigen den König vor den Gottheiten der Unterwelt sowie Szenen aus der religiösen Literatur des Nillandes. Einzigartig sind die bildlichen Darstellungen in den Seitenkammern der ersten beiden Korridore; sie beziehen sich auf die Aufgabenbereiche der wichtigsten königlichen Würdenträger – Waffenträger, Priester, Domänenverwalter, Gärtner, Harfner, Leibkoch u. a., die vielleicht hier bestattet waren.

Die Mumie des Pharao war später in der Cachette von Deir el-Bahari geborgen; sie wurde zum Vorbild der Mumien in zahlreichen Horrorfilmen. Dem König in das Grab gegeben war eine ausführliche Schilderung seiner kriegerischen Erfolge sowie der Wohltaten gegen Götter und Menschen, verbunden mit Gebeten für seinen Nachfolger (auf dem 39 m langen Papyrus Harris).

● **Salomon**
Jüdischer König (gest. 932 v. Chr.)

Unter dem Sohn → Davids genoß das Reich Frieden und Wohlstand. Die Residenz Jerusalem wurde mit großartigen Bauten geschmückt, v. a. dem Tempel Jahwes. Der König war wegen seiner Weisheit berühmt und galt als Verfasser mehrerer biblischer Bücher. Der schwere Steuerdruck für Bauten und Hofhaltung führte nach seinem Tod zur Spaltung des Reiches.

Er wurde in der Davidsstadt von Jerusalem bestattet; seine Grabkammer lag in der dynastischen Grablege seines Vaters David.

● **Sanherib**
Assyrischer König (704–681 v. Chr.)

Er führte zahlreiche Kriege gegen Urartu, die Meder und die syrischen Fürsten; dagegen scheiterte die Belagerung Jerusalems. Nach langjährigem Krieg eroberte er Babylon; die Stadt wurde dem Erdboden gleichgemacht, das Kultbild ihres Gottes Marduk nach Assyrien gebracht. Sanherib ließ Assur und die neue Hauptstadt Ninive großzügig ausbauen. Er fiel einem Mordanschlag seiner Söhne zum Opfer.

In der Königsnekropole von Assur wurde die Grabinschrift des Herrschers auf Lehmziegeln gefunden; daher kann seine Beisetzung an dieser Stelle (trotz gelegentlicher Zweifel) als gesichert gelten.

● **Saul**
Jüdischer König (11. Jh. v. Chr.)

Wegen der Bedrohung durch die benachbarten Völker wurde Saul zum ersten König Israels berufen; ihm gelangen militärische Erfolge gegen Philister und Amalekiter. Später verlor er die Unterstützung der Priesterschaft; in → David erstand ihm ein populärer Rivale. Von den Philistern besiegt, gab sich der König selbst den Tod.

Die siegreichen Feinde schlugen seinen Kopf ab und hängten den Leichnam an die Stadtmauer von Bet Schean. Die Bewohner von Jabesch in Gilead bargen die Leiche, verbrannten sie in ihrer Stadt und setzten die Überreste unter einer Tamariske bei. Das Haupt wurde von den Philistern im Tempel des Dagon ausgestellt. Später ließ David die Gebeine im Grab von Sauls Vater in Zela bestatten.

Sesostris III.
Ägyptischer König (12. Dyn., 1878–1840 v. Chr.)

Der König führte das Mittlere Reich auf den Höhepunkt seiner Macht; die Gaufürsten wurden zugunsten einer zentralistischen Reichsverwaltung beseitigt. In mehreren Feldzügen drang der König nach Syrien vor und unterwarf Nubien bis zum zweiten Katarakt.

Nach dem Vorbild von → Djosers Grabbezirk in Sakkara schuf der König seine Pyramide bei Dahschur; der Ziegelbau ist mit Kalkstein verkleidet. Die innere Gliederung folgt den Pyramiden des späten Alten Reiches; die Grabkammer ist aus gewaltigen Granitblöcken errichtet, der Sarkophag aus rotem Granit geschaffen. Den Bau umstehen die Gräber der Königinnen und Prinzessinnen; der Totenopfertempel ist zerstört.

Sethos I.
Ägyptischer König (19. Dyn., 1319–1304 v. Chr.)

Durch zahlreiche Feldzüge erneuerte er die ägyptische Herrschaft in Syrien; als erster Pharao kämpfte er mit den Hethitern. Auch gegen Libyer und Nubier errang er militärische Erfolge, die er auf seinen Tempelstiftungen – u. a. in Karnak und Abydos – in eindrucksvollen Reliefs verewigte.

Für den König wurde das wohl schönste Grab im Tal der Könige (Nr. 17; → Thutmosis I.) geschaffen; die Gänge und Säle führen in gerader Linie mit einer Gesamtlänge von etwa 100 m in den Fels. Wände und Pfeiler tragen Darstellungen des Verstorbenen vor den Gottheiten sowie Illustrationen zur ägyptischen Unterweltliteratur in einzigartiger Fülle und künstlerischer Vollendung; die Wandmalereien gelten als der Höhepunkt der ramessidischen Grabkunst.

In einem Saal mit sechs Pfeilern stand der Alabastersarg des Pharao (j. im Soane-Museum, London), ursprünglich wohl von einem weiteren Sarkophag aus Granit umschlossen. Hinter der Grabkammer setzt sich das Gangsystem noch fast 50 m im Gestein fort. Die Mumie des Königs wurde nach mehrfacher Umbettung in der Cachette von Deir el-Bahari entdeckt und in das Ägyptische Museum von Kairo gebracht.

● **Thutmosis I.**
Ägyptischer König (18. Dyn., 1528–1515 v. Chr.)

Der Pharao eroberte Nubien bis zum vierten Katarakt, der für Jahrhunderte zur südlichen Grenze Ägyptens wurde; durch seine Siege über das Reich der Mitanni gewann er Syrien bis zum Euphrat. Als erster Herrscher des Nillandes ließ Thutmosis sein Grab im „Tal der Könige" bei Theben anlegen und begründete damit eine jahrhundertewährende Tradition.

Wohl zur Sicherung der königlichen Grabstätten und ihrer reichen Beigaben vor Räubern wurde spätestens seit der 18. Dynastie die ursprüngliche Verbindung von Grabkammer und Totentempel gelöst. Während diese in der Ebene von Theben-West weithin sichtbar aufragten, trieb man von dem einsamen Tal auf der rückwärtigen Seite der thebanischen Berge die Gräber in den Fels. Nahezu 50 Pharaonen fanden hier im Laufe der Jahrhunderte (18.–20. Dynastie) die letzte Ruhe. Zu ihren Sarkophagkammern führten langgestreckte Gänge in das Innere des Gebirges, mit Szenen aus der ägyptischen Jenseitsliteratur ausgemalt. In ihrer Gesamtheit symbolisierten die Königsgräber die nächtliche Fahrt der Sonne durch die Unterwelt. Zu ihrer Geheimhaltung wurde auf jegliche Außenarchitektur verzichtet; dem Schutz vor Grabräubern dienten Schächte und Fallsteine. Dennoch blieb – mit einer Ausnahme – keines der Königsgräber unberaubt; die Schätze des Tutanchamun lassen erahnen, welche Kostbarkeiten den altägyptischen Dieben, später ihren arabischen Nachfolgern in die Hände fielen.

Durch Stufen und einen Korridor gelangt man in die Gruft Thutmosis' I., das älteste Herrschergrab (Nr. 38) im Tal der Könige. Nur in der kartuschenförmigen Grabkammer findet sich sorgfältige Steinmetzarbeit; in anderen Räumen diente Stuck zum Ausgleich für die Unregelmäßigkeiten der Felswände. Das Innere barg einen Kanopenschrein, den von → Thutmosis III. gestifteten Sarkophag mit Götterdarstellungen sowie Kalksteinplatten mit Szenen des „Unterweltbuches".

Offenbar plante seine Tochter → Hatschepsut, im Zusammenhang mit der Errichtung einer Kapelle für ihren Vater im Totentempel von Deir el-Bahari, dessen Mumie in das eigene Grab zu überführen. Ein Teil der Ausstattung wurde tatsächlich dorthin verbracht; da jedoch die gemeinsame Grabkammer am Ende ihrer Herrschaft noch nicht vollendet war, erscheint die Übertragung des Leichnams als fraglich. Die Stiftung des Sarkophages durch Thutmosis III. läßt freilich vermuten, daß er seinen Großvater aus dem Grab der verhaßten Hatschepsut in die ursprüngliche Ruhestätte zurückführte. Die Mumie wurde in der Cachette von Deir el-Bahari gefunden und in das Museum von Kairo gebracht; ihre Identität ist jedoch bis heute umstritten.

Thutmosis III.
Ägyptischer König (18. Dyn., 1502/1481–1448 v. Chr.)

Zunächst formell Mitregent seiner Stiefmutter und Tante → Hatschepsut, erlangte er später – vielleicht durch einen Putsch – die tatsächliche Herrschaft. In Abkehr von der Friedenspolitik seiner Vorgängerin führte er zahlreiche Feldzüge gegen Nubien und Syrien. Der Sieg des Königs bei Megiddo stellte die ägyptische Herrschaft in Palästina wieder her; weitere Erfolge über das Mitannireich dehnten seine Herrschaft bis zum Euphrat aus. Beute und Tribute ermöglichten großartige bauliche Stiftungen. Mit der Regierung des größten Feldherrn der ägyptischen Geschichte erreichte das Neue Reich den Gipfel seiner Macht.

Er wurde im Tal der Könige (Grab Nr. 34; → Thutmosis I.) beigesetzt; seine Gruft folgt dem Vorbild der Grabstätten von Thutmosis I. und Hatschepsut. Treppen und Gänge führen über einen Schacht (als Schutz vor Räubern?) zu der kartuschenförmigen Grabkammer. Die Wandmalereien zeigen den Sternenhimmel, 741 Götternamen sowie Darstellungen aus dem „Unterweltbuch"; auf den Pfeilern erscheint der Pharao mit seiner Familie. Der Sarkophag ist aus rotem Sandstein gearbeitet.

Die Mumie wurde – wohl im ursprünglichen Sarg – in der Cachette von Deir el-Bahari gefunden und in das Ägyptische Museum von Kairo übertragen. Der kahlgeschorene Kopf ist gut erhalten, der Körper wurde dagegen bei der Plünderung des Grabes schwer beschädigt. Seine Länge konnte – entgegen der früheren Auffassung von der untersetzten Gestalt des Königs – auf 1,71 m berechnet werden.

KLASSISCHES ALTERTUM

● **Achilleus**
Mythischer griechischer Held

Der Sohn der Göttin Thetis ist der tapferste der Griechen vor Troja. Im Streit mit dem Oberfeldherrn → Agamemnon zieht er sich vom Kampf zurück; der „Zorn des Achilleus" ist das Hauptmotiv der Ilias. Den Tod seines Freundes Patroklos rächt er an → Hektor. Nach weiteren Heldentaten wird er von → Paris getötet.

Der Leichnam wird mit reichen Beigaben verbrannt, die Gebeine zusammen mit den Überresten des Patroklos in einer goldenen Urne geborgen. Am Hellespont errichten die Griechen einen gewaltigen Grabhügel und ehren den Toten mit prächtigen Leichenspielen.

Das Grab des Achilleus wurde zum Ziel antiker Touristen auf den Spuren → Homers. Zu Beginn seines Siegeszuges durch Asien besuchte → Alexander d. Gr. die ehrwürdige Stätte; diesem Beispiel folgte → Caracalla; auch der spätere Kaiser Julian weilte an seinem Grab. Daß andere prominente Besucher Ilions – → Xerxes und → Caesar, Augustus und → Hadrian – ebenfalls die Grabstätte aufsuchten, kann als sicher gelten.

● **Aeneas**
Mythischer trojanischer Held

Der Sohn der Aphrodite ist neben → Hektor der tapferste der Trojaner. Nach dem Ratschluß der Götter wird er aus dem Untergang der Stadt gerettet und erreicht auf langer Irrfahrt Italien; dort gründet er nach schweren Kämpfen die Stadt Lavinium und wird so zum Stammvater der Römer.

Nach mythischer Überlieferung wird er am Fluß Numicus bei Lavinium während einer Schlacht zu den Göttern entrückt; hier wurde er später als Jupiter Indiges verehrt. Noch in augusteischer Zeit zeigte man seinen kleinen Grabhügel an dieser Stelle, den manche jedoch für die Ruhestätte des Anchises hielten. Bei Ausgrabungen wurde ein Tumulus des 7. Jhs. v. Chr. entdeckt, der im 4. Jh. in ein Heroon umgewandelt worden war.

Aetius
Fl. Aetius, römischer Feldherr und Politiker (um 390–454 n. Chr.)

Der Sohn eines römischen Heermeisters wuchs als Geisel bei Goten und Hunnen auf. Zunächst im Dienst des Usurpators Johannes, stieg er mit hunnischer Unterstützung unter Valentinian III. zum obersten Reichsfeldherrn auf. Den Angriff → Attilas auf Westeuropa schlug er in der Schlacht auf den Katalaunischen Feldern zurück. Nach dem Tod des Hunnenkönigs erschien er als entbehrlich und wurde vom Kaiser bei einer Audienz ermordet.

Das Begräbnis wurde ihm verweigert, seine Leiche auf dem Forum Romanum ausgestellt.

Agamemnon
Mythischer König von Mykene

Als Führer des größten Kontingents ist Agamemnon der Oberfeldherr der Griechen vor Troja. Sein Streit mit → Achilleus führt die Achäer an den Rand der Niederlage. Nach der Heimkehr wird der König von seiner Gemahlin Klytaimnestra und ihrem Geliebten Aigisth getötet.

In Mykene zeigte man innerhalb der Mauern das Grab des Königs und seiner mit ihm ermordeten Gefährten; eine abweichende Überlieferung lokalisierte seine Grabstätte in Amyklai.

Agathokles
Herrscher von Syrakus (316–289 v. Chr., geb. um 360 v. Chr.)

Seine expansive Politik führte zum Krieg mit Karthago, in dem er das erste europäische Heer nach Afrika führte. Ein Kompromißfrieden ermöglichte ihm die Unterwerfung der anderen Griechenstädte auf Sizilien. Kurz vor seinem Tod stellte er die Demokratie in Syrakus wieder her.

Seine Leiche wurde verbrannt, sicher an seinem Todesort Syrakus.

Agrippa
M. Vipsanius Agrippa, römischer Feldherr und Staatsmann (64/63–12 v. Chr.)

Seit seiner Jugend Octavian (→ Augustus) freundschaftlich verbunden, wurde Agrippa dessen bedeutendster Mitarbeiter; er erfocht für ihn die entscheidenden Siege, u. a. bei Actium über → Kleopatra und → M. Antonius, und erwies sich auch als großer Organisator, etwa im Aufbau der Provinzen. Zum Mitregenten und präsumptiven Nachfolger des Kaisers berufen, starb er lange vor Augustus in Kampanien.

Der Kaiser ließ ihn nach Rom überführen; er selbst hielt dem Freund die Grabrede. Obwohl sich Agrippa auf dem Marsfeld ein Grabmal errichtet hatte, wurde er im Mausoleum Augusti beigesetzt.

● Agrippina d. J.
Gemahlin des Claudius (15–59 n. Chr.)

Die ehrgeizige Frau heiratete ihren Oheim → Claudius und veranlaßte ihn zur Adoption ihres eigenen Sohnes → Nero (aus erster Ehe); ihm verschaffte sie durch die Vergiftung des Gatten die Nachfolge. Wegen ihrer Herrschsucht wurde sie auf Neros Befehl getötet.

Die Leiche wurde ohne jedes Zeremoniell verbrannt; zu Lebzeiten Neros fand keine Grablegung statt. Später wurde sie von ihren Sklaven in einem bescheidenen Tumulus an der Straße nach Misenum beigesetzt, das Grabmal wahrscheinlich im 16. Jh. beim Bau des Kastells von Baia zerstört. Das heute in der Nähe gezeigte „Grab Agrippinas" ist unhistorisch.

● Aischylos
Athenischer Tragiker (525/4–456/5 v. Chr.)

Der Dichter schuf etwa 80 Dramen, meist nach mythischen Vorlagen, aber auch mit zeitgenössischen Themen; so schildert er in den „Persern" die Schlacht bei Salamis, bei der er selbst mitgekämpft hatte. Zahlreiche Neuerungen werden auf ihn zurückgeführt, v. a. die für den dramatischen Dialog entscheidende Einführung eines zweiten Schauspielers. Außer in seiner Heimat wirkte er auch in Syrakus; er starb im sizilischen Gela.

Die Bevölkerung der Stadt bestattete ihn mit hohen Ehren in einem öffentlichen Grab; es wurde häufig von Lehrern der tragischen Dichtkunst aufgesucht, die ihm als Heros opferten und ihre Werke vortrugen.

● Alarich
König der Westgoten (um 390–410 n. Chr., geb. um 370 n. Chr.)

Durch Raubzüge auf dem Balkan erzwang er von den Römern Siedlungsland für sein Volk und die eigene Erhebung zum Heermeister. Später wandte er sich gegen Italien und eroberte nach dem Sturz seines Gegners → Stilicho Rom; die Plünderung der Stadt erschütterte die Zeitgenossen tief. Noch im selben Jahr starb der Gotenkönig im Süden Italiens.

Für sein Begräbnis wurde der Busentus bei Cosentia abgeleitet; im Flußbett mußten Gefangene ein Grab anlegen, in dem Alarich mit reichen Beigaben bestattet wurde. Danach wurden der Fluß in sein altes Bett zurückgeleitet und alle an den Arbeiten Beteiligten als Mitwisser getötet. Berühmt wurde die Grablegung des Gotenkönigs durch August v. Platens Gedicht „Das Grab im Busento".

Alexander d. Gr.
Makedonischer König (336–323 v. Chr., geb. 356 v. Chr.)

Nach der Ermordung seines Vaters → Philipp II. begann der junge Makedonenkönig seinen Siegeszug durch Asien. Er schlug den persischen Großkönig → Dareios III. bei Issos und eroberte Syrien und Ägypten. Der Sieg bei Gaugamela besiegelte das Schicksal des persischen Reiches, als dessen König sich Alexander nun betrachtete. In den folgenden Jahren zog er bis Indien, wo ihn die Meuterei des Heeres zum Rückzug zwang. In Babylon erlag er einer Krankheit; das Reich zerfiel in den Kriegen seiner rivalisierenden Feldherren.

Alexanders grandiose Idee, Griechen und Perser zu verschmelzen, wurde nicht weitergeführt. Aber die durch seine Eroberungen begründete Verbindung von Orient und Okzident prägte für die folgenden Jahrhunderte die Weltkultur des Hellenismus.

Auf dem Totenbett hatte der König das Heiligtum des Zeus Ammon in der Oase Siwa zu seiner Grablege bestimmt; der Körper wurde nach ägyptischer Sitte einbalsamiert. Bei der Überführung bemächtigte sich → Ptolemaios I. des kostbaren Leichnams und ließ ihn in Memphis beisetzen; wenige Jahre später übertrug er ihn nach Alexandria.

Im 3. Jh. v. Chr. ließ Ptolemaios IV. dort ein neues Mausoleum für Alexander und die drei ersten Herrscher der eigenen Dynastie errichten; um dieses wuchs im Lauf der Zeit eine königliche Nekropole der Ptolemäer. Der Grabkomplex lag im Zentrum der Stadt im inneren Palastbezirk; eine genauere Lokalisierung war bisher nicht möglich. Bei der Grabstätte des Königs handelte es sich um ein unterirdisches Gewölbe, vielleicht von einem Tumulus überragt. Dort ruhte er ursprünglich in einem goldenen Sarkophag, nach dessen Raub durch Ptolemaios X. in einem gläsernen Sarg.

Das Grab des Makedonenherrschers genoß noch Jahrhunderte später hohe Verehrung. → Caesar besuchte die Stätte; Octavian (→ Augustus) ließ die Mumie des Königs aus der Gruft heraufbringen und mit Blumen sowie einem goldenen Kranz schmücken; dabei soll er versehentlich ein Stück der Nase abgebrochen haben. → Caligula ließ von hier den goldenen Panzer des Königs rauben, in dem er sich mitunter zeigte. → Septimius Severus verschloß die Stätte für künftige Besucher; → Caracalla legte dagegen seinen Purpurmantel auf das Grab.

Mit ihm endet die historische Überlieferung; die Ruhestätte fiel wohl den kriegerischen Auseinandersetzungen des 3. Jhs. zum Opfer. Hundert Jahre später war das Grab Alexanders bereits in Vergessenheit geraten; der arabische Volksglauben bewahrte jedoch die Erinnerung an die Grabstätte des Königs.

● Alkibiades
Athenischer Feldherr und Politiker (um 450–404 v. Chr.)

Der ehrgeizige Neffe des → Perikles stieg im Peloponnesischen Krieg zu einer der einflußreichsten Persönlichkeiten Athens auf; er regte den verhängnisvollen Feldzug gegen Syrakus an. Wegen Religionsfrevels angeklagt, floh er nach Sparta und veranlaßte es zum Wiedereintritt in den Krieg. In seine Heimatstadt zurückberufen, wandte er nochmals das Schicksal des Krieges; nach dem erneuten Sturz wurde er in Kleinasien auf Befehl des Satrapen Pharnabazos ermordet.

Sein Haupt wurde abgeschlagen und Pharnabazos übersandt. Eine Hetäre bedeckte den Leichnam mit ihren Gewändern und bestattete ihn; nach abweichender Tradition verbrannte sie ihn in den Flammen seines Hauses. Über dem Grabhügel im phrygischen Melissa ließ → Hadrian eine Marmorstatue des Verstorbenen errichten und ordnete jährliche Totenopfer an.

● Ambrosius
Bischof von Mailand (374–397 n. Chr., geb. um 339 n. Chr.)

Als Vermittler im Streit um die Bischofsnachfolge selbst in das Amt gewählt, wurde er zum wichtigsten Berater mehrerer Kaiser. Er setzte seinen Willen in den Auseinandersetzungen mit Heiden und Arianern durch, zwang aber auch → Theodosius als ersten Kaiser zur Kirchenbuße für das Massaker von Thessalonike. Hochbedeutend war der Bischof als wortgewaltiger Prediger und Begründer des abendländischen Kirchengesanges.

Er hatte sich die eigene Kirchenstiftung vor den Toren Mailands (j. S. Ambrogio) zur Grablege bestimmt; hier wollte er in der Heilsnähe der Märtyrer Gervasius und Protasius ruhen, deren Gebeine er selbst entdeckt und in der Basilika beigesetzt hatte. Bei Ausgrabungen fand man 1864 unter dem karolingischen Goldaltar eine Marmorplatte sowie einen Porphyrsarkophag; dieser barg die Gebeine von drei Verstorbenen. Darunter wurden zwei leere Steinsärge freigelegt; offenbar waren die darin Beigesetzten in den oberen Sarkophag umgebettet worden.

Über dem Grab erhebt sich seit dem 9. Jh. der Goldaltar des Meisters Volvinus. Das Hauptwerk der karolingischen Goldschmiedekunst zeigt auf der Stirnseite Christus mit Evangelisten und Aposteln, flankiert von zwölf Szenen aus dem Leben → Jesu; ihnen entsprechen auf der Rückseite ebenso viele Episoden aus der Vita des Ambrosius. Auf den Schmalseiten erscheint die himmlische Hierarchie. Eine Tür in der Rückwand gewährte Zugang zum Grab der Heiligen; damit ist die Anlage der Confessio der römischen Apostelgräber verwandt.

● Antigonos Monophthalmos
Makedonischer König (306–301 v. Chr., geb. um 382 v. Chr.)

Nach dem Tod → Alexanders d. Gr. wurde der fähige Feldherr zu einer der prägenden Gestalten der Diadochenkriege. Gemeinsam mit seinem Sohn → Demetrios Poliorketes erstrebte er die Einheit des Reiches unter seiner Führung; als erster Diadoche nahm er den Königstitel an. Gegen ihn bildete sich ein Bündnis von → Ptolemaios, → Seleukos, Kassander und → Lysimachos; ihnen erlag Antigonos in der Schlacht bei Ipsos.

Sein Leichnam wurde auf dem Schlachtfeld geborgen und mit königlichen Ehren begraben.

● Antinous
Liebling des Hadrian (110–130 n. Chr.)

Der Geliebte des homoerotisch veranlagten Kaisers fand im Nil den Tod; möglich ist eine Selbstopferung, mit der Antinous das Leben → Hadrians durch den Verzicht auf die eigenen Lebensjahre verlängern wollte. Der Herrscher war untröstlich; er verlieh seinem Liebling göttliche Ehren und gründete an seinem Todesort die Stadt Antinoupolis.

Vor der Porta Praenestina (j. Porta Maggiore) wurde dem Verstorbenen ein Obelisk errichtet, der nach wechselvollem Schicksal jetzt auf dem Pincio aufragt. Seine Reliefs zeigen Hadrian sowie in dreifacher Darstellung Antinous vor den Göttern; laut der Hieroglypheninschrift wurde der Jüngling an dieser Stelle beigesetzt. Eine Translatio ist angesichts der zu vermutenden Einbalsamierung durchaus vorstellbar. Nach einer Neuinterpretation der Inschrift wurde die Grabstätte neuerdings in der Adonaea, einer Gartenanlage auf dem Palatin, lokalisiert. Dem widerspricht die Überlieferung, der Liebling des Kaisers sei in Antinoupolis bestattet; demnach muß es sich bei einer der Grabstätten um einen Kenotaph handeln.

● Antoninus Pius
T. Aelius Hadrianus Antoninus Pius, römischer Kaiser (138–161 n. Chr., geb. 86 n. Chr.)

Nach erfolgreicher Beamtenlaufbahn wurde er von → Hadrian adoptiert; noch im selben Jahr trat er die Nachfolge an. Seine Regierung war geprägt von Milde, Wohlstand und äußerem Frieden, nur gelegentlich von regionalen Konflikten gestört.
Er wurde im Mausoleum des Hadrian beigesetzt.

● M. Antonius
Römischer Feldherr und Staatsmann (82–30 v. Chr.)

Nach dem Tod → Caesars beanspruchte er dessen Erbe, mußte aber im 2. Triumvirat die Macht mit Octavian (→ Augustus) und Lepidus teilen. Nach dem Sieg über die Caesarmörder bei Philippi übernahm er die Herrschaft im Osten des Reiches; dort begann seine schicksalhafte Verbindung mit der äyptischen Königin → Kleopatra. Wachsende Spannungen mit Octavian führten zum Bürgerkrieg; bei Actium besiegt, endete Antonius in Alexandria durch Selbstmord.
Mit Erlaubnis des Siegers bestattete Kleopatra den einbalsamierten Leichnam ihres Geliebten mit königlichem Aufwand in ihrem Mausoleum nahe dem Isis-Tempel zu Alexandria.

● Archimedes
Griechischer Mathematiker (um 287–212 v. Chr.)

Der bedeutendste Mathematiker der Antike wirkte am Hof Hierons II. von Syrakus. Zu seinen größten Leistungen zählen die Erfindung von Hebelwerken und der Wasserschnecke sowie die Entdeckung des spezifischen Gewichts. Seine Maschinen dienten auch der Verteidigung von Syrakus im 2. Punischen Krieg; bei der Eroberung der Stadt durch die Römer fand Archimedes den Tod.

Sein Grabmonument am Agrigentinischen Tor von Syrakus – eine Säule, gekrönt von Kugel und Zylinder – wurde von Cicero wiederentdeckt; damals war es bereits vergessen, die Inschrift verwittert. Bei dem heute in der Necropoli Grotticelli in Syrakus gezeigten „Grab des Archimedes" handelt es sich tatsächlich um ein römisches Columbarium.

● Aristeides
Athenischer Staatsmann und Feldherr (gest. um 467 v. Chr.)

Der konservative Politiker war bis zu seiner Ostrakisierung der wichtigste Gegner des → Themistokles. In den großen Schlachten der Perserkriege kämpfte er – meist als Stratege – mit. Auch an der Gründung des Attischen Seebundes hatte er maßgeblichen Anteil; vor allem wegen seiner uneigennützigen Festsetzung der Mitgliedsbeiträge galt er der Antike als Muster der Gerechtigkeit.

Da Aristeides keine hinreichenden finanziellen Mittel hinterließ, wurde er auf Staatskosten bestattet; sein Grab am Phaleron wurde noch im 2. Jh. n. Chr. gezeigt.

● Attila
König der Hunnen (434–453 n. Chr.)

Er regierte zunächst mit seinem Bruder Bleda, nach dessen Beseitigung als Alleinherrscher die Hunnen, deren Reich sich vom Rhein bis in die heutige Ukraine erstreckte. Mit zahlreichen Raubzügen erzwang er hohe Tribute Ostroms. Sein Angriff auf den Westen scheiterte in der Schlacht auf den Katalaunischen Feldern; zum Rückzug aus Italien bewog ihn → Leo d. Gr. im folgenden Jahr. Der König starb in der Hochzeitsnacht mit der Germanin Ildico.

Die Hunnen betrauerten ihn nach heimischer Sitte, indem sie sich im Gesicht tiefe Wunden zufügten und einen Teil ihrer Haare abschnitten, um den Toten nicht mit weibischen Tränen, sondern mit männlichem Blut zu ehren. Er wurde auf freiem Feld unter einem seidenen Zelt aufgebahrt; Reiter umkreisten den Platz und priesen seine Taten in Totengesängen. Danach feierten sie auf dem Grabhügel eine „strava" mit gewaltigem Trinkgelage. In der Nacht wurde der König begraben; ihn umschlossen drei Särge aus Eisen, Silber und Gold als Sinnbild seiner kriegerischen Erfolge und der Ehrungen durch die beiden Römerreiche. Beutewaffen und königlicher Schmuck wurden in das Grab gelegt. Um die Ruhestätte vor Grabräubern zu schützen, wurden die an der Bestattung Beteiligten getötet.

● Augustinus
Aurelius Augustinus, Bischof von Hippo (396–430 n. Chr., geb. 354 n. Chr.)

Nach langen Zweifeln zum katholischen Glauben gelangt, wurde er zum bedeutendsten Denker des christlichen Abendlandes; er verfaßte zahlreiche theologische Werke, unter denen die autobiographischen „Confessiones" hervorragen. Angesichts der Eroberung Roms durch → Alarich, die auch die Christen in tiefe Verwirrung stürzte, propagierte er in seinem „Gottesstaat" ein neues Weltbild, das v. a. das Mittelalter prägen sollte.

Der ursprüngliche Ort der Beisetzung ist nicht überliefert. Im 8. Jh. erwarb der Langobardenkönig Liutprand die Gebeine und ließ sie in Ticinum (j. Pavia) beisetzen, vielleicht bereits in seiner Stiftung S. Pietro in Ciel d'Oro. Im Chorraum der Kirche erhebt sich heute das repräsentative Marmorgrab des Bischofs (Giovanni di Balduccio, um 1362). Die untere Zone zeigt Propheten und Tugenden; darüber erscheint hinter Arkaden mit Heiligenstatuen die liegende Gestalt des Kirchenvaters; die Reliefs der Oberzone schildern – von Augustinerheiligen getrennt – seinen Lebensweg. Den oberen Abschluß des Grabmals bilden weibliche Heilige sowie Wimperge mit den Wundertaten des Bischofs. Die Gebeine bewahrt ein silberner Altarschrein.

● Augustus
Imperator Caesar Augustus, römischer Kaiser
(27 v. Chr.–14 n. Chr., geb. 63 v. Chr.)

Von → Caesar testamentarisch adoptiert, mußte sich der junge Octavian zunächst gegen → M. Antonius und die Caesarmörder durchsetzen, bevor er zum unumschränkten Machthaber im Westen des Reiches aufstieg. Zunehmende Spannungen führten zum Krieg gegen Antonius und seine Geliebte → Kleopatra; der Sieg bei Actium machte Octavian zum Alleinherrscher, dem der Senat den Ehrennamen „Augustus" verlieh.

In den folgenden Jahren schuf der Kaiser die Staatsform des Prinzipates, die monarchische Macht mit republikanischer Tradition verband. Das Reich wurde systematisch bis zu den Flußgrenzen an Rhein, Donau und Euphrat erweitert; die Ausdehnung nach Germanien scheiterte dagegen. Zugleich war die augusteische Epoche eine Blütezeit von bildender Kunst und Literatur.

Pavia, S. Pietro in Ciel d'Oro, Grab des Augustinus

Der Leichnam wurde vom Todesort Nola nach Rom übergeführt; Senatoren trugen ihn zur Verbrennung auf das Marsfeld. Die vornehmsten Ritter sammelten seine Reste und setzten sie im Mausoleum des Kaisers bei.

Nach der Rückkehr aus Ägypten hatte Augustus – wohl nach dem Vorbild des → Alexandergrabes – auf dem Marsfeld einen monumentalen Rundbau (Ø 87 m) als dynastische Grablege errichten lassen. Über dem marmorinkrustierten Sockel erhob sich ein baumbestandener Erdhügel, gekrönt von der Bronzestatue des Kaisers; der Bau umschloß die kreisrunde Grabkammer. Den Eingang flankierten zwei Bronzetafeln mit dem Tatenbericht des Augustus (nach der 1555 in Ankara entdeckten Abschrift auch als „Monumentum Ancyranum" bezeichnet) sowie zwei Obelisken (j. vor S. Maria Maggiore und auf dem Quirinal). Wie die Ara Pacis war auch das Mausoleum mit der Sonnenuhr des Herrschers verbunden. Bereits vor dem Stifter waren hier → Agrippa sowie weitere Mitglieder der Julisch-Claudischen Dynastie beigesetzt worden. Bis zum Tode → Nervas diente das Mausoleum als kaiserliche Grablege.

Im Mittelalter wurde der Bau als Adelsfestung genutzt, im 18. Jh. u. a. für Stierkämpfe (Goethe erwähnt eine Veranstaltung vor 4–5.000 Zuschauern); noch 1907 war hier ein Konzertsaal eingerichtet. 1934–38 wurde das Mausoleum freigelegt und restauriert.

● Boethius
Anicius Manlius Torquatus Severinus Boethius, Politiker und Philosoph (um 480–524 n. Chr.)

Unter → Theoderich d. Gr. in höchsten Ämtern, geriet er in die Machtkämpfe zwischen dem Gotenreich und dem Hof von Konstantinopel; unter dem Vorwurf des Hochverrates wurde er hingerichtet. Seine Schriften wurden zur Grundlage des mittelalterlichen Bildungswesens. In der Haft entstand der „Trost der Philosophie", das letzte große philosophische Werk der Antike.

An der Stelle seiner Hinrichtung in Pavia erhebt sich heute die Kirche S. Pietro in Ciel d'Oro; in der neoromanischen Krypta ruht Boethius in einem historisierenden Sarkophag.

● Brutus d. J.
M. Iunius Brutus, Mörder Caesars (85–42 v. Chr.)

Der Neffe des Stoikers → Cato d. J. kämpfte im Bürgerkrieg auf der Seite des → Pompejus, wurde aber von → Caesar begnadigt und erlangte sogar hohe Ehren. Dennoch stand er an der Spitze der Verschwörung gegen den Dictator.

Nach dessen Ermordung mußte er aus Italien fliehen. In der Doppelschlacht von Philippi unterlagen die Caesarmörder; Brutus beging Selbstmord.

Der siegreiche → M. Antonius befahl, den Leichnam mit seinem kostbarsten Purpurmantel zu verhüllen, und beauftragte einen der eigenen Freigelassenen mit der Bestattung. Später ließ er ihn hinrichten, da er den Mantel und einen großen Teil der für die Beisetzung bestimmten Gelder unterschlagen hatte. Die Asche sandte er an Brutus' Mutter.

Das Haupt wurde dagegen nach Rom geschickt; Octavian (→ Augustus) ließ es der Statue Caesars zu Füßen werfen, nach anderer Version erreichte es sein Ziel nicht, da es auf der Überfahrt wegen eines Sturmes ins Meer geworfen wurde.

● Caesar
C. Iulius Caesar, römischer Staatsmann, Feldherr und Schriftsteller (100–44 v. Chr.)

Ehrgeizig und hochbegabt, gewann der junge Demagoge rasch bedeutenden Einfluß. Das Bündnis mit → Pompejus und Crassus im 1. Triumvirat ermöglichte den drei mächtigsten Männern Roms, ihre Ziele gegen den Senat durchzusetzen. In den Jahren nach seinem Konsulat eroberte Caesar Gallien und stieß über den Rhein und nach Britannien vor.

Im Bürgerkrieg gegen Pompejus und den Senat errang er die uneingeschränkte Macht, die er zu durchgreifenden Reformen nutzte. Seine faktisch monarchische Stellung führte zu einer Verschwörung; ihr fiel er an den Iden des März 44 v. Chr. zum Opfer. Nicht nur als Feldherr und Staatsmann ist Caesar einer der Großen der Geschichte; seine Schriften, v. a. der „Gallische Krieg", zählen zu den bedeutendsten Werken der lateinischen Literatur.

In einer ergreifenden Zeremonie wurde sein Leichnam auf dem Forum Romanum verbrannt. Die Gebeine wurden im Familiengrab der Julier beigesetzt; dessen Lage ist umstritten. Der römische Volksglaube verlegte später die letzte Ruhestätte Caesars in den Sockel des Vatikanischen Obelisken.

● Caligula
C. Iulius Caesar Germanicus, römischer Kaiser (37–41 n. Chr., geb. 12 n. Chr.)

Zunächst maßvoll und beliebt, wurde er bald vom „Caesarenwahn" erfaßt: Caligula zeigte sich als orientalischer Gottkönig und beseitigte mißliebige Personen, versagte dagegen kläglich bei militärischen Unternehmungen. Er fiel einer Verschwörung zum Opfer.

Sein Leichnam wurde heimlich in die Horti Lamiani nahe den Gärten des → Maecenas (vielleicht bei der Via Vittorio Veneto) gebracht und auf einem eilig errichteten Scheiterhaufen halb verbrannt, die Reste verscharrt. Später wurden sie von seinen Schwestern wieder ausgegraben, eingeäschert und bestattet. Schließlich wurde er im Mausoleum → Augusti beigesetzt.

● Caracalla
M. Aurelius Antoninus, römischer Kaiser (211–217 n. Chr., geb. 186 n. Chr.)

Schon bald nach dem Regierungsantritt beseitigte er seinen Bruder und Mitregenten Geta. In die Zukunft wies die Verleihung des römischen Bürgerrechtes an alle freien Reichsbewohner durch den Kaiser. Caracalla stabilisierte die Grenzen an Rhein und Donau, dann begann er – seinem Vorbild → Alexander folgend – den Krieg gegen die Parther; auf dem Vormarsch wurde er ermordet.

Sein Nachfolger Macrinus ließ die Leiche verbrennen und die Urne nach Antiochia zu Caracallas Mutter senden; wegen der Unbeliebtheit des Ermordeten wurde sie heimlich bei Nacht nach Rom übertragen und im Mausoleum des → Hadrian beigesetzt.

● Cassius
C. Cassius Longinus, Mörder Caesars (gest. 42 v. Chr.)

Nach der Katastrophe von Carrhae führte er die Reste von Crassus' Armee zurück und kämpfte im Bürgerkrieg auf der Seite des → Pompejus. Von → Caesar begnadigt und hoch geehrt, war er dennoch – noch vor → Brutus – das Haupt der Verschwörung gegen den Dictator. Im Krieg gegen → M. Antonius und Octavian (→ Augustus) gab er sich nach der 1. Schlacht bei Philippi in Unkenntnis der Gesamtlage den Tod.

Auf Befehl des Brutus wurde seine Leiche heimlich zur Beisetzung nach Thasos gesandt, um Unruhe unter den Soldaten zu vermeiden.

● Cato d. J.
M. Porcius Cato (Uticensis), römischer Politiker (95–46 v. Chr.)

Der unbeugsame Moralist geißelte die Mißstände der späten römischen Republik und bekämpfte die neuen Machthaber → Caesar und → Pompejus, ohne freilich selbst einen Ausweg aus der Krise zu weisen. Im Bürgerkrieg auf der Seite des Pompejus, nahm er sich nach der Niederlage bei Thapsus das Leben. In der römischen Kaiserzeit galt er als leuchtendes Vorbild von Römertugend und stoischer Gesinnung.

Die Einwohner Uticas schmückten seinen Leichnam und bestatteten ihn auf Staatskosten feierlich am Meer. Noch im 2. Jh. n. Chr. erinnerte dort eine Statue Catos mit dem Schwert in der Hand an den unbeugsamen Verfechter der altrömischen Virtus.

Chlodwig I.
König der Franken (482–511 n. Chr., geb. 466 n. Chr.)

Mit der Unterwerfung der fränkischen Stämme und dem Aufbau einer staatlichen Organisation legte Chlodwig den Grundstein für den Aufstieg des Frankenreiches. Er unterwarf die Alamannen und das galloromische Reich des Syagrius; durch seinen Sieg bei Vouillé vertrieb er die Westgoten weitgehend aus Gallien. Wegweisend war die Übernahme des katholischen (statt des arianischen) Glaubens durch den König.

Er wurde in der von ihm selbst errichteten Basilika der Apostel → Petrus und → Paulus beigesetzt, der späteren Kirche Ste.-Geneviève (östlich des heutigen Panthéon); sie fiel den Normannenstürmen des 9. Jhs. zum Opfer. Bei der Errichtung des gotischen Neubaus (ab 1180) entstand am Eingang zum Chor ein Kenotaph für Chlodwig; er wurde im 17. Jh. umgestaltet und mit einer Marmorstatue des Königs geschmückt. Während das barocke Monument in der Französischen Revolution zerstört wurde, gelangte die steinerne Grabplatte mit der bärtigen Darstellung des Frankenkönigs (12./13. Jh.) in die altehrwürdige Grablege der französischen Herrscher in St.-Denis.

Claudius
Tib. Claudius Caesar, römischer Kaiser (41–54 n. Chr., geb. 10 v. Chr.)

Nach → Caligulas Sturz wurde dessen Oheim Claudius zum Kaiser ausgerufen. Vielseitigen wissenschaftlichen Interessen zugewandt, war er als Herrscher ein Werkzeug seiner Gemahlinnen und Berater. Britannien wurde erobert, eine kaiserliche Verwaltung aufgebaut. Er fiel einem Giftanschlag seiner Gattin → Agrippina d. J. zum Opfer.

Daß seine Beisetzung mit der Bestattung des → Augustus verglichen wurde, läßt auf seine – ohnehin naheliegende – Grablegung in dessen dynastischem Mausoleum schließen.

● Commodus

M. Aurelius Commodus Antoninus, römischer Kaiser
(180–192 n. Chr., geb. 161 n. Chr.)

Nach dem Tod → Mark Aurels beendete sein Sohn die Germanenkriege und gab die Eroberungen des Vaters auf. Geprägt von „Caesarenwahn" und orientalischer Gottkaiseridee, betrachtete er sich als neuen Herakles und trat selbst im Amphitheater auf. Er fiel einer Verschwörung zum Opfer.

Trotz des Wunsches von Senat und Volk, dem Kaiser das Begräbnis zu verwehren, wurde er – allerdings bei Nacht – im Mausoleum → Hadriani beigesetzt.

● Constans

Fl. Iulius Constans, römischer Kaiser (337–350 n. Chr., geb. 323 n. Chr.)

Beim Tod → Constantins d. Gr. wurde sein jüngster Sohn Herrscher über Italien; nach dem Sieg über seinen Bruder Constantin II. fiel ihm auch der gallische Reichsteil zu. Wegen persönlicher Schwächen wurde er durch die Verschwörung des Magnentius gestürzt und auf der Flucht in den Pyrenäen getötet.

Sein Bruder Constantius II. ließ ihm ein „Mnemeion" errichten. Hypothetisch ist dieser überlieferte Grabbau mit dem Mausoleum von Centcelles bei Tarragona identifiziert worden. Dieses entstand durch die Umgestaltung einer Portikusvilla, die vermutlich als kaiserlicher Jagdsitz gedient hatte. Später wurde der Ziegelbau als Kapelle und Bauernhaus genutzt.

Die Mosaiken der Kuppel zeigen ein reiches Bildprogramm: in der unteren Zone die Jagd auf Hirsch und Eber, darüber sechzehn – teils zerstörte – biblische Szenen.

Unterhalb des verlorenen Zentralbildes ist die Kuppel in acht Felder geteilt; in vier schmalen Segmenten symbolisieren nackte Knaben die Jahreszeiten, in den breiteren erscheinen thronende Herrschergestalten; ihre Vierzahl sowie die Datierung der Mosaiken (M. 4. Jhs.) legt die Identifikation mit der constantinischen Dynastie nahe. Auch wenn keine endgültige Sicherheit besteht, dürfte die Deutung des Mausoleums als Grablege des Constans naheliegen; darauf weisen auch die lokale Überlieferung eines „emperador Gustantí", der hier zu jagen pflegte, und der Ortsname des nahegelegenen Constantí.

● Constantin d. Gr.
Fl. Valerius Constantinus, römischer Kaiser
(306–337 n. Chr., geb. um 285 n. Chr.)

Nach dem Tod seines Vaters → Constantius I. zum Herrscher über den gallischen Reichsteil ausgerufen, gewann er durch den Sieg an der Milvischen Brücke über → Maxentius auch Italien; mit einer Kreuzesvision vor der Schlacht verbindet die Überlieferung seine Bekehrung zum Christentum. Der Sieg über den letzten Rivalen Licinius machte ihn zum Herrscher des gesamten Reiches.

Der Kaiser führte umfangreiche Reformen in Staatsordnung und Heerwesen durch. Zukunftsweisend waren – neben der Förderung des Christentums – v. a. die vermehrte Einbeziehung der Germanen in die Armee und die Gründung von Konstantinopel als neuer Hauptstadt des Imperium Romanum.

Der Leichnam wurde nach Konstantinopel übergeführt und im Mausoleum des Kaisers, einer überkuppelten Rotunde östlich der Apostelkirche, beigesetzt. Das Grab war durch ein silbernes Ziborium hervorgehoben; nach der Legende umgaben zwölf symbolische Gräber der Apostel seinen Pophyrsarkophag.

Die baufällige Kirche wurde im 6. Jh. durch eine Mehrkuppelkirche auf kreuzförmigem Grundriß ersetzt; die Rotunde Constantins blieb von der Umgestaltung verschont. Als weiterer Annex entstand der Grabbau → Justinians; bis in das 11. Jh. waren die beiden Mausoleen die wichtigste Grablege der spätrömischen und byzantinischen Kaiser.

Die ursprünglich reichverzierten Sarkophage wurden später mehrfach geplündert: Um den Frieden mit → Heinrich VI. zu erkaufen, ließ der byzantinische Kaiser Alexios III. ihren Zierat aus Silber und Gold einschmelzen; dabei fand man das Grab Constantins bereits beraubt vor. Die Kreuzfahrer von 1204 öffneten die Särge und raubten die kostbaren Beigaben; bei der Plünderung durch die Türken (1453) zerfielen die Leichname zu Staub. Die Sarkophage selbst wurden über das Stadtgebiet zerstreut.

Nach dem Fall Konstantinopels wurde die Apostelkirche für einige Jahre Sitz des Ökumenischen Patriarchen; 1461 ließ → Mehmed II. den ehrwürdigen Bau abreißen und durch seine Moschee ersetzen.

● Constantius I.
C. Flavius Valerius Constantius, römischer Kaiser
(293–306 n. Chr., geb. 264 n. Chr.)

Nach einer soldatischen Laufbahn wurde er als Caesar in das tetrarchische Kaiserkollegium aufgenommen; er errang zahlreiche militärische Erfolge. Die Christenverfolgung wurde in seinem Reichsteil nicht durchgeführt. Nach der Abdankung von → Diocletian und → Maximian zum Augustus erhoben, starb er im folgenden Jahr; sein Sohn → Constantin (d. Gr.) trat die Nachfolge an.

Eindeutige Überlieferung über seine Bestattung liegt nicht vor. Im Mausoleum seiner langjährigen Konkubine → Helena bei Rom wurde allerdings ein Porphyrsarkophag mit Schlachtszenen zwischen Römern und Barbaren gefunden; auf der Vorderseite erscheint ein ruhender Löwe (j. in den Vatikanischen Museen). Wegen seines kriegerischen Charakters kann dieser sog. „Helenasarkophag" kaum die Gebeine der frommen Kaiserin aufgenommen haben; eher ist an einen Kaiser oder einen Feldherrn zu denken. In Erwägung gezogen wurde daher seine ursprüngliche Bestimmung für Constantin d. Gr. oder Constantius I.

● Constantius III.
Fl. Constantius, römischer Kaiser (421 n. Chr.)

Als führender Heermeister unter → Honorius warf er mehrere Usurpationen nieder und drängte erfolgreich die Westgoten über die Pyrenäen nach Spanien ab; als Belohnung erlangte er die Hand der Kaisertochter → Galla Placidia und seine Erhebung zum Mitregenten.

Ein Marmorsarkophag im östlichen Kreuzarm des Mausoleums der Galla Placidia in Ravenna wird ihm traditionell als Grablege zugeordnet. Auf seiner Stirnseite erscheint das Lamm Gottes mit den Strömen des Paradieses; seitlich symbolisieren Lämmer die Apostel → Petrus und → Paulus, zwei Palmen den Paradiesgarten. Die linke Seite zeigt Tauben an einem großen Gefäß; rechte Seite und Rückwand blieben unbearbeitet. Die Beisetzung des Kaisers an dieser Stelle ist allerdings nicht gesichert.

● Dareios I. d. Gr.
Dārajavauš, persischer Großkönig (522–486 v. Chr.)

Der Sproß einer Nebenlinie der Achämeniden beseitigte den Usurpator Gaumata und trat selbst die Herrschaft an. Ihm gelang die Niederwerfung zahlreicher gefährlicher Aufstände; dagegen scheiterte ein Feldzug gegen die Skythen zur Sicherung der Nordgrenze. Der König schuf durch die Einteilung des Reiches in Satrapien und die Einführung einer einheitlichen Währung ein geordnetes Staatswesen; die Errichtung der Residenzen in Susa und Persepolis begründete eine erste Blüte der persischen Kunst. Mit der Niederwerfung des Ionischen Aufstandes begann die epochale Auseinandersetzung zwischen Griechen und Persern. Eine Strafexpedition gegen Athen scheiterte bei Marathon; während der Vorbereitungen für einen zweiten Rachefeldzug starb der Großkönig.

In der Nähe von Persepolis bei dem heutigen Ort Naqsch-i-Rustam ließ sich Dareios noch zu Lebzeiten eine Grablege nach dem Vorbild medischer Felsgräber errichten, die zum Vorbild für die späteren Königsgräber der Achämeniden wurde. Als einzige der dortigen vier Grabstätten kann sie durch die Inschriften eindeutig einem Herrscher zugeordnet werden.

Eine kreuzförmige Fassade ist in die Felswand geschlagen (22,5 m hoch): Der untere Teil ist lediglich glatt behauen; der Querarm umschließt den Zugang zur Grabkammer und wird – vergleichbar der Vorhalle eines Palastes – von Halbsäulen mit Stierkapitellen gegliedert. In der oberen Zone erscheint vor einem Feueraltar der König; über ihm schwebt das geflügelte Symbol Ahuramazdas, gefolgt von der Sichel des Mondes. Der Herrscher steht auf einem Throngerüst, das von 28 unterworfenen Völkern getragen wird; die schmalen Seitenwände ziert der Hofstaat, u. a. die Waffenträger des Großkönigs. In das Innere führte ein Gang, von dem Grabkammern abgingen; dort boten jeweils drei wannenartige Vertiefungen Platz für die Sarkophage.

Dareios III.
Persischer Großkönig (336–331 v. Chr.)

Seine kurze Regierung war geprägt vom Krieg gegen → Alexander d. Gr.; bei Issos und Gaugamela geschlagen, wurde er von den Satrapen gestürzt und ermordet.

Alexander ließ ihn im königlichen Ornat in die Heimat überführen und dort mit herrscherlichem Zeremoniell bei den Vorfahren beisetzen. Als seine Grabstätte wurde hypothetisch das „Unvollendete Grab" oberhalb des Palastes von Persepolis identifiziert. Die Grablege sollte den dortigen Ruhestätten für Artaxerxes II. und III. gleichen; ein Teil der Reliefs war bereits ausgeführt. Da noch keine Grabkammer angelegt war, wurde der König wohl in dem südlichen der beiden anderen Königsgräber beigesetzt.

Demetrios Poliorketes
Makedonischer König (306–283 v. Chr., geb. um 336 v. Chr.)

Gemeinsam mit seinem Vater → Antigonos Monophthalmos war er maßgeblich an den Diadochenkriegen beteiligt; trotz des Scheiterns vor Rhodos (an das später der dortige „Koloß" erinnerte) galt er als der größte Belagerungsexperte dieser Zeit (Poliorketes: „Städtebelagerer"). Später erlangte er die Herrschaft über Makedonien; bei einem Feldzug gegen → Seleukos I. besiegt, beschloß er sein Leben in ehrenvoller Gefangenschaft.

Antigonos Gonatas führte selbst seinen Sohn mit der Flotte heim; die goldene Urne mit den Gebeinen stand dabei auf dem Flaggschiff, mit Purpur und Diadem geschmückt. Nach der Totenfeier in Korinth wurde der König in der nach ihm benannten thessalischen Stadt Demetrias beigesetzt.

Demosthenes
Athenischer Staatsmann und Redner (384–322 v. Chr.)

Als führender Politiker Athens und größter Redner der griechischen Geschichte wurde er zum Hauptgegner der drohenden Hegemonie → Philipps II., dem er die flammenden „Philippischen Reden" entgegenschleuderte. Sein Ideal der Polisfreiheit scheiterte jedoch mit der Niederlage bei Chaironeia. Nach dem Tod → Alexanders d. Gr. beteiligte er sich an einem Aufstand gegen die makedonische Herrschaft; bei dessen Scheitern zum Tode verurteilt, nahm er in aussichtsloser Lage Gift.

Er wurde an seinem Asylort im Temenos des Poseidon auf der Insel Kalaureia bei Troizen bestattet; diese Überlieferung erscheint glaubhafter als der Bericht, seine Gebeine wären in einer Urne zum makedonischen Statthalter Antipater gebracht worden.

Naqsch-i-Rustam, Grab Dareios' I.

● Diocletian
C. Aurelius Valerius Diocletianus, römischer Kaiser
(284–305 n. Chr., geb. um 240, gest. 316? n. Chr.)

Aus einfachsten Verhältnissen zum Kaiser aufgestiegen, festigte er das Imperium durch das Herrschaftssystem der Tetrarchie; die wirtschaftlichen Probleme sollte die Einführung des spätantiken Zwangsstaates lösen. Auf die ideologische Vereinheitlichung des Reiches zielte die größte Christenverfolgung der römischen Geschichte. Mit seinem Kollegen → Maximian trat der Herrscher 305 n. Chr. von seinem Amt zurück. Vergeblich versuchte er die Wirren der folgenden Jahre auf dem Kaiserkongreß von Carnuntum zu schlichten; er starb in seinem Palast in Spalato.

Als Ruhesitz hatte sich Diocletian in der Nähe seiner Geburtsstadt Salona bei Aspalathos (Split) einen Palast errichten lassen. Der stark befestigte Baukomplex umschloß u. a. Unterkünfte für Soldaten und Sklaven, prunkvolle Wohnräume sowie das Mausoleum des Kaisers. Während des Slawensturmes wurde er zur Zuflucht der Bewohner von Salona (614) und damit Keimzelle der späteren Stadt Split.

Das oktogonale Mausoleum im Südosten des Areals wird von einem korinthischen Portikus umschlossen. Das Ziegeldach krönt ein Pinienzapfen, von Löwen getragen; das Portal bewacht ein ruhender Sphinx (15. Jh. v. Chr.). Die Rotunde des Innenraumes wird von einer zweigeschossigen Säulenstellung gegliedert; die Kuppel war wohl ursprünglich mosaiziert. Ein Fries zeigt Eroten bei der Jagd und Hermes als Seelenbegleiter, ferner Porträtmedaillons des Kaiserpaares. Seit dem 7. Jh. ist das Mausoleum als Bischofskirche dem Hl. Domnius (Sv. Dujam) geweiht; sie gilt als kleinste Kathedrale der Welt.

● Diogenes
Griechischer Philosoph (um 400/390–328/23 v. Chr.)

Der Begründer der kynischen („hündischen") Philosophie lehnte alle gesellschaftlichen Konventionen ab und lebte in absoluter Bedürfnislosigkeit. Zahlreiche Anekdoten berichten von ihm, u. a. die berühmte Erzählung seiner Begegnung mit → Alexander d. Gr.

Diogenes wollte unbeerdigt bleiben, eine Beute für die Tiere. Er wurde aber auf Kosten der Stadt Korinth feierlich bestattet; sein Grab lag am Isthmischen Tor, geschmückt von einer Säule mit der Marmorstatue eines Hundes.

Split, Mausoleum des Diocletian

● Dionysios I.
Tyrann von Syrakus (405–367 v. Chr., geb. um 430 v. Chr.)

Entschlossen nutzte der junge Demagoge den Krieg Karthagos gegen die Griechen Siziliens zur Machtergreifung in Syrakus. In den folgenden Jahren baute er die Stadt zur uneinnehmbaren Festung aus und schuf sich ein Reich, das bis Unteritalien und Dalmatien reichte. Vergeblich versuchte er in drei Kriegen, die Karthager aus Sizilien zu vertreiben. Zugleich machte er Syrakus zu einem glänzenden Hof von Dichtern und Philosophen.

Er erhielt ein prunkvolles Leichenbegängnis; nach der Verbrennung wurden seine Gebeine auf der Akropolis von Syrakus an den „Königlichen Toren" beigesetzt.

● Domitian
T. Flavius Domitianus, römischer Kaiser (81–96 n. Chr., geb. 51 n. Chr.)

Der letzte Herrscher der Flavischen Dynastie versuchte, die kaiserliche Stellung nach orientalischem Vorbild zu überhöhen; diesem Ziel diente die Anrede „Herr und Gott" ebenso wie die Errichtung der gewaltigen Residenz auf dem Palatin. Zur Sicherung der Grenzen führte Domitian mehrere Feldzüge; nach einem Sieg über die Chatten ließ er zwischen Rhein und Donau den Limes als befestigte Grenze anlegen. Der Kaiser fiel einer Verschwörung der senatorischen Opposition zum Opfer.

Auf Senatsbeschluß wurde er „wie ein Gladiator" bestattet: Der Körper wurde auf einer „sandapila" (der Bahre für Arme und Verbrecher), nicht auf der für Vornehme üblichen „lectica" aus der Stadt getragen. Seine Amme Phyllis bereitete ihm in ihrem Landhaus an der Via Latina das Leichenbegängnis und setzte die Gebeine heimlich im Templum Gentis Flaviae bei, indem sie seine Überreste in die Urne von → Titus' Tochter Julia gab. Das Familienheiligtum der Flavischen Dynastie hatte Domitian über dem eigenen bescheidenen Geburtshaus errichten lassen; der vermutlich kreisförmige Sakralbau diente als Grablege des Kaisergeschlechts, in die auch die Gebeine von → Vespasian und Titus übertragen wurden.

● Drakon
Athenischer Gesetzgeber (um 624 v. Chr.)

Er übernahm die Aufgabe, in Athen als Gesetzgeber die Kämpfe rivalisierender Adelssippen – v. a. die Blutrache – und den Machtmißbrauch durch die

Aristokratie einzuschränken. Seine Gesetze galten der Antike wegen ihrer Härte als mit Blut geschrieben.
Nach zweifelhafter Überlieferung wurde er im Theater von Aigina bestattet.

● Drusus d. Ä.
Nero Claudius Drusus Germanicus, römischer Feldherr (38–9 v. Chr.)

Der Stiefsohn des → Augustus wurde bereits in jungen Jahren zu einem der bedeutendsten Feldherren des Kaisers; zusammen mit seinem Bruder → Tiberius unterwarf er die rätischen Stämme im Voralpenland. In den folgenden Jahren befehligte er mehrere Feldzüge zur Eroberung Germaniens und stieß bis zur Elbe vor. Auf dem Rückmarsch erlitt er bei einem Sturz vom Pferd tödliche Verletzungen.
Der Leichnam wurde nach Rom übergeführt, die Asche im Mausoleum des Augustus beigesetzt.

● Elagabal
M. Aurelius Antoninus, römischer Kaiser (218–222 n. Chr., geb. 204 n. Chr.)

Der junge Priester des Elagabal, des Sonnengottes von Emesa, wurde von seiner Großmutter Julia Maesa als Sohn → Caracallas ausgegeben und in Syrien zum Kaiser proklamiert. Nach dem Sieg über seinen Rivalen Macrinus erhob er den in Gestalt eines Steins verehrten Elagabal zum höchsten Gott des Reiches. Wegen seiner Religionspolitik und zahlreicher Grausamkeiten wurde er von den Prätorianern getötet.
Sein Kopf wurde abgeschlagen, der Körper verstümmelt und geschändet, schließlich „wie ein toter Hund" völlig entblößt durch die Straßen Roms geschleift, von obszönen Schmähungen begleitet. Da die Einmündung der Kloake für die Leiche zu eng war, beschwerte man sie mit Gewichten und warf sie in den Tiber.

● Ennius
Q. Ennius, römischer Dichter (239–169 v. Chr.)

Dem gebildeten Kreis um den jüngeren → Scipio zugehörig, brachte der Dichter hellenistisches Kunstschaffen und die Versform des Hexameters nach Rom. In den „Annales" verherrlichte er die römische Geschichte in homerischer Form. Sie wurden erst von → Vergils „Aeneis" als Nationalepos der Römer abgelöst.

Die Leiche wurde auf dem Janiculum bei Rom verbrannt, die Gebeine in seiner Heimatstadt Rudiae beigesetzt.

● Epameinondas
Thebanischer Feldherr (gest. 362 v. Chr.)

Durch den Sieg bei Leuktra und die folgenden Feldzüge auf der Peloponnes brach er die Macht Spartas. Sein Tod in der siegreichen Schlacht von Mantineia bedeutete das Ende der kurzlebigen Hegemonie Thebens in Griechenland. Die militärischen Neuerungen des Epameinondas beeinflußten → Philipp II. und → Alexander d. Gr., waren aber auch noch vorbildhaft für Friedrich d. Gr.

Sein Grab auf dem Schlachtfeld von Mantineia bekrönten noch im 2. Jh. n. Chr. eine Säule sowie ein Schild mit einem Drachen als Familienemblem. Zwei Stelen erinnerten an den siegreichen Feldherrn, eine ältere mit böotischer Inschrift sowie eine spätere, die → Hadrian aufstellen ließ; ihren Text hatte der Kaiser selbst verfaßt.

● Euripides
Athenischer Tragiker (485/4–407/6 v. Chr.)

Fast das gesamte Leben verbrachte er in Athen; kurz vor seinem Tod begab er sich an den Hof zu Pella. In zahlreichen Stücken löst sich der Dichter von den mythischen Vorlagen und stellt die menschlichen Konflikte in den Mittelpunkt.

Nach unterschiedlicher Überlieferung wurde er in Pella oder bei Arethusa in Makedonien bestattet. Noch im 4. Jh. n. Chr. erwähnt der Pilgerführer von Bordeaux ein Grab des Dichters und eine „mutatio Euripidis" drei Meilen vor Amphipolis.

● Galerius
C. Galerius Valerius Maximianus, römischer Kaiser
(293–311 n. Chr., geb. um 250 n. Chr.)

Der tüchtige Soldat wurde als Caesar in das Herrscherkollegium der Tetrarchie aufgenommen; auf dem Balkan und an der Persergrenze führte er zahlreiche erfolgreiche Feldzüge. Bei der Christenverfolgung → Diocletians war er die treibende Kraft. Nach dessen Rücktritt konnte er den Zerfall der Vierkaiserherrschaft nicht aufhalten; kurz vor seinem Tod erließ er das erste Toleranzedikt für die Christen.

Galerius hatte Thessalonike zu seiner Residenz und wohl auch als Grablege erwählt; hier errichtete er einen Palast sowie einen Triumphbogen. Dieser war durch eine Kolonnadenstraße mit einer überkuppelten Rotunde verbunden (nach der benachbarten Kapelle „Georgskirche" genannt). Der Rundbau wurde im 5. Jh. zu einer Kirche, in osmanischer Zeit zu einer Moschee umgestaltet, seit 1917 museal genutzt. Lage und Gestalt des Bauwerks lassen auf die geplante Nutzung als Mausoleum des Kaisers schließen.

Tatsächlich wurde Galerius jedoch an seinem Geburtsort in der Provinz Dacia Ripensis beigesetzt, den er nach seiner Mutter Romula benannt hatte; vielleicht war die Bestattung an dieser Stelle in der gegen ihn verhängten Damnatio Memoriae begründet. Inzwischen ist das „Romulianum" mit dem serbischen Ort Gamzigrad identifiziert worden. Bei Ausgrabungen (seit 1953) wurde eine befestigte Anlage freigelegt, die Ähnlichkeit mit dem Diocletianspalast in Spalato aufweist. Hier fand man einen Palastkomplex sowie einen monumentalen Tempelbezirk; weitere Gebäude konnten noch nicht identifiziert werden.

Galla Placidia
Tochter Theodosius' I. (um 390–450 n. Chr.)

Bei der Plünderung Roms durch den Gotenkönig → Alarich wurde sie als Geisel mitgeführt; vier Jahre später heiratete sie seinen Nachfolger Athaulf, nach dessen Tod den Heermeister → Constantius (III.). Für ihren minderjährigen Sohn Valentinian III. führte sie die Regentschaft, die von den Machtkämpfen und Bürgerkriegen ehrgeiziger Militärs geprägt war.

Als Mausoleum der Galla Placidia gilt ein kleiner kreuzförmiger Bau in Ravenna, ursprünglich ein Annex der (zerstörten) Kirche S. Croce; der Mittelturm wird von einem Pinienzapfen bekrönt. Die Sockelzone des Innenraumes ist mit gelbem Marmor inkrustiert; darüber dominiert der blaue Grund der Mosaiken.

Oberhalb der Darstellungen von akklamierenden Aposteln und Tauben an Kantharoi erscheint in der Kuppel ein goldenes Kreuz, umgeben von 567 Sternen und den apokalytischen Wesen. Die Schildbögen der Querachse zeigen Hirsche an den Strömen des Paradieses. Über dem Eingang ist – noch ganz in antiker Schönheit – Christus als Guter Hirt dargestellt, gegenüber der als Reichsheiliger verehrte Laurentius mit dem feurigen Rost als Werkzeug seines Martyriums. Gesamtthema der Mosaiken sind die Wiederkehr Christi

Ravenna, Mausoleum der Galla Placidia

und die Erlösung; zugleich spiegeln die bildlichen Darstellungen die vier Elemente und machen so aus dem Bau ein Abbild des Kosmos.

In den Kreuzarmen stehen drei Marmorsarkophage, die traditionell als Gräber von Galla Placidia, Constantius III. und Valentinian III. gelten. Der schmucklose sog. Sarkophag Gallas trägt auf Vorder- und Rückseite eine Tabula ansata ohne Inschrift; zahlreiche Abrasionen und Löcher bezeugen die Verehrung für die Reliquien der später heiliggesprochenen Kaiserin. Bis 1577 befanden sich in dem Sarkophag Gebeine.

Ob Galla nach ihrem Tod in Rom tatsächlich hier bestattet wurde, ist umstritten und erst seit dem 9. Jh. bezeugt. Eher kann eine Beisetzung im Mausoleum der theodosianischen Dynastie bei Alt-St. Peter vermutet werden (→ Honorius). Allerdings weist das „Mausoleum der Galla Placidia" einige Wesenszüge eines Grabbaus auf: das Halbdunkel des Inneren, die Lage neben einer Kirche, den bekrönenden Pinienzapfen, v. a. aber die Erlösungs- und Grabsymbolik auf Mosaiken und Sarkophagen. Es ist durchaus möglich, daß die Kaiserin den Bau als ihre Grablege errichtete, diese aber ungenutzt blieb.

Gallienus
P. Licinius Egnatius Gallienus, römischer Kaiser
(253–268 n. Chr., geb. um 218 n. Chr.)

Als Mitregent seines Vaters → Valerian, nach dessen Gefangennahme durch die Perser als Alleinherrscher führte er nahezu ununterbrochen Krieg gegen rivalisierende Prätendenten und äußere Feinde, konnte aber den zeitweiligen Verlust der Reichseinheit nicht verhindern. In die Zukunft wiesen durchgreifende militärische Reformen. Gallienus fiel einer Verschwörung der Generalität zum Opfer.

Sein Grab lag an der Via Appia, neun Meilen vor Rom. Das säulenumstandene Mausoleum ist teilweise erhalten; der zweigeschossige überkuppelte Ziegelbau umschließt eine runde Grabkammer.

Gelon
Tyrann von Syrakus (485–478 v. Chr.)

Zunächst Reiteroffizier des Tyrannen von Gela, ergriff er nach dessen Tod selbst die Macht. Den Hilferuf der Oberschicht von Syrakus nutzte er auch dort zur Errichtung seiner Herrschaft. Die Invasion der Karthager schlug Gelon bei Himera zurück und sicherte so für Jahrzehnte das westliche Griechentum.

Aufgrund eigener Anweisungen wurde er von seinem Bruder und Nachfolger → Hieron I. in schlichter Form beigesetzt. Die gesamte Bevölkerung von Syrakus folgte dem Leichenzug zu dem Landgut der Witwe in den Neun Türmen, 200 Stadien vor der Stadt; hier errichtete das Volk ein eindrucksvolles Grabmal für Gelon und verlieh ihm die Ehren eines Heros. Im Krieg gegen → Dionysios I. (396 v. Chr.) zerstörten die Karthager das Grab.

Germanicus
C. Iulius Caesar Germanicus, römischer Feldherr (15 v. Chr.–19 n. Chr.)

Der Sohn des → Drusus wurde auf Weisung des → Augustus von seinem Oheim → Tiberius adoptiert und dadurch zum Nachfolger bestimmt. Als Oberbefehlshaber am Rhein führte er mehrere Rachefeldzüge gegen Arminius; durchgreifende Erfolge blieben jedoch aus. Während Germanicus den Osten des Reiches reorganisierte, erlag er einer Krankheit.

Ohne feierliches Leichenbegängnis wurde er auf dem Forum von Antiochia verbrannt. Seine Witwe Agrippina brachte die Urne nach Rom. Dort wurde sie ohne öffentliche Feierlichkeiten im Mausoleum des Augustus beigesetzt.

● C. Gracchus
C. Sempronius Gracchus, römischer Sozialreformer (153–121 v. Chr.)

Als Volkstribun setzte er das Reformwerk seines Bruders → Tib. Gracchus fort. Die Absicht, den Latinern das römische Bürgerrecht zu verleihen, entfremdete ihn jedoch der städtischen Plebs. Unruhen nutzten seine Gegner im Senat zur Ausrufung des Staatsnotstandes; auf der Flucht ließ sich C. Gracchus von einem seiner Sklaven töten.

Ein Freund des Konsuls L. Opimius brachte ihm das abgeschlagene Haupt; da sein Gewicht in Gold als Belohnung ausgesetzt war, hatte der Überbringer das Gehirn durch Blei ersetzt. Der Körper wurde in den Tiber geworfen.

● Tib. Gracchus
Tib. Sempronius Gracchus, römischer Sozialreformer (162–133 v. Chr.)

In Erkenntnis der strukturellen Krise der römischen Republik versuchte er, durch eine Landreform und die Ansiedlung von Besitzlosen den Bauernstand zu erneuern. Gesetzwidrige Maßnahmen während der Amtszeit als Volkstribun dienten den Gegnern im Senat zum Anlaß, ihn gewaltsam zu beseitigen. Mit seinem Tod begann das „Jahrhundert der Bürgerkriege".

Das Begräbnis wurde ihm verweigert, die Leiche nachts in den Tiber geworfen.

● Hadrian
P. Aelius Hadrianus, römischer Kaiser (117–138 n. Chr., geb. 76 n. Chr.)

Als Nachfolger seines spanischen Landsmanns → Trajan gab er dessen expansive Politik auf und beschränkte sich auf die Sicherung der Grenzen, u. a. durch den Hadrianswall in Britannien. Dem inneren Aufbau des Reiches dienten Reisen in nahezu alle Provinzen und vielfältige gesetzgeberische Maßnahmen. Der kunstsinnige Herrscher ließ zahlreiche Bauten errichten, v. a. das Pantheon in Rom und die kaiserliche Villa in Tibur; von seinem Philhellenismus künden die Stiftungen in Griechenland.

Nach seinem Tod in Baiae wurde Hadrian in einer Villa Ciceros bei Puteoli, dann in Rom in den Gärten der Domitia vorläufig – bis zur Vollendung der endgültigen Ruhestätte – beigesetzt. Im folgenden Jahr übertrug man ihn in das monumentale Grabmal am Tiberufer.

Vom Marsfeld erreichte man den Bau über den Pons Aelius (j. Engelsbrücke). Ein Gitter mit Pfauen aus vergoldeter Bronze (j. in den Vatikanischen

Museen) umgab einen marmorinkrustierten quadratischen Unterbau von etwa 90 m Seitenlänge; er trug die Grabinschriften der hier Beigesetzten, die Ecken waren mit bronzenen Rossehaltergruppen geschmückt. Darüber erhob sich der – heute noch gut erkennbare – runde Oberbau aus marmorverkleidetem Tuff und Travertin, am Rand mit Statuen geziert und von der Quadriga des Kaisers bekrönt. Er umschloß das Vestibül mit dem Standbild des Bauherrn sowie die Grabkammer mit den Nischen für die Sarkophage. Hier fanden außer den Angehörigen Hadrians später die Antoninenkaiser und Severer die letzte Ruhe. Im 3. Jh. wurde das Mausoleum in die Aurelianische Mauer einbezogen. Bei der Belagerung Roms durch Witigis war es schwer umkämpft; dabei stürzten die Verteidiger die Statuen vom Rand des Baus auf die angreifenden Goten (537).

Im Mittelalter wurde er zur päpstlichen Festung, die immer weiter verstärkt und durch einen Geheimgang mit dem Vatikanischen Palast verbunden wurde; einer Vision → Gregors d. Gr. verdankt er den Namen Engelsburg. Beim „Sacco di Roma" fand Clemens VII. hier sichere Zuflucht vor den plündernden Landsknechten (1527). Der Bau umschloß repräsentative Wohnräume, später auch Archiv und Schatz der Päpste und diente als Gefängnis, u. a. für Giordano Bruno. Im 19. Jh. zur Kaserne herabgesunken, wurde die Engelsburg ab 1901 restauriert und als Museum der Öffentlichkeit zugänglich gemacht.

Engelsburg, Rom

● Hannibal
Karthagischer Feldherr (247/46–183 v. Chr.)

Der Sohn des Hamilkar Barkas erbte die väterliche Machtstellung in Spanien. Durch die Eroberung von Sagunt löste er den 2. Punischen Krieg aus. Nach der Überquerung der Alpen errang er in Italien glänzende Siege (v. a. bei Cannae). Danach erreichten die Römer durch defensive Taktik gegen Hannibal und energisches Vorgehen auf anderen Kriegsschauplätzen die Wende. Die Landung → Scipios in Afrika zwang den karthagischen Feldherrn zur Heimkehr; die Niederlage bei Zama bedeutete das Ende des Krieges. Ins Exil getrieben, gab er sich selbst den Tod, um der Gefangennahme zu entgehen.

Nahe seinem Haus bei Libyssa wurde er beigesetzt; anstelle des ursprünglichen schlichten Steinsarkophages stiftete ihm → Septimius Severus ein prächtiges Marmorgrab. Die beim heutigen Diliskelesi vermutete Grabstätte wurde noch nicht entdeckt; ein unhistorisches „Grab Hannibals" wird in der Nähe von Gebze (bei Izmit) gezeigt.

● Harmodios und Aristogeiton
Athenische Tyrannenmörder (gest. 514 v. Chr.)

Die Freunde verübten einen Anschlag auf die Tyrannen Hippias und Hipparch; ihm fiel Hipparch zum Opfer. Harmodios wurde von der Leibwache getötet, Aristogeiton starb auf der Folter. Auch wenn die Mörder aus persönlichen Gründen handelten, wurden sie in Athen später als Freiheitshelden hochverehrt (→ Perikles).

Sie wurden auf dem Kerameikos beigesetzt; die Lage ihres Grabes im äußeren Teil des Staatsfriedhofes nahe der Akademie legt die Vermutung nahe, daß es erst im 4. Jh. v. Chr. angelegt wurde.

● Hektor
Mythischer trojanischer Held

Der älteste Sohn des Königs Priamos ist der tapferste Held auf trojanischer Seite. Während Achilleus wegen des Streites mit → Agamemnon dem Kampf fernbleibt, fügt er den Griechen schwere Verluste zu und treibt sie bis zum Schiffslager zurück. Erst als er Patroklos, den Freund des Achilleus, erschlägt, kehrt dieser in die Schlacht zurück und tötet Hektor im Zweikampf; haßerfüllt schleift er den Leichnam des Feindes um die Mauern der Stadt.

Der Leichnam des Helden wird auf dem Scheiterhaufen verbrannt, die Gebeine in einer goldenen Urne geborgen, ein gewaltiger Grabhügel aufgeschichtet. In historischer Zeit wurde Hektor als Heros verehrt; sein Grab zeigte man auf dem Hügel Ophrynion am Hellespont.

Helena
Fl. Iulia Helena, Mutter Constantins d. Gr. (um 257–um 337 n. Chr.)

Die Schankwirtin gebar als Konkubine des nachmaligen Kaisers → Constantius I. seinen Sohn → Constantin (d. Gr.), der die Mutter später zum Christentum bekehrte; sie genoß hohe Ehren und großen Einfluß. Auf einer Pilgerreise in das Heilige Land stiftete sie zahlreiche Kirchen, u. a. die Geburtsbasilika in Bethlehem und die Ölbergkirche in Jerusalem.

Nach ihrem Tod in Rom wurde sie in einem prächtigen Mausoleum bei der von ihr selbst gestifteten Basilika der Hll. Marcellinus und Petrus an der Via Labicana in einem Porphyrsarg beigesetzt. Als ihre Grablege gilt der „Helena-Sarkophag" in den Vatikanischen Museen, dessen militärischer Dekor jedoch Zweifel an dieser Zuschreibung aufwirft.

Bei dem Mausoleum der Kaiserin, allgemein als Tor Pignattara bezeichnet, handelt es sich um einen Rundbau (Ø ca. 20 m) mit acht Nischen; über einer Fensterzone wölbte sich die inzwischen eingestürzte Kuppel. Reste von Mosaiken und polychromen Inkrustationen bezeugen die ursprüngliche reiche Ausstattung. Der Bau grenzte an den Narthex der Basilika, die sich über der gleichnamigen Katakombe erhob. Für diese erste Verbindung eines Mausoleums mit einer Kirche war bewußt ein Ort der Märtyrerverehrung gewählt worden. Ursprünglich war der Bau wohl sogar zur Grablege Constantins d. Gr. bestimmt. Umstritten bleibt das weitere Schicksal von Helenas Gebeinen; nach ostkirchlicher Tradition wurden sie zwei Jahre nach dem Ableben der Kaiserin in die Apostelkirche zu Konstantinopel übertragen und im Sarkophag ihres Sohnes geborgen.

Aus dem Mausoleum wurde im frühen Mittelalter eine Kirche der Hl. Helena; nach stadtrömischer Tradition erfolgte unter Innozenz II. die Translatio ihrer Reliquien in die Kirche S. Maria in Aracoeli. Während die Basilika der Hll. Marcellinus und Petrus zu unbekanntem Zeitpunkt einstürzte, diente die Grabrotunde im Mittelalter als Kastell. 1594 wurde sie als Mausoleum der frommen Kaiserin identifiziert.

● Hephaistion
Makedonischer Feldherr (gest. 324 v. Chr.)

Der Jugendgefährte → Alexanders d. Gr. bekleidete wichtige Kommandos auf dessen Feldzügen in Asien; als Chiliarch hatte er auch das höchste zivile Amt inne. Der vertrauteste Freund und Schwager des Königs war bei dem makedonischen Adel unbeliebt, zumal er Alexanders Verschmelzungspolitik zwischen Griechen und „Barbaren" unterstützte. Seinen Tod verwand der König nie.

Der Leichnam wurde vom Todesort Ekbatana nach Babylon übergeführt. Ein Abschnitt von zehn Stadien in der dortigen Stadtmauer wurde niedergerissen, die Ziegel zur Errichtung einer Terrasse für den Scheiterhaufen verwendet. Dessen siebengeschossiger, mit ungezählten Skulpturen geschmückter Aufbau wird in geradezu märchenhafter Pracht geschildert; seine Historizität bleibt allerdings umstritten.

Dagegen erhebt sich noch heute in Hamadan der auf Alexanders Befehl am Todesort des Freundes aufgerichtete steinerne Löwe, durch Jahrhunderte verehrt als Sinnbild der Fruchtbarkeit.

● Heraklit
Griechischer Philosoph (um 550–480 v. Chr.)

Der Vorsokratiker aus Ephesos galt bereits der Antike als der „dunkle", rätselhafte Denker. Seine aphoristische Lehre ist geprägt von Dichtung und Naturphilosophie. Die Vorstellung des fortwährenden Wandels bezeichnet sein Leitsatz „Panta rhei" („Alles fließt").

Nach zweifelhafter Überlieferung wurde er auf der Agora von Ephesos begraben; nach anderer Version hatte er sich kurz vor seinem Tod gegen die Wassersucht mit Rinderdung bestrichen; die unkenntliche Leiche wurde daher von Hunden gefressen.

● Herodes d. Gr.
König von Judäa (37–4 v. Chr., geb. um 73 v. Chr.)

Mit römischer Unterstützung stürzte er die Hasmonäer und übernahm selbst die Herrschaft. Der Bau eines neuen Tempels in Jerusalem sollte die Priesterschaft für ihn gewinnen. Obwohl seine Regierung politische und wirtschaftliche Stabilität brachte, war Herodes wegen seiner Grausamkeit verhaßt; der ihm vorgeworfene Kindermord von Bethlehem ist allerdings unhistorisch.

Er wurde mit allem Prunk bestattet. Dem Leichnam folgten die Angehörigen und das Heer, darunter sogar Gallier und Germanen, die ursprünglich die Leibwache → Kleopatras gebildet hatten, von → Augustus aber Herodes geschenkt worden waren. Es folgten Sklaven und Freigelassene mit kostbaren Spezereien. Nach eigenem Wunsch wurde der König auf dem Herodium beigesetzt; die Palastburg hatte er in der Nähe von Bethlehem auf einem künstlich erhöhten Bergkegel errichten lassen. Die kreisförmige Anlage mit vier mächtigen Türmen umschloß königliche Gemächer mit Bädern und Gärten; zugleich diente sie als Gefängnis und als Hauptquartier der Sicherungsstreitkräfte für Jerusalem. In den Aufständen gegen Rom wurde sie zum Stützpunkt für die jüdischen Rebellen; im 6. Jh. siedelten sich hier byzantinische Mönche an; 1962–67 wurde die Anlage freigelegt.

Die literarische Überlieferung der königlichen Beisetzung auf dem Herodium wurde 2007 nach langjähriger Suche durch die Wiederentdeckung des Grabes bestätigt. Zudem konnte festgestellt werden, daß sich die Planungen des Herrschers für seine Bestattung mehrfach geändert hatten. Zunächst hatte er eine Beisetzung unterhalb des Felskegels nahe dem Großen Palast in der Stadt Herodia gewünscht. Den bescheidenen ursprünglichen Bau ersetzte er einige Jahre später durch eine monumentale Grabstätte am selben Ort; der gewaltige Komplex umfaßte ein großes Ritualbad, ein Triclinium für das Totenmahl sowie eine künstliche Plattform (350 m lang) für die feierliche Bestattungsprozession. Als eigentliche Ruhestätte war – hinter einer hellenistischen Fassade – eine Grabhöhle vorgesehen, die wohl erst beim Ableben des Königs in den Fels geschlagen werden sollte.

Zuletzt ließ sich der greise Herodes eine (endgültige) Grabstätte auf dem Bergkegel errichten, freilich nicht innerhalb des Palastes, um dessen kultische Verunreinigung zu vermeiden. An der Nordostflanke des Hügels erhob sich auf rechteckigem Podium das (halb?)runde Mausoleum, von dem nur Fragmente erhalten blieben. Es barg einen Sarkophag aus rötlichem Kalkstein; bei der Zerstörung des Grabmals (wohl im 1. Jüdischen Aufstand gegen Rom unter → Nero) wurde er in Hunderte von kleinen Stücken zerschlagen – Zeichen des glühenden Hasses gegen den Herrscher von römischen Gnaden!

Herodot
Griechischer Historiker (484–um 430 v. Chr.)

Der „Vater der Geschichte" schildert zunächst den Aufstieg des persischen Großreiches; dabei wird die Erzählung von ausführlichen geographischen und völkerkundlichen Exkursen unterbrochen, die auf den weiten Reisen des

Historikers beruhen. Es folgt die Darstellung der Perserkriege vom Ionischen Aufstand bis zum Beginn der Angriffskriege der Griechen in Kleinasien.

Nach zweifelhafter Überlieferung war er neben → Thukydides in den kimonischen Familiengräbern vor dem Melitischen Tor von Athen beigesetzt.

● Hesiod
Griechischer Dichter (um 700 v. Chr.)

Der erste als Persönlichkeit faßbare Dichter des Abendlandes schildert in seiner „Theogonie" die Entstehung der griechischen Götter. Das Lehrgedicht „Werke und Tage" beschreibt Leben und Arbeit auf dem Lande, enthält aber auch ethische Gedanken zur Rechtlichkeit, die von eigenem bitteren Erleben geprägt sind.

Ursprünglich war er im Gebiet von Naupaktos begraben; aufgrund eines Orakels holten die Bewohner der böotischen Stadt Orchomenos im 5. Jh. die Gebeine heim und bestatteten sie auf der Agora; denn sein Geburtsort Askra existierte nicht mehr, und die Bewohner waren in Orchomenos aufgenommen worden. Doch wurde auch behauptet, Hesiods Grab wäre in Nemea geblieben, wegen der Begehrlichkeit der Orchomenier nach seinen sterblichen Überresten von den Bewohnern verheimlicht.

● Hieron I.
Tyrann von Syrakus (478–467/6 v. Chr., geb. um 540/25 v. Chr.)

Der Bruder → Gelons war zunächst in Gela, später auch in Syrakus sein Nachfolger. Hieron verfolgte eine expansive Politik und griff in die unteritalischen Machtkämpfe ein; sein Seesieg bei Kyme brach die etruskische Macht im Süden Italiens. Die Bewohner Katanes siedelte er um und gründete stattdessen die Stadt Aitna. An seinem Hof wirkten zahlreiche bedeutende Dichter, u. a. → Aischylos und → Pindar.

Er wurde als Stadtgründer mit heroischen Ehren an seinem Todesort Aitna beigesetzt; als die ursprünglichen Bewohner von Katane zurückkehrten, zerstörten sie das Grab.

● Hieronymus
Kirchenvater (340/5–419/20 n. Chr.)

Der hochgebildete Kirchenvater verfaßte zahlreiche theologische und historische Schriften. In päpstlichem Auftrag entstand die „Vulgata", die bis heute grundlegende lateinische Bibelübersetzung. Die letzten Jahrzehnte seines Lebens verbrachte Hieronymus als Eremit in Bethlehem.

Er wurde in einem schlichten Grab in den Grotten unter der Geburtsbasilika von Bethlehem beigesetzt; seine Gebeine wurden im 13. Jh. nach S. Maria Maggiore in Rom übertragen.

Hippokrates
Griechischer Arzt (460–um 370 v. Chr.)

Über Leben und Werk des Arztes aus Kos ist wenig Gesichertes bekannt; seine Lehre war geprägt von der Bedeutung der Prognostik und der Warnung vor Verallgemeinerungen. Zahlreiche medizinische Schriften wurden ihm später zugeschrieben. Der nach ihm benannte „Hippokratische Eid" zeigt, daß er für die Nachwelt zur Symbolgestalt des idealen Arztes wurde.

Zwischen Gyrton und Larissa in Thessalien lag sein Grab, das noch im 2. Jh. n. Chr. gezeigt wurde; dort gab es zahlreiche Bienen, mit deren Honig man Mundfäule bei Kindern beseitigte.

Homer
Griechischer Dichter (8. Jh. v. Chr.)

Der Antike galt der „blinde Sänger" als Dichter von „Ilias" und „Odyssee", der ersten großen Werke der abendländischen Literatur. Seit F. A. Wolf die „Homerische Frage" aufwarf, ist umstritten, ob die beiden Epen einem einzigen Genius oder einer Vielzahl von Dichtern zuzuschreiben sind. Auch wenn inzwischen allgemein die einheitliche Komposition der jeweiligen Werke angenommen wird, schließt die Forschung eine gemeinsame Autorschaft für beide Dichtungen weitgehend aus.

Sein Grab wurde auf der Insel Ios, dem legendären Todesort des Dichters, gezeigt.

Honorius
Fl. Honorius, römischer Kaiser (395–423 n. Chr., geb. 384 n. Chr.)

Als Nachfolger seines Vaters → Theodosius I. übernahm er die Herrschaft im Westen des Reiches, zunächst unter der Ägide des Heermeisters → Stilicho. Seine Regierungszeit war geprägt von zahlreichen Usurpationen und germanischen Invasionen, die mit der Plünderung Roms durch → Alarich ihren

Höhepunkt erreichten. Dem Heermeister und späteren Mitregenten → Constantius' III. gelang danach eine gewisse Stabilisierung des Reiches.

Er wurde im Mausoleum seiner Dynastie bei Alt-St. Peter beigesetzt; die überkuppelte Ziegelrotunde wurde im 8. Jh. in die Grabkapelle der Petrustochter Petronilla umgewandelt; im 16. Jh. mußte sie der neuen Peterskirche weichen. 1544 wurde dort der Porphyrsarkophag seiner Gemahlin Maria aufgefunden. Unter den zahlreichen kostbaren Beigaben befand sich ein goldenes Doppelmedaillon, dessen Inschriften in der Gestalt von zwei Christogrammen die Familienangehörigen nennen – u. a. → Honorius und Stilicho; den Querstrich bildet jeweils „vivatis" – „möget ihr das ewige Leben erlangen".

● Horaz
Q. Horatius Flaccus, römischer Dichter (65–8 v. Chr.)

Von → Maecenas in seinem literarischen Kreis gefördert, griff Horaz in lateinischer Sprache Themen und Versmaße der frühgriechischen Lyriker auf. Der „Meister der kleinen Form" schilderte die Freuden des Alltags – Wein, Liebe und Freundschaft –, aber er verherrlichte auch in seinen Römeroden das Friedenswerk des → Augustus.

Er wurde auf dem Esquilin neben dem Grab des Maecenas beigesetzt.

● Jesus Christus
Religionsstifter (um 0–um 30/33 n. Chr.)

In Galiläa begann der Sohn eines Zimmermanns öffentlich in Predigten und Wunderheilungen zu wirken; seine Lehre war von der Forderung nach Gottes- und Nächstenliebe geprägt. Bei einem Besuch in Jerusalem wurde er von den jüdischen Behörden verhaftet und wegen Blasphemie zum Tode verurteilt. Aus politischen Gründen bestätigte der römische Statthalter Pontius Pilatus den Spruch des Hohen Rates und ließ Jesus kreuzigen.

Den Leichnam erbat Joseph von Arimathaia von Pilatus; er setzte ihn nahe dem Hinrichtungsort in seiner eigenen Felsgruft bei und verschloß sie mit einem Stein. Die Ruhestätte lag in einem jüdischen Gräberfeld, über dem heute die Grabeskirche aufragt. Diese umschließt das Grab Christi und den Golgothahügel; ihre Lage außerhalb der Mauern des herodianischen Jerusalem ist archäologisch nachgewiesen.

Das älteste epigraphische Zeugnis für die Verehrung des Christus-Grabes an dieser Stelle entstammt dem 2. Jh.; damals erhob sich hier der Venus-

Tempel der hadrianischen Stadt Aelia Capitolina. An dem überlieferten Ort ließ → Constantin d. Gr. eine Basilika errichten (325–35), an die der offene Hof des Golgotha-Heiligtums grenzte; nach Osten schloß sich die Anastasis an, ein Rundbau auf zwölf Säulen mit einem offenen Oculus; in seiner Mitte ragte das Heilige Grab auf. Die constantinische Rotunde blieb trotz aller Zerstörungen und baulichen Umgestaltungen bis heute in einer Höhe von zwölf Metern im ursprünglichen Mauerwerk erhalten.

Nach der Zerstörung durch Perser und Araber wurde das Heiligtum in bescheidener Gestalt erneuert; die Kreuzfahrer setzten nach der Eroberung Jerusalems vor die spätantike Rotunde eine fünfschiffige romanische Basilika. Diese wurde 1808 durch einen Brand teilweise zerstört und mit größeren Veränderungen erneuert.

Die Anastasis umschloß eine typische jüdische Ruhestätte mit zwei Kammern für die Trauernden und die Bestattungen. Zur Errichtung der constantinischen Grabeskirche wurde die ursprüngliche Vorhöhle beseitigt und der Felsen abgetragen, der die beiden Kammern umgab; so blieb lediglich ein freistehender Block stehen. Bei der Zerstörung der Kirche durch die Moslems wurde die Grabkammer weggemeißelt; nur ein Rest der Grabbank blieb erhalten. Über dem Christusgrab erhob sich in der Zeit Constantins eine silberne Ädikula, deren Gestalt durch Pilgerampullen aus Monza überliefert ist; der weggerollte Stein diente als Altar. Später wurde sie durch eine byzantinische und eine Kreuzfahrerkapelle ersetzt, nach dem Brand im 19. Jh. durch den heutigen Bau im türkischen Rokoko. Aufgrund der Streitigkeiten der Konfessionen in der Grabeskirche ist dieser zwischen Orthodoxen und Kopten geteilt.

● Johannes
Apostel und Evangelist (gest. um 100 n. Chr.)

Nach biblischem Bericht war er eine der führenden Persönlichkeiten unter den Aposteln; die Tradition setzte ihn später mit dem „Lieblingsjünger" Christi gleich. Ihm wurden die drei Johannesbriefe und ein Evangelium zugeschrieben; seine Gleichsetzung mit dem Verfasser der Apokalypse ist dagegen seit frühester Zeit umstritten. Unter → Domitian nach Patmos verbannt, lebte er in seinen letzten Jahren in Ephesos.

Seit dem 2. Jh. wird hier sein Grab auf dem heutigen Ayasoluk-Hügel verehrt (der türkische Name ist vom griechischen „Johannes Theologos" abgeleitet). Über der Grabstätte entstand im 4. Jh. eine Memoria, später eine Basilika. Im 6. Jh. stiftete → Justinian eine gewaltige Kreuzkuppelkirche nach dem Vorbild der Apostelkirche in Konstantinopel. Nach vielfältigen Zerstörungen wurde sie teilweise wiederaufgerichtet. Das eigentliche Grabmal erhob sich unter der mittleren Kuppel; von der Apsis führte ein Gang zur frühchristlichen Grabkammer.

● Johannes Chrysostomos
Bischof von Konstantinopel (397–407 n. Chr., geb. um 350 n. Chr.)

Zunächst Mönch und Eremit, wurde er später als Prediger berühmt (daher der Beiname „Goldmund") und deshalb zum Bischof von Konstantinopel berufen. Aufgrund seiner Reformen kam es bald zu politischen und innerkirchlichen Auseinandersetzungen. Johannes wurde nach Kleinasien verbannt; er starb auf dem Weg in ein strengeres Exil im Kaukasus. In seinem literarischen Schaffen überwiegen die vielgerühmten Predigten und belehrenden Schriften. Die Orthodoxie verehrt ihn als Kirchenvater.

Zunächst wurde er an seinem Todesort im pontischen Comana begraben. Später erlangte Bischof Proklos von Konstantinopel von Theodosius II. die Erlaubnis, die Gebeine heimzuholen. In Gegenwart des Kaisers wurde Johannes Chrysostomos in der Apostelkirche zu Konstantinopel beigesetzt (438).

● Judas Maccabaeus
Jüdischer Feldherr (gest. 161/60 v. Chr.)

Erfolgreich setzte er den Aufstand seines Vaters gegen die seleukidische Hellenisierungspolitik fort. Er befreite Jerusalem, weihte erneut den Tempel und erlangte Religionsfreiheit für sein Volk. Ein erster diplomatischer Kontakt mit den Römern sollte das Erreichte sichern. Als er jedoch den Krieg weiterführte, um auch die politische Unabhängigkeit und eine eigene herrscherliche Stellung zu erreichen, fiel er im Kampf gegen die feindliche Übermacht.

Er wurde im Familiengrab zu Modeïn beigesetzt. Sein Bruder Simon ließ es später monumental umgestalten: Sieben Pyramiden erinnerten an die fünf Makkabäerbrüder und ihre Eltern, überragt von einem hohen Denkmal aus poliertem Stein. Den Grabbezirk umgaben hohe Säulen mit Schiffsreliefs; Beuterüstungen erinnerten an den Ruhm der Familie. Die Ruhestätte wurde hypothetisch in Sheik al-Gharbawi lokalisiert; jährlich wird dort am Chanukkafest feierlich eine Flamme entzündet und in einem Fackellauf nach Jerusalem gebracht.

Julianus Apostata
Fl. Claudius Iulianus, römischer Kaiser (361–363 n. Chr., geb. 331 n. Chr.)

Von seinem Vetter Constantius II. als Caesar nach Gallien entsandt, besiegte er die Alamannen bei Straßburg und sicherte die Rheingrenze. Nach seiner Erhebung zum Augustus durch die Soldaten drohte ein Bürgerkrieg; der plötzliche Tod des Constantius machte ihn jedoch zum Alleinherrscher des Reiches. Endlich konnte er sich jetzt zu seinem heidnischen Glauben bekennen, den er – vielfach nach christlichem Vorbild – zu reformieren suchte. Auf dem Feldzug gegen die Perser fiel der Kaiser in einem unbedeutenden Gefecht. Seine hohe Bildung und philosophischen Neigungen bezeugt ein umfangreiches literarisches Werk.

Dem eigenen Wunsch folgend, wurde er bei Tarsus in Kilikien an der Straße zu den Pässen des Taurus beigesetzt. Zu unbekannter Zeit wurde sein Leichnam in die Apostelkirche von Konstantinopel (→ Constantin d. Gr.) übertragen.

Justinian I.
Fl. Petrus Sabbatius Iustinianus, römischer Kaiser
(527–565 n. Chr., geb. 482 n. Chr.)

Seine Regierung prägte die Zeit des Übergangs vom spätrömischen zum byzantinischen Staat. Der Versuch, das Imperium Romanum im Westen wiederherzustellen, führte zu einer kurzlebigen Erneuerung durch die Zerschlagung der Germanenreiche in Afrika und Italien; die Grenzen gegen Perser und Slawen wurden in langjährigen Kriegen gesichert. Im Corpus Iuris Civilis ließ Justinian das römische Recht kodifizieren. Unter seinen baulichen Stiftungen ragt die Hagia Sophia in Konstantinopel hervor. Die schweren Steuerlasten führten zu Unruhen, etwa im Nika-Aufstand, an dessen Niederwerfung die Kaiserin → Theodora maßgeblichen Anteil hatte.

Justinian hatte bei der Apostelkirche in Konstantinopel (→ Constantin d. Gr.) ein kreuzförmiges Mausoleum errichten lassen; dort wurde er in einem Marmorsarkophag beigesetzt.

Kambyses
Kambūziya, persischer Großkönig (529–522 v. Chr.)

Der Sohn und Nachfolger → Kyros' d. Gr. führte dessen Expansionspolitik fort; er eroberte Ägypten und weitete die persische Oberhoheit bis Kyrene und Äthiopien aus. Ein Feldzug gegen Karthago scheiterte dagegen an der Meuterei der phönizischen Flotte. Die Erhebung des Magiers Gaumata zwang den König zur Rückkehr nach Persien; auf dem Weg starb er an den Folgen eines Unfalls.

In der Nähe von Persepolis liegen Reste einer unvollendeten steinernen Plattform, die als Tacht-i-Rustam („Thron des Rustam") bezeichnet wird; ihre erhaltenen Teile weisen Ähnlichkeiten mit dem Grab Kyros' d. Gr. in Pasargadai auf. Sie wurde hypothetisch als Grablege des Königs identifiziert. Diese wurde aber auch in der Ka'aba-i-Zarduscht in Naqsch-i-Rustam lokalisiert.

- **Kimon**
Athenischer Feldherr und Politiker (um 510–450 v. Chr.)

Der Sohn des → Miltiades war maßgeblich am Aufbau der athenischen Seeherrschaft im östlichen Mittelmeer beteiligt; am Eurymedon erfocht er einen Doppelsieg über Flotte und Heer der Perser. Dennoch wurde er wegen seiner konservativen und spartafreundlichen Politik später ostrakisiert. Nach der Rückkehr erneuerte er den Krieg gegen Persien und starb bei der Belagerung von Kition auf Zypern.

Die Gebeine wurden nach Athen zurückgebracht und dort im Grabbezirk seiner Familie vor dem Melitischen Tor bestattet.

- **Kleisthenes**
Athenischer Staatsmann (um 507 v. Chr.)

Mit Unterstützung des Delphischen Orakels und von spartanischen Truppen stürzte er die Tyrannis des Hippias. Danach gab er Athen eine neue Verfassung, in der Rat und Volksversammlung größeren Einfluß erhielten; v. a. aber brach er die Macht der traditionellen vier Stammesphylen, indem er die Bürgerschaft auf territorialer Basis neugliederte; damit wurde er zum Begründer der athenischen Demokratie.

Er wurde auf dem athenischen Staatsfriedhof auf dem Kerameikos (→ Perikles) bestattet.

● Kleopatra
Ägyptische Königin (51–30 v. Chr., geb. 69 v. Chr.)

Die hochgebildete und reizvolle Königin nutzte die Ankunft → Caesars in Alexandria, um seine Unterstützung im ägyptischen Thronfolgestreit zu gewinnen; als Geliebte des Dictators weilte sie bis zu seiner Ermordung in Rom. Danach war sie politisch und persönlich → M. Antonius verbunden; gemeinsam unterlagen sie Octavian (→ Augustus) bei Actium. Nach dem Ende ihres Geliebten gab sie sich selbst den Tod.

    Sie hatte sich in Alexandria neben dem Isis-Tempel ein großartiges Mausoleum errichten lassen. Hier ließ Octavian den einbalsamierten Leichnam – ihrem Wunsch entsprechend – mit königlicher Pracht beisetzen; auf seinen Befehl wurde der unvollendete Bau fertiggestellt. Dessen Lage ist bis heute unbekannt; vorstellbar wird er vielleicht durch das „Schatzhaus des Pharao" in Petra; sein Skulpturenschmuck mit ägyptisierendem Dekor, der dominierenden Darstellung weiblicher Gottheiten sowie ptolemäischen Adlern läßt als denkbar erscheinen, daß ihm das Mausoleum der Königin als Vorbild diente.

● Kyros d. Gr.
Kuruš, persischer Großkönig (559–529 v. Chr.)

Er vermochte die Oberhoheit der stammverwandten Meder abzuschütteln und diese seinerseits zu unterwerfen. Danach eroberte er das Lydische Reich des Kroisos und fast kampflos Babylonien. Damit schuf er das persische Weltreich, das bis dahin größte Staatswesen der Geschichte. Kluge Schonung der Besiegten und religiöse Toleranz prägten seine Herrschaft; so ließ er die Juden in ihre Heimat zurückkehren und gestattete ihnen den Wiederaufbau des Tempels. Er fiel im Kampf gegen die barbarischen Massageten.

    Sein Sohn → Kambyses ließ den Leichnam nach Persien überführen und bei der Residenz Pasargadai beisetzen, wo er durch den Sieg über die Meder das Perserreich begründet hatte. Seit dem Mittelalter als „Grab der Mutter Salomos" verehrt und daher im 13. Jh. in eine Moschee umgewandelt, ragt sein Grab aus goldgelbem Kalkstein noch heute eindrucksvoll weithin sichtbar im Hochland Irans auf.

    Über einem sechsstufigen Unterbau erhebt sich die Cella mit einem Giebeldach; durch eine enge Tür, über der ein Relief der Sonnenscheibe kaum noch erkennbar ist, gelangt man in den heute leeren Innenraum. Das Grab umschloß ein Portikus, eingefaßt von einer Lehmmauer; im Norden des Hofes lag ein langgestrecktes Gebäude, wohl für die Magier des Heiligtums.

Pasargadai, Grab des Kyros

Aus unbekannten Gründen hatte sich der König von der Tradition der Felsgräber abgewandt; sein Grabmal verbindet den Gedanken des Totenhauses mit der Form einer babylonischen Zikkurat.

Die ursprüngliche Ausstattung ist in einem Augenzeugenbericht überliefert: Ein goldener Sarkophag umschloß den Leichnam des Kyros; reiche Gewänder, Schmuck und Waffen waren ihm beigegeben. Unter der Herrschaft → Alexanders d. Gr. – der die Ruhestätte selbst besucht hatte – wurde das Grabmal erbrochen und geplündert, jedoch auf Befehl des Makedonenkönigs weitgehend erneuert.

Die genaue Überprüfung der antiken Beschreibungen legt nach A. Demandt nahe, nicht das „Grab der Mutter Salomos" als Ruhestätte des Königs zu identifizieren, sondern eher das nahegelegene „Gefängnis Salomos"; ein Raum im Obergeschoß des turmartigen Baus dürfte als Grabkammer gedient haben. Das traditionell als „Kyrosgrab" bezeichnete Monument sei aufgrund seiner archaischen Form früher zu datieren.

● Leo d. Gr.
Papst (440–461 n. Chr.)

Entscheidend griff er in die theologischen Streitigkeiten seiner Zeit ein, v. a. auf dem Konzil von Chalkedon; im Westen des Reiches konnte er den päpstlichen Primat durchsetzen. Vor den Schrecken der Völkerwanderung versuchte er Rom zu bewahren; während er → Attila zum Abzug aus Italien bewegen konnte, erreichte er von Geiserich bei der Plünderung der Stadt lediglich den Verzicht auf Mord und Brand.

Als erster der römischen Bischöfe wurde er bei Alt-St. Peter bestattet; (→ Petrus). Sergius I. ließ ihn auch als ersten Papst in das Innere der Basilika überführen und errichtete ihm einen Grabaltar unmittelbar neben der Apsis (688). Im 17. Jh. wurden Reste dieses Oratoriums gefunden, darunter sein steinerner Sarkophag. Heute umschließt ihn A. Algardis Barockaltar im linken Seitenschiff des neuen Petersdoms; ein großes Reliefbild zeigt in dramatischer Darstellung die Begegnung des Papstes mit Attila.

Mit Leos Beisetzung begann die jahrhundertelange Nutzung des Atriums von Alt-St. Peter als Papstfriedhof. Wegen des beschränkten Raumes verzichtete man auf monumentale Grabmäler; die Päpste ruhten in schlichten Sarkophagen in der Säulenhalle vor den Toren der Basilika. Bis in die karolingische Zeit wurden hier nahezu alle römischen Bischöfe beigesetzt; auch die Gebeine früherer Päpste wurden aus den Katakomben in das Atrium übertragen. Dem Mittelalter waren mehr als 50 päpstliche Grabstätten an diesem Ort bekannt. Beim Abriß von Alt-St. Peter überführte man die noch aufgefundenen Gräber in die Vatikanischen Grotten.

● Leonidas
König von Sparta (488–480 v. Chr.)

Bei den Thermopylen versuchte der König, den Vormarsch der persischen Armee gegen Griechenland aufzuhalten. Nach zweitägiger erfolgreicher Abwehrschlacht wurde seine Stellung durch Verrat unhaltbar; daher entließ er den Großteil seiner Truppen und fiel mit 300 Spartiaten und 700 Thespiern in verzweifeltem Kampf.

Um den Leichnam des Leonidas wurde erbittert gekämpft. Nach der Schlacht ließ ihm → Xerxes den Kopf abschlagen und den Körper kreuzigen. Da seine Leiche nicht geborgen werden konnte, erhielt der König wahrscheinlich das in diesem Fall übliche Begräbnis in effigie. Am Todesort wurde seinem Andenken ein steinerner Löwe errichtet; die Erinnerung an die Gefallenen bewahrte die berühmte Grabinschrift des Simonides:

„Wanderer, kommst du nach Sparta, verkündige dorten, du habest uns hier liegen gesehen, wie das Gesetz es befahl."

Später wurden die Gebeine des Helden nach Sparta gebracht und nahe dem Theater beigesetzt; eine Inschrift nannte die Namen seiner 300 Mitgefallenen. Jährlich wurde der König mit Lobreden und einem Agon geehrt.

● Livia
Gemahlin des Augustus (58 v. Chr.–29 n. Chr.)

Unter skandalösen Umständen verließ sie hochschwanger ihren Gatten und heiratete Octavian (→ Augustus); ihre Söhne aus erster Ehe waren → Tiberius und → Drusus d. Ä. Der kaiserliche Gemahl, den sie in allen politischen Fragen beriet, verlieh ihr hohe Ehrungen. Mit seinem Nachfolger Tiberius kam es aufgrund der mütterlichen Herrschsucht zu Spannungen; daher wurde sie erst von → Claudius konsekriert.

Sie erhielt nur ein bescheidenes Leichenbegängnis, an dem auch Tiberius nicht teilnahm; ihr Urenkel → Caligula hielt auf dem Forum die Grabrede. Danach wurde sie im Mausoleum des Augustus beigesetzt.

● Livius
T. Livius, römischer Historiker (59 v. Chr.–17 n. Chr.)

Mit seiner Darstellung der Geschichte Roms von den Anfängen bis in die eigene Zeit schuf Livius das umfangreichste Geschichtswerk der lateinischen Literatur. Auch wenn der Historiker keine politische und militärische Erfahrung besaß und die Quellen wenig kritisch sichtete, führten seine sprachliche Meisterschaft und die dramatische Schilderung des Geschehens zu höchster Wertschätzung der Nachwelt.

Eine in Padua gefundene Grabinschrift ist wohl auf den Historiker zu beziehen; ein im Humanismus identifiziertes „Grab des Livius" ist dagegen unhistorisch.

● Lucullus
L. Licinius Lucullus, römischer Feldherr (117–56 v. Chr.)

Er bewährte sich zunächst in den Kriegen → Sullas, der ihm freundschaftlich verbunden war. Als Konsul übernahm er den Oberbefehl im 3. Krieg gegen → Mithridates VI. und stieß in den folgenden Jahren bis in den Kaukasus vor.

Meutereien unter den Soldaten und die Gegnerschaft des Ritterstandes in Rom, die er durch Erleichterung der Schuldenlast der Provinzen hervorgerufen hatte, führten jedoch zu seiner Abberufung; → Pompejus übernahm das Kommando. In den letzten Lebensjahren widmete sich der Feldherr in Rom dem kultivierten Lebensgenuß, der ihn sprichwörtlich werden ließ.

Das Volk betrauerte ihn tief und wünschte daher die Beisetzung auf dem Marsfeld. Da aber keine Vorbereitungen dafür getroffen waren, bestattete ihn sein Bruder auf seinem Landgut bei Tusculum. Vielleicht ist das Grab des Feldherrn identisch mit der Torre di Micara beim heutigen Frascati.

Lykurgos
Mythischer spartanischer Gesetzgeber

Seit dem 5. Jh. v. Chr. galt er als Urheber der Größe Spartas; mit seinen Gesetzen soll er den Kriegerstaat geschaffen haben, der durch Jahrhunderte die Hegemonie in Griechenland besaß; sein Leben wurde in der Antike vom 11.–8. Jh. angesetzt.

Die Legende berichtet, er habe die Bürger eidlich bis zu seiner Rückkehr auf die neuen Gesetze verpflichtet und dann das Land verlassen, um jegliche Änderung der Verfassung zu verhindern; daher sind mehrere Todesorte überliefert. Sein Grab wurde in Kreta an der Straße bei Pergamia gezeigt, nach anderer Version wurden die Gebeine nach Sparta übergeführt. Eine weitere Tradition berichtet, Lykurg habe befohlen, seinen Leichnam zu verbrennen und die Asche ins Meer zu streuen, damit nicht einmal seine Überreste zurückkehren und die Bürger von ihrem Schwur lösen könnten.

Lysander
Spartanischer Feldherr (um 455–395 v. Chr.)

Durch seinen Seesieg bei Aigospotamoi brach er im Peloponnesischen Krieg die Macht Athens und zwang der besiegten Stadt das oligarchische Regime der „Dreißig Tyrannen" auf. Verhaßt wurde er in ganz Griechenland durch die Einsetzung spartanischer Harmosten in den Städten. Politisch entmachtet, fiel er als Befehlshaber eines Kontingentes gegen die Thebaner bei Haliartos.

Er wurde am Weg von Delphi nach Chaironeia begraben. Sein Monument stand dort noch im 2. Jh. n. Chr.; doch wurde das Grab des Feldherrn auch in Haliartos lokalisiert.

Lysimachos
Makedonischer König (306–281 v. Chr., geb. 361 v. Chr.)

Der Leibwächter → Alexanders d. Gr. erhielt nach dessen Tod Thrakien zur Verwaltung und mehrte in den Diadochenkriegen seine Macht; nach der Schlacht bei Ipsos wurde ihm der Großteil Kleinasiens zugesprochen. Im Bunde mit → Pyrrhos von Epeiros vertrieb er → Demetrios Poliorketes aus Makedonien, nach dem Sieg seinen ehemaligen Verbündeten Pyrrhos. Bei Kurupedion verlor er im Krieg gegen → Seleukos I. Schlacht und Leben.

Sein treuer Hund Hyrkanos bewachte die Leiche lange Zeit auf dem Schlachtfeld und bewahrte sie vor Vögeln und anderen Tieren, bis man den Gefallenen begrub. Nach anderer Version – die eine erste vorläufige Bestattung des Königs nicht ausschließt – barg sein Sohn mit Hilfe des Hundes den bereits teils verwesten Leichnam und setzte ihn in Lysimacheia an der thrakischen Chersones – einer Gründung des Vaters – in einem Tempel bei; dieser wurde fortan „Lysimacheion" genannt. Bei dem Leichenbegängnis stürzte sich Hyrkanos in die Flammen des Scheiterhaufens.

Maecenas
C. Cilnius Maecenas, römischer Staatsmann (um 70–8 v. Chr.)

Er diente → Augustus als einflußreicher Ratgeber, zudem in zahlreichen diplomatischen Missionen sowie als Stellvertreter während seiner Abwesenheit von Rom. Die großzügige Förderung von Künstlern und Literaten – etwa → Vergil und → Horaz – ließ seinen Namen zum Begriff werden.

Er wurde auf dem Esquilin beigesetzt. Sein Grab existierte noch bis zur Anlegung der Piazza Vittorio Emanuele (1886); die „Casa Tonda" war ein zylindrischer Bau (Ø etwa 20 m) auf quadratischer Basis.

Mani
Persischer Religionsstifter (216–276? n. Chr.)

Unter Schapur I. begann er mit der Verbreitung einer neuen Religion, deren Missionierungserfolge zu erbitterter Gegnerschaft der zoroastrischen Staatskirche führten; Mani starb im Gefängnis. Nach seiner Lehre, die zahlreiche – u. a. iranische und christliche – Elemente verbindet, ist die Welt geprägt vom immerwährenden Kampf zwischen Licht und Finsternis; nur in mehreren Wiedergeburten kann der Mensch zur Erlösung gelangen. Trotz blutiger Verfolgung verbreitete sich der Manichäismus bis in das Imperium Romanum und nach China; im Ujgurischen Reich wurde er zur Staatsreligion. In Ausläufern bestand die Lehre Manis bis in das späte Mittelalter fort.

Nach seinem Tod zog man ihm die Haut ab; der Körper wurde den wilden Tieren vorgeworfen, die Haut – wie ein Schlauch von der Luft aufgebläht – vor dem Stadttor von Belapat aufgehängt.

Mardonios
Mardunija, persischer Feldherr (gest. 479 v. Chr.)

Nach der Niederwerfung des Ionischen Aufstandes setzte er in den Griechenstädten Kleinasiens „Demokratien" ein; es ist die erste Erwähnung dieser Staatsform. Am Rachekrieg des → Xerxes gegen Hellas war er maßgeblich beteiligt; nach der Niederlage bei Salamis übernahm er den Oberbefehl. Als Bündnisverhandlungen mit Athen scheiterten, zerstörte er die Stadt erneut; im selben Jahr verlor er gegen das vereinigte Griechenheer bei Plataiai Schlacht und Leben.

Schon → Herodot war das Schicksal der Leiche unbekannt; am zweiten Tag nach der Schlacht war sie verschwunden. Viele rühmten sich gegenüber seinem Sohn, sie hätten den Gefallenen bestattet, und wurden reich belohnt. Unmittelbar nach dem Sieg hatte der spartanische Heerführer Pausanias die Schändung des Leichnams als Rache für das Schicksal des → Leonidas abgelehnt. Ein angebliches Grab des Feldherrn wurde noch im 2. Jh. n. Chr. bei Plataiai gezeigt.

Marius
C. Marius, römischer Feldherr und Politiker (158/57–86 v. Chr.)

Als Homo novus stieg er durch seine militärischen Fähigkeiten zum mehrfachen Konsulat auf; durch die Vernichtung der Kimbern und Teutonen wurde er zum Retter Roms. In die Zukunft wies seine Heeresreform, die das Aufgebot der Bürger durch eine Berufsarmee ersetzte; in der grundlegenden politischen Krise zeigte er sich dagegen konzeptionslos. Der Streit um das Kommando gegen → Mithridates VI. löste den ersten römischen Bürgerkrieg aus; der ursprünglich damit betraute → Sulla führte sein Heer gegen Rom. Marius mußte fliehen, konnte aber im folgenden Jahr zurückkehren und starb in seinem siebten Konsulat.

Sulla ließ seine Asche ausgraben und im nahegelegenen Anio verstreuen. Nach anderer Version war Marius begraben, nicht verbrannt worden; die Leiche wurde von den Soldaten des Feindes aus dem Grab gezerrt und in Stücke gerissen.

● Mark Aurel
M. Aurelius Antoninus, römischer Kaiser (161–180 n. Chr., geb. 121 n. Chr.)

Der hochgebildete Herrscher folgte der Lehre der Stoa, die auch die „Selbstbetrachtungen" des kaiserlichen Philosophen prägt. Während seiner Regierung wurde das Reich an allen Fronten bedroht; mit den germanischen Markomannen drangen erstmals nach Jahrhunderten Feinde in Italien ein. In langjährigen Kämpfen wurden die Gegner zurückgedrängt; Gegenstöße nach Norden sollten eine stabile Grenze schaffen. Während des Krieges starb der Kaiser in Vindobona.

Er wurde im Mausoleum des → Hadrian beigesetzt.

● Martin von Tours
Bischof von Tours (371–397 n. Chr., geb. um 336 n. Chr.)

Zunächst im Militärdienst (wo er nach der Legende seinen Mantel mit einem Bettler teilte), wurde er später zum Eremiten; auch als Bischof bewahrte er eine asketische Lebensführung. Durch Wunderheilungen schon zu Lebzeiten weithin berühmt, wurde er nach dem Tod zum Reichsheiligen der Franken.

Zwischen den Bewohnern von Tours und Poitiers erhob sich nach legendenhaftem Bericht heftiger Streit um seine Gebeine; den Schlaf ihrer Rivalen nutzten die Bürger von Tours, um den Leichnam aus dem Sterbehaus in Candes zu entführen und in ihrer Stadt beizusetzen. Wegen zahlreicher Wunder wurde die kleine Kapelle über dem Martinsgrab im 5. Jh. durch eine gewaltige Basilika an derselben Stelle ersetzt; das Grab des Heiligen bedeckte eine Marmorplatte. Im 10. und 11. Jh. entstanden jeweils neue Sakralbauten über der hochverehrten Stätte; möglicherweise wurde die romanische Kirche zum Vorbild für andere große mittelalterliche Pilgerbasiliken wie die Kathedrale von Santiago de Compostela und St-Sernin in Toulouse. Der spätere gotische Riesenbau von St-Martin (1514 vollendet) wurde in der Französischen Revolution abgetragen; 1887–1902 entstand die heutige neoromanische Basilika, deren Krypta das Grab des Heiligen umschließt.

● Maussollos
Satrap von Karien (377–353 v. Chr.)

In einer Krise des Persischen Reiches übte er faktisch souverän die Herrschaft über Karien aus; geschickt erweiterte er das eigene Territorium bis nach Rhodos und Kos. Die neue Hauptstadt Halikarnassos baute er gemeinsam mit seiner Schwestergattin Artemisia großzügig aus.

Das Fürstenpaar wurde in dem selbstgestifteten „Maussolleion" von Halikarnassos beigesetzt. Die Architekten Pytheos und Satyros schufen den fast 50 m hohen Grabbau, der zu den Sieben Weltwundern gezählt wurde und späteren Monumentalgräbern den Namen gab. Auf rechteckigem Grundriß erhob sich ein hoher Sockelbau, der die Grabkammer umschloß; darüber ragte eine tempelartige ionische Säulenstellung auf, abgeschlossen von einem Pyramidendach. Auf drei Relieffriesen waren die Amazonen- und Kentaurenschlacht sowie Wagenrennen dargestellt; zwischen den Säulen standen Statuen, an den Ecken des Grabbaus Löwen und Pferde; bekrönt wurde das Maussolleion von einer Quadriga mit dem Fürstenpaar. Allerdings haben Rekonstruktionsversuche aufgrund der antiken Beschreibung – v. a. im Detail – zu durchaus unterschiedlichen Ergebnissen geführt.

Von einem Erdbeben zerstört, wurde der gewaltige Bau zum Steinbruch für das Johanniterkastell im heutigen Bodrum. Große Teile des Bildschmucks befinden sich seit dem 19. Jh. im British Museum.

Maxentius
M. Aurelius Valerius Maxentius, römischer Kaiser
(306–312 n. Chr., geb. um 280 n. Chr.)

Bei der Abdankung → Diocletians und der Ergänzung des Kaiserkollegiums wurde der Sohn seines Mitregenten → Maximianus Herculius übergangen; im folgenden Jahr usurpierte er in Rom die Herrschaft und verteidigte sie erfolgreich gegen Severus und → Galerius. In seinen großartigen Stiftungen zeigte er sich als letzter bedeutender kaiserlicher Bauherr der Stadt. Gegen → Constantin d. Gr. verlor er an der Milvischen Brücke Schlacht und Leben.

Seine Leiche fand man am folgenden Tag im Tiber. Das Haupt wurde abgeschlagen, auf einer Lanze durch Rom getragen und von den Bewohnern verhöhnt, danach in Italien und Afrika zur Schau gestellt.

An der Via Appia hatte der Kaiser ein großartiges Mausoleum errichten lassen, das mit seiner Villa und einem Circus verbunden war. Ursprünglich wegen einer inschriftlichen Nennung seinem frühverstorbenen Sohn Romulus zugeschrieben, wird es inzwischen allgemein als dynastische Grablege des Maxentius gedeutet. Ein von Portiken eingefaßter Hof umschloß einen Rundbau (Ø 33 m) mit einem Vorbau auf hohem Podium. Während das obere Geschoß der sicher überkuppelten Rotunde nicht rekonstruierbar ist, blieb der halb unterirdische Sockelbau weitgehend erhalten.

● Maximianus Herculius
M. Aurelius Valerius Maximianus, römischer Kaiser
(286–305 n. Chr., geb. um 240, gest. 310 n. Chr.)

Von seinem Freund → Diocletian zum Mitregenten erhoben, übernahm er die Herrschaft im Westen des Reiches. In zahlreichen Kriegen warf er Usurpatoren und feindliche Völker nieder. Stets loyal gegenüber dem höherrangigen Kaiser, führte Maximian dessen Christenverfolgung eifrig durch. Gemeinsam mit Diocletian dankte er ab, nahm aber zur Unterstützung seines Sohnes → Maxentius im folgenden Jahr erneut den Purpur. Er überwarf sich jedoch mit ihm und floh zu seinem Schwiegersohn → Constantin (d. Gr.); an dessen Hof starb er unter ungeklärten Umständen.

Er wurde zu Mailand in einer Porphyrwanne beigesetzt; diese einem Herrscher angemessene Form der Bestattung läßt darauf schließen, daß Constantin den Schwiegervater in dessen frühere Residenzstadt überführen und in dem Mausoleum beisetzen ließ, das sich Maximian während seiner Regierung errichtet hatte. Der Grabbau erhob sich wahrscheinlich bei der späteren Kirche S. Vittore al Corpo; denn bis in das 16. Jh. stand dort die Kapelle S. Gregorio, die als oktogonaler Zentralbau mit Nischen – und demnach dem Diocletiansmausoleum vergleichbar – beschrieben wird; auch ein antiker Porphyrsarkophag ist an diesem Ort bezeugt.

● Menelaos
Mythischer König von Sparta

Der Bruder des → Agamemnon ist mit der schönen → Helena vermählt; ihre Entführung durch → Paris ist Anlaß für den Trojanischen Krieg, in dem sich Menelaos vielfach auszeichnet; er besiegt den Entführer im Zweikampf und rettet den Leichnam des Patroklos. Bei der Eroberung der Stadt versöhnt er sich mit der untreuen Gattin und erreicht nach langen Irrfahrten die Heimat.

Das Grab von Menelaos und Helena wurde in Therapne auf den Höhen südöstlich von Sparta gezeigt; die Verehrung des königlichen Paares hatte einen früheren Kult an diesem Platz verdrängt. Das offene Heiligtum wies die Form einer ummauerten stufenförmigen Plattform mit kleiner Cella auf (5. Jh. v. Chr., über früherem Bau); die ältesten der zahlreichen Weihegaben – Figürchen von Kriegern und Frauen sowie kleine Gefäße – entstammten der frühgeometrischen Epoche. Seit der hellenistischen Zeit wurde der Ort „Menelaion" genannt.

● Messalina
Gemahlin Claudius' I. (um 25–48 n. Chr.)

Von seiner dritten Gemahlin wurde der Kaiser völlig beherrscht; berüchtigt waren ihre Habgier und zahlreichen Ehebrüche, viele bedeutende Römer fanden durch sie den Tod. Als sie sich – während der Ehe mit → Claudius! – mit C. Silius vermählte, wurde sie durch die einflußreichen Freigelassenen des Herrschers beseitigt.

Ihr Leichnam wurde der Mutter übergeben, also wohl im Familiengrab der Valerier beigesetzt. Am Grab Messalinas wurde (zufällig!) der für ihren Tod Hauptverantwortliche, der Freigelassene Narcissus, nach dem Ableben des Claudius auf Befehl → Agrippinas d. J. hingerichtet, da er ihre Heirat mit dem Kaiser abgelehnt hatte.

● Miltiades
Athenischer Feldherr (um 550–489 v. Chr.)

Von dem Tyrannen Hippias wurde er zur thrakischen Chersones gesandt, um dort den athenischen Einfluß zu wahren; nach dem Ionischen Aufstand floh er in die Vaterstadt. Sein Sieg bei Marathon rettete Athen vor den Persern. Nach dem Scheitern eines Feldzuges gegen die Insel Paros wurde Miltiades zu einer hohen Geldstrafe verurteilt; er starb – nach zweifelhafter Überlieferung in Schuldhaft – an den Folgen einer in den dortigen Kämpfen erlittenen Verwundung.

Möglicherweise wurde er im Familiengrab vor dem Melitischen Tor von Athen beigesetzt. Angeblich durfte er erst bestattet werden, nachdem sein Sohn → Kimon den Platz im Kerker eingenommen hatte.

● Mithridates VI. Eupator
König von Pontos (120–66 v. Chr., geb. um 132 v. Chr.)

Er weitete sein ererbtes Reich auf Kolchis, Kleinarmenien und die Krim aus. Unter römischem Druck begann er den 1. Mithridatischen Krieg, in dem er große Anfangserfolge errang; seinem Blutbefehl von Ephesos fielen an einem Tag 80.000 Italiker zum Opfer. Von → Sulla in Griechenland besiegt, erhielt er wegen des römischen Bürgerkrieges erträgliche Friedensbedingungen. Nach einem unbedeutenden zweiten Waffengang wurde der König im 3. Mithridatischen Krieg von → Lucullus und → Pompejus entscheidend geschlagen; als sich der eigene Sohn gegen ihn erhob, beging er Selbstmord.

Sein Sohn ließ die Leiche einbalsamieren und in einer Triere zu Pompejus nach Sinope bringen, um ihn über den Tod des Vaters beweiskräftig in Kenntnis zu setzen. In Ehrerbietung vor dem großen Gegner befahl der römische Feldherr den Dienern des Mithridates, für ein königliches Begräbnis ihres Herrn in der pontischen Herrschernekropole von Sinope zu sorgen, und stellte die notwendigen Gelder zur Verfügung. Er selbst lehnte es ab, den toten König zu betrachten, der zudem durch die fehlerhafte Einbalsamierung schwer entstellt und kaum mehr zu erkennen war.

Narses
Byzantinischer Feldherr (um 480–574 n. Chr.)

Der Eunuch diente bei Hof unter → Justinian und war an der Niederwerfung des Nika-Aufstandes beteiligt. Im Gotenkrieg löste er Belisar als Oberbefehlshaber in Italien ab und errang die entscheidenden Siege über → Totila und Teja; danach schlug er eine Invasion der Franken und Alamannen zurück und reorganisierte das wiedergewonnene Land. Unter Justin II. wurde er aus dem Amt abberufen, lebte aber bis zu seinem Tod in Italien.

Die Leiche wurde in einem Bleisarkophag nach Konstantinopel übergeführt. Dort wurde er mit allen Ehren – der Kaiser selbst trug den Sarg – beigesetzt.

Nero
Nero Claudius Caesar, römischer Kaiser (54–68 n. Chr., geb. 37 n. Chr.)

Durch seine Mutter → Agrippina d. J. zur Kaiserwürde gelangt, regierte er zunächst maßvoll unter dem Einfluß seines Lehrers → Seneca und des Prätorianerpräfekten Burrus; allerdings sicherte er die Herrschaft durch die Ermordung von Britannicus und Agrippina. In den späteren Jahren widmete er sich zunehmend seinen künstlerischen Neigungen. Skandale und Verbrechen des Kaisers führten zu senatorischer Opposition, die in zahlreichen Prozessen unterdrückt wurde. Nach dem Brand Roms kam es zur ersten Christenverfolgung. Schließlich revoltierten die mächtigsten Provinzstatthalter gegen Nero; vom Senat geächtet, beging er aus Furcht vor schmachvoller Hinrichtung Selbstmord.

Um eine Schändung zu verhindern, wurde der Leichnam unmittelbar nach dem Tod des Kaisers verbrannt. Die Gebeine setzten Neros ehemalige Geliebte Acte sowie seine Ammen Ecloge und Alexandria in einem Porphyrsarkophag im Familiengrab der Domitier auf dem Pincio bei.

Nerva
M. Cocceius Nerva, römischer Kaiser (96–98 n. Chr., geb. 30 n. Chr.)

Nach der Ermordung → Domitians wurde er zum Kaiser ausgerufen; seine senatsfreundliche Regierung war geprägt von sozialen Maßnahmen und von Sparsamkeit, die eine Senkung der Abgaben ermöglichte. Von der Prätorianergarde bedrängt, nahm er Trajan an Sohnes Statt an und begründete damit die Reihe der Adoptivkaiser.

Auf den Schultern der Senatoren wurde seine Leiche in das Mausoleum des → Augustus getragen und dort beigesetzt.

Odoaker
König von Italien (476–493 n. Chr., geb. um 430 n. Chr.)

Der Führer der unzufriedenen germanischen Söldner setzte den letzten weströmischen Kaiser Romulus Augustulus ab und ließ sich selbst zum König Italiens ausrufen. Faktisch vom oströmischen Hof anerkannt, führte er eine milde Herrschaft. Später sandte Kaiser → Zenon gegen ihn den Ostgoten → Theoderich (d. Gr.); nach mehreren Niederlagen wurde Odoaker drei Jahre lang in Ravenna belagert. Beim Abschluß eines Vertrages über die gemeinsame Herrschaft in Italien wurde er von Theoderich ermordet.

Sein siegreicher Gegner ließ ihn in einem Steinsarkophag bei der Synagoge von Ravenna bestatten; das christliche Begräbnis wurde ihm demnach verweigert.

Paris
Mythischer trojanischer Held

Der Sohn des Königs Priamos erklärt im Streit der Göttinnen Aphrodite zur Schönsten und löst durch die Entführung → Helenas den Trojanischen Krieg aus. Im Kampf zeigt er sich meist zaghaft, tötet aber mit seinem Pfeil → Achilleus. Er selbst stirbt durch das vergiftete Geschoß des Philoktetes.

Sein Grab wurde bei Kebrene in der Nähe von Troja gezeigt.

● **Paulus**
Apostel (gest. um 64 n. Chr.)

Anfangs ein eifriger Verfolger der jungen Christengemeinde, wurde Paulus durch sein „Damaskuserlebnis" zum wortgewaltigen Künder des neuen Glaubens. Als Jude mit römischem Bürgerrecht und griechischer Bildung verkörperte er die Mächte, mit denen seine Lehre konfrontiert war. Auf mehreren Missionsreisen predigte er v. a. in Kleinasien und Griechenland; nach der Überlieferung erlitt er unter → Nero in Rom das Martyrium.

Als erster christlicher Theologe hat Paulus durch seine Predigten und Schriften die neue Religion entscheidend geprägt, v. a. durch die Entscheidung des „Apostelkonzils" von Jerusalem, Griechen und Römer auch ohne vorherige Übernahme des jüdischen Gesetzes in die Gemeinschaft aufzunehmen.

Sein Grab an der Via Ostiensis vor Rom ist schon unter Papst Zephyrinus (198/9–217 n. Chr.) schriftlich bezeugt. Über der Memoria des 2. Jhs. entstand nach dem Edikt von Mailand eine kleine Kirche, die von → Theodosius I. und → Honorius durch die monumentale Basilika S. Paolo fuori le Mura – für Jahrhunderte die größte Kirche der Christenheit – ersetzt wurde. Nach einem verheerenden Brand (1823) wurde der Bau erneuert.

Über der Apostelgruft erhebt sich das Ziborium (Arnolfo di Cambio, 1285); auf vier Porphyrsäulen ruht der Baldachin, an den Ecken umstanden von → Petrus und Paulus, Timotheus und dem stiftenden Abt Bartholomäus; in den Zwickeln erscheinen Adam und Eva, Kain und Abel sowie erneut der Stifter, in den Giebelfeldern Rosetten mit Engeln. Das Haupt des Apostels wurde vermutlich im 9. Jh. in die Lateranbasilika übertragen und wird dort seit 1370 im Ziborium des Papstaltares bewahrt.

● **Perikles**
Athenischer Staatsmann (495/90–429 v. Chr.)

In fast monarchischer Stellung führte er seine Stadt zum Gipfel ihrer Macht. Der Frieden mit Sparta und den Persern ermöglichte den Aufbau eines attischen Reiches. Zugleich wurde Athen zum kulturellen Zentrum Griechenlands; die Bauten der Akropolis wuchsen empor, Pheidias, → Herodot und → Sophokles zählten zu den Freunden des Perikles. Sein Vorgehen gegen Korinth wurde zum Anlaß für den Peloponnesischen Krieg; der Unwille des Volkes wegen der Verwüstungen in Attika und einer Pestepidemie führte zu seinem Sturz; im folgenden Jahr wiedergewählt, erlag er bald darauf selbst der Seuche.

Er wurde auf dem Kerameikos nahe dem Dipylon bestattet. Der Hauptfriedhof von Athen, der seinen Namen dem Töpferviertel verdankte, umschloß den Staatsfriedhof der Athener; dieser entstand im Lauf der Jahrhunderte als zusammenhängende Gräberstraße, die sich vom Dipylon zur Akademie zog; daher lagen die ältesten Grabstätten am Stadttor. Beigesetzt waren hier die Gefallenen der Kriege Athens, aber auch einzelne hervorragende Persönlichkeiten.

Petrus
Apostel und Bischof von Rom (gest. um 64 n. Chr.)

Durch den Beinamen „Petrus" (Fels) unter den Jüngern hervorgehoben, wurde der Fischer Simon nach dem Tod → Jesu zum Haupt der Urgemeinde von Jerusalem. Nach frühchristlicher Tradition erlitt er als Bischof von Rom unter → Nero das Martyrium. Auf seine Berufung durch Christus gründet sich das Papsttum.

Seit dem 2. Jh. ist das Grab des Apostels am Mons Vaticanus – nahe dem Ort seines Martyriums in den Gärten des Nero – literarisch bezeugt; Ausgrabungen unter Pius XII. (1940–49; 1953–57) haben diese Überlieferung bestätigt. Dabei wurde unter dem Petersdom ein Teil einer römischen Nekropole freigelegt, deren älteste Grabstätten in das 1. Jh. v. Chr. zurückreichen. Unterhalb von Baldachinaltar und Confessio fand man ein Grabmonument, das mit dem überlieferten „Tropaion" des 2. Jhs. identisch sein dürfte (nach Ziegelfunden wurde es um 160 n. Chr. datiert). Im 3. Jh. wurde die Grabstätte mit Marmor und Mosaiken geschmückt; spätantike Graffiti bezeugen ihre Verehrung durch die Pilger. Während die Identifizierung des Monumentes mit dem Grab des Petrus als gesichert gelten kann, ist die Echtheit der unter fragwürdigen Umständen gefundenen Reliquien umstritten.

Unter → Constantin d. Gr. entstand am Mons Vaticanus die Basilika von Alt-St. Peter, deren Mittelpunkt die Confessio mit dem Grab des Apostels bildete. Bis in das 9. Jh. war die geheiligte Stätte für vornehme Pilger auf Stufen zugänglich; Päpste ließen sich zum Sterben in ihre Heilsnähe tragen. Seit dem späten Mittelalter verfiel die Kirche wegen des schlechten Baugrundes; an ihrer Stelle wurde der heutige Bau errichtet (1506–1626). Wie in der spätantiken Basilika ist auch hier das Zentrum der Kirche das Petrusgrab, über dem Berninis Baldachinaltar und die Kuppel Michelangelos majestätisch aufragen.

Vermutlich seit dem 9. Jh. befindet sich das Haupt des Apostels im Lateran; seit 1370 wird es dort vom Papstaltar umschlossen.

● Philippos II.
Makedonischer König (359–336 v. Chr., geb. um 382 v. Chr.)

In zahlreichen Feldzügen mehrte er die Macht Makedoniens; durch grundlegende militärische Reformen schuf er die modernste Armee seiner Zeit. Der Sieg des Königs über Athener und Thebaner bei Chaironeia bedeutete das Ende der griechischen Freiheit. Während er als Feldherr des neugegründeten Korinthischen Bundes der hellenischen Staaten den Krieg gegen das Perserreich plante, fiel er einem Mordanschlag zum Opfer. Sein Werk aber ermöglichte den Siegeszug seines Sohnes → Alexander (d. Gr.) durch Asien.

Nahe der makedonischen Hauptstadt Aigai wurde beim heutigen Vergina eine antike Nekropole freigelegt. Ein großer Tumulus (Ø 110 m) enthielt drei Gräber, die in die Mitte des 4. Jhs. v. Chr. datiert werden konnten. Der gewaltige Grabhügel selbst ist dagegen erst im 3. Jh. über einem kleineren Tumulus aufgeschüttet worden, vielleicht nach der Plünderung der makedonischen Königsgräber durch die keltischen Söldner des → Pyrrhos. Eines der Gräber in seinem Inneren war bereits beraubt; es wies hervorragende Malereien auf. Eine zweite Grabstätte enthielt eine silberne Hydria mit den Gebeinen eines Jünglings sowie reiche Beigaben.

Wenige Meter davon entfernt liegt das „Große Grab". Ihm ist eine dorische Fassade vorgesetzt; auf einem gemalten Fries erscheinen Jagdszenen. Dahinter liegen Vorraum und Grabkammer, die gleichfalls unberaubt geblieben sind. In der Kammer fanden sich eine vollständige reichverzierte Rüstung mit Panzer, Helm, Beinschienen und Schild, ein bronzener Dreifuß, Tonvasen sowie große Silbergefäße für Wein. Auch ein in der Größe verstellbares Diadem aus Gold und Silber zählte zu den Funden.

Ein Marmorsarkophag umschloß eine goldene Larnax, deren Deckel den makedonischen Sonnenstern trägt; sie enthielt die Gebeine eines 40–50jährigen Mannes, umhüllt mit purpurnem Gewebe; darauf lag ein goldener Eichenkranz in hervorragender Arbeit. Vor dem Steinsarg fanden sich Reste einer Kline (?); unter ihren Elfenbeinverzierungen waren einige Köpfchen, von denen zwei hypothetisch als Porträts Philipps II. und Alexanders d. Gr. identifiziert wurden. Der Vorraum bewahrte ebenfalls reiche Funde, u. a. einen Goryt, dessen reliefiertes Goldblech die Eroberung einer Stadt zeigt, zwei Beinschienen, deren unterschiedliche Länge auf einen hinkenden Träger weist (Philipp II. hinkte infolge einer Verwundung!), und ein Frauendiadem. Ein zweiter Marmorsarkophag enthielt gleichfalls eine goldene Larnax mit dem Sonnenstern; sie barg die Gebeine einer Frau.

Reichtum und hervorragende künstlerische Qualität der Objekte lassen auf königliche Gräber schließen; diese sind für Aigai literarisch bezeugt. Die Datierung der Funde weist auf Philipp II.; letzte Sicherheit für die Zuordnung des Grabes besteht indes nicht. Bei der weiblichen Leiche könnte es sich um eine der Frauen des Königs handeln, keinesfalls aber um Olympias; die Identität des Jünglings ist unbekannt.

In makabrem Gegensatz zu der fürstlichen Bestattung von Vergina steht die Überlieferung, daß Olympias den gekreuzigten Mörder ihres Gemahls mit einem goldenen Kranz ehrte, seine Leiche über dem Grab des Königs verbrennen und ihm an derselben Stelle einen Tumulus errichten ließ; zudem ordnete sie für ihn jährliche Totenopfer an.

● Pindar
Griechischer Lyriker (geb. 522/18 v. Chr.)

Von seinem umfangreichen dichterischen Werk sind v. a. Epinikien erhalten, Preislieder auf die Sieger der Pythischen und Nemeischen, Isthmischen und Olympischen Spiele. Wahrscheinlich wirkte der von aristokratischem Ethos geprägte Hymnendichter auch am Hof von Syrakus.

Sein Grab lag im Hippodrom von Theben.

● Platon
Athenischer Philosoph (427–348/7 v. Chr.)

Der bedeutendste Schüler des Sokrates verfaßte zahlreiche philosophische Schriften, zumeist in Form von Dialogen mit seinem ehemaligen Lehrer als Gesprächsführer. Grundlegend sind seine Werke zu Erkenntnis- und Ideenlehre sowie zum vollkommenen Staatswesen. Der Versuch, am Hof von Syrakus seine politischen Ideale zu verwirklichen, scheiterte allerdings. In Athen gründete Platon als philosophische Schule die Akademie, aus der auch Aristoteles hervorging.

Er wurde in der Akademie begraben; die gesamte Bevölkerung des Bezirkes gab ihm das Geleit.

● Polykrates
Tyrann von Samos (538–522 v. Chr.)

Er stürzte die aristokratische Regierung auf Samos und ergriff selbst die Macht. Durch den Bau einer großen Flotte und zahlreiche Eroberungszüge errang er die Vorherrschaft in der Ägäis und sicherte sie durch eine kluge Bündnispolitik. Samos erlebte eine wirtschaftliche und kulturelle Blüte; das

Glück des Tyrannen galt als sprichwörtlich („Der Ring des Polykrates"). Ein persischer Satrap lockte ihn nach Magnesia und ließ ihn grausam töten.
   Sein Leichnam wurde ans Kreuz geschlagen.

● Cn. Pompejus
Cn. Pompeius Magnus, römischer Feldherr und Politiker (106–48 v. Chr.)

Der erste römische Bürgerkrieg ermöglichte seinen Aufstieg zur Macht; im Auftrag → Sullas führte er mehrere siegreiche Feldzüge, beseitigte aber später dessen konservative Staatsordnung. In den folgenden Jahren machten ihn die Säuberung des Mittelmeeres im Seeräuberkrieg und der Siegeszug gegen → Mithridates zum mächtigsten Mann Roms. Innenpolitisch war er zunächst im 1. Triumvirat mit → Caesar verbündet; durch seine spätere Verbindung mit dem Senat kam es zum Bürgerkrieg zwischen beiden Machthabern. Nach der Niederlage bei Pharsalos wurde Pompejus auf der Flucht in Ägypten ermordet.
   Dem Leichnam wurde der Kopf abgeschlagen, den Rumpf ließen die Mörder nackt am Strand von Pelusion liegen. Sein Freigelassener Philippos wusch den Körper mit Seewasser und bereitete aus den Trümmern eines Bootes den Scheiterhaufen zu einer schlichten Verbrennung. Die Überreste wurden der Witwe übersandt und von ihr im Albanum beigesetzt (wahrscheinlich einer Villa des Feldherrn im heutigen Albano Laziale).
   Das Haupt brachte man Caesar bei seiner Ankunft in Alexandria; er ließ es schmücken und verbrennen und errichtete ihm ein kleines Heiligtum der Göttin Nemesis, das unter → Trajan von aufständischen Juden zerstört wurde. Auch für den Rumpf entstand ein bescheidenes Monument (wohl ein Kenotaph). Im 2. Jh. besuchte → Hadrian das Denkmal, opferte dort und ließ es prächtiger erneuern.

● Poppaea
Poppaea Sabina, Gemahlin Neros (um 30–65 n. Chr.)

Die Gattin des späteren Kaisers Otho wurde die Geliebte und nach ihrer Scheidung die Gemahlin → Neros; ihm gebar sie eine frühverstorbene Tochter. Poppaea starb durch einen Fußtritt des Gemahls gegen ihren hochschwangeren Leib.
   Ihr Leichnam wurde nicht verbrannt, sondern einbalsamiert und im Mausoleum des → Augustus beigesetzt.

Ptolemaios I. Soter
Ägyptischer König (305/4–283/2 v. Chr., geb. um 367/6 v. Chr.)

Der Leibwächter → Alexanders d. Gr. bewährte sich auf dessen Asienzug bei wichtigen Aufgaben. Nach dem Tod des Königs wurde er Satrap Ägyptens und begann mit dem Aufbau einer eigenen Herrschaft. In den Diadochenkriegen kämpfte er gegen das Hegemonialstreben des Antigonos Monophthalmos; der Sieg seiner Verbündeten bei Ipsos sicherte endgültig die Macht des Königs, die er zielstrebig erweiterte und festigte. Ptolemaios schuf eine neue staatliche Organisation und stiftete das Mouseion sowie die Bibliothek von Alexandria; den Siegeszug Alexanders, dessen kultische Verehrung er begründete, beschrieb er in einem bedeutenden historischen Werk.

Sein Sohn Ptolemaios II. stiftete für die Eltern einen Grabtempel in Alexandria; dieser umschloß wohl die Gruft und ein Heroon. Ptolemaios IV. ließ für Alexander d. Gr. und die drei ersten – ursprünglich voneinander getrennt beigesetzten – Ptolemäer und ihre Familien ein gemeinsames Grab errichten. Das neue Mausoleum ist wohl als unterirdische Grablege vorzustellen, über der sich ein Tumulus wölbte. Um das „Ptolemaion" entstanden im Lauf der Zeit weitere Ruhestätten für die Nachfolger.

Umstritten ist, ob sich die ersten Ptolemäer nach makedonischer Sitte verbrennen oder in ägyptischer Tradition mumifizieren ließen. In späterer Zeit folgte man jedenfalls dem einheimischen Bestattungsbrauch. In geringem Respekt vor ihren Ahnen ließ → Kleopatra deren Gräber verwüsten. → Augustus, der die benachbarte Gruft Alexanders aufsuchte, lehnte die Besichtigung der Ptolemäergräber ab (demnach lagen sie von der Ruhestätte Alexanders getrennt). Weitere Nachrichten über die königliche Nekropole von Alexandria liegen nicht vor; sie dürfte das Schicksal des Alexandergrabes geteilt haben.

Pyrrhos
König von Epeiros (306–302 u. 297–272 v. Chr., geb. 319/8 v. Chr.)

Der militärisch hochbefähigte, aber politisch unstete Herrscher bewahrte und erweiterte Epeiros in wechselvollen Kämpfen; er wurde auch zum König von Makedonien erhoben, aber schon bald von → Lysimachos vertrieben. Zur Unterstützung von Tarent begann er Krieg gegen Rom, in dem seine verlustreichen Siege sprichwörtlich wurden. Danach wandte sich Pyrrhos nach Sizilien und errang glänzende Erfolge gegen die Karthager; Spannungen mit den dortigen Verbündeten bewogen ihn jedoch zur Rückkehr nach Italien, wo er den Römern bei Benevent unterlag. Im Krieg um Makedonien fiel er bei Argos.

Das abgeschlagene Haupt wurde dem siegreichen Makedonenkönig Antigonos Gonatas überbracht. Dieser ließ den Leichnam des Gegners mit allen Ehren verbrennen; die Gebeine übergab er dessen Sohn in einer goldenen Urne zur Beisetzung. Als Bestattungsort kann das „Pyrrheion" bei Ambrakia in Epeiros gelten. Wahrscheinlich beim Sturz der Dynastie ist die Ruhestätte des Königs erbrochen und geschändet worden.

Nach abweichender (wohl unhistorischer) Überlieferung lag sein Grab dagegen in dem Demeterheiligtum, an dem er den Tod gefunden hatte und über dessen Eingang noch in römischer Zeit der Bronzeschild des tapferen Königs hing.

Romulus
Mythischer römischer König (angebl. 753–716 v. Chr., geb. 771/70 v. Chr.)

Der Sohn des Mars wird mit seinem Bruder Remus am Tiber ausgesetzt, aber von einer Wölfin gerettet. Später beschließen sie, am selben Ort eine Stadt zu gründen; im Streit um die Herrschaft wird Remus erschlagen. Der Frauenmangel in der neuen Siedlung veranlaßt Romulus zum Raub der Sabinerinnen. Zahlreiche Siege werden dem „namengebenden" Helden Roms zugeschrieben, viele spätere Einrichtungen auf ihn zurückgeführt. Unter dem Kultnamen Quirinus genießt er nach seinem Tod göttliche Verehrung.

Nach der Legende wird der mythische Gründer der Stadt während einer Heeresversammlung auf dem Marsfeld zu den Göttern entrückt, nach anderem Bericht dagegen wegen seiner tyrannischen Herrschaft von den Senatoren getötet und zerstückelt aus dem Tempel des Vulcanus getragen. Abweichend von diesen – mit einer Grabstätte unvereinbaren – Traditionen wurde auf dem Forum Romanum ein „Grab des Romulus" verehrt; es lag vor der Rostra, von zwei steinernen Löwen bewacht.

Bei Grabungen auf dem Forum wurden 1899 die literarisch bezeugten Monumente entdeckt. Dabei fand man unter einem gepflasterten Viereck aus schwarzen Marmorblöcken, das auf die Curia Iulia ausgerichtet war, zwei Fundamente aus Tuff, die durch Mauern verbunden waren; zwei Basen dürften die Löwen getragen haben. In der Mitte des so gebildeten Hofes stand ein kleiner Tuffblock; dort fanden sich zahlreiche Reste von Knochen und Weihegaben. Demnach handelte es sich nicht um ein Grabmal, sondern den Opferplatz für die Manen eines Verstorbenen; späterer Volksglaube sah jedoch in diesem uralten Kultplatz das Heroon des legendären Stadtgründers. In seiner Nähe erhob sich der meist als „Lapis Niger" bezeichnete Cippus; dieser droht in der ältesten erhaltenen lateinischen Inschrift dem Schänder des Heiligtums mit göttlicher Strafe (um 500 v. Chr.).

Seit der späten Republik setzte sich immer mehr die Überlieferung von der „Himmelfahrt" des Romulus durch; sie dürfte auch der Familienpropaganda der Julier entsprochen haben. Daher wurde wahrscheinlich bei der Umgestaltung des Forums unter → Caesar und → Augustus das mythische Grab des Romulus zugedeckt, aber durch das schwarze Marmorpflaster weiterhin kenntlich gemacht. Die Verehrung des Ortes ist bis in die Spätantike bezeugt.

Sappho
Griechische Lyrikerin (um 600 v. Chr.)

Als „Zehnte Muse" galt der Antike die Dichterin von der Insel Lesbos. Ihre lyrischen Werke behandeln Gesang und Tanz mit den ihr (zur Ausbildung?) anvertrauten Mädchen, feiern aber auch deren Hochzeit; ihre eigenen Empfindungen – bis zu tiefster Leidenschaft – schildert sie mit größter Offenheit.
Sie wurde auf Lesbos begraben.

Scipio Africanus d. Ä.
P. Cornelius Scipio Africanus Maior, römischer Feldherr (um 235–183 v. Chr.)

Nach Niederlage und Tod von Vater und Oheim wurde der junge Scipio mit dem Oberbefehl gegen die Karthager in Spanien betraut, das er in mehrjährigen Kämpfen eroberte. Durch die Landung in Afrika zwang er → Hannibal zum Abzug aus Italien; sein Sieg bei Zama entschied den 2. Punischen Krieg. Danach führten Neid und Mißtrauen gegenüber dem erfolgreichen Feldherrn zu bitterer Zurücksetzung; nach Anfeindungen, Intrigen und Prozessen begab er sich in ein freiwilliges Exil auf die eigenen Besitzungen am Golf von Neapel.
Kurz vor dem Tod soll er verfügt haben, auf seinem Landgut in Liternum begraben zu werden, keinesfalls in der undankbaren Vaterstadt. Allerdings wurden als Graborte sowohl Rom als auch (wohl mit Recht) Liternum genannt. Daher wurden an beiden Orten Grabmäler gezeigt: in Liternum ein Monument mit der Statue des Verstorbenen, bei Rom das Familiengrab der Scipionen an der Porta Capena (→ Scipio Africanus d. J.).

Scipio Africanus d. J.
P. Cornelius Scipio Aemilianus Africanus Minor Numantinus, römischer Feldherr und Politiker (um 185–129 v. Chr.)

Durch Adoption wurde der Sohn des Aemilius Paullus in die Familie der Scipionen aufgenommen. Nach ersten militärischen Erfolgen erhielt er den Oberbefehl gegen Karthago, das er eroberte und zerstörte. Auch den langjährigen Krieg gegen das keltiberische Numantia beendete er siegreich. Entschieden wandte er sich gegen die Reformversuche der Gracchen; daher kam das Gerücht auf, er wäre von deren Anhängern ermordet worden. Bedeutend für die Befruchtung der römischen Kultur durch griechisches Denken wurde der literarische Kreis um Scipio, dem u. a. der Historiker Polybios und der Philosoph Panaitios angehörten.

Wegen der unsicheren politischen Lage erhielt er kein Staatsbegräbnis; seine Grabstätte ist literarisch nicht überliefert.

Die unterirdische Ruhestätte der Scipionen lag nahe der heutigen Porta S. Sebastiano an der Via Appia. In der Mitte des 2. Jhs. wurde die Anlage wahrscheinlich durch den jüngeren Scipio erweitert; das neue Hypogäum dürfte auch für seinen eigenen (nicht erhaltenen) Sarkophag bestimmt gewesen sein, vielleicht in hervorgehobener Aufstellung gegenüber dem Eingang.

Seleukos I. Nikator
Seleukidischer König (305/4–281 v. Chr., geb. 358/4 v. Chr.)

Seleukos zeichnete sich auf dem Indienfeldzug → Alexanders d. Gr. aus. Nach dem Sturz des Reichsverwesers Perdikkas erhielt er die Satrapie Babylonien; von → Antigonos Monophthalmos vertrieben, kehrte er mit Hilfe des → Ptolemaios (I.) zurück und baute seine Herrschaft bis zum Indus aus. Er war maßgeblich am Sieg über Antigonos bei Ipsos beteiligt und schlug später auch dessen Sohn → Demetrios Poliorketes sowie → Lysimachos; im selben Jahr wurde er ermordet. Sein heterogenes Reich sicherte er durch die Gründung zahlreicher Griechenstädte.

Für eine hohe Summe erwarb Philetairos von Pergamon den Leichnam von seinem Mörder; er ließ ihn verbrennen und sandte die Asche Antiochos I., dem Sohn des Toten. Dieser bestattete den Vater in Seleukeia Pieria, der Hafenstadt von Antiochia, und stiftete ihm einen Tempelbezirk; das Heiligtum wurde „Nikatoreion" genannt.

Seneca
L. Annaeus Seneca, römischer Philosoph und Staatsmann (4–65 n. Chr.)

Bereits früh durch seine literarischen Werke berühmt, wurde er wegen einer Affäre mit → Caligulas Schwester verbannt; → Agrippina d. J. berief ihn zurück und machte ihn zum Lehrer ihres Sohnes → Nero. In dessen ersten Regierungsjahren war Seneca faktisch der Regent des Reiches neben dem Prätorianerpräfekten Burrus; später zog er sich vom Hof zurück. Wegen angeblicher Beteiligung an einer Verschwörung beging er auf Befehl Neros Selbstmord. Sein philosophisches Werk, geprägt vom Geist der Stoa, widmet sich v. a. ethischen Fragen; die menschlichen Leidenschaften schilderte er in seinen Tragödien.

Wie in seinem Testament – bereits lange, bevor er der kaiserlichen Ungnade verfiel – angeordnet, wurde er ohne Leichenbegängnis verbrannt; dies geschah am Todesort, seinem vier Meilen von Rom gelegenen Landsitz.

Septimius Severus
L. Septimius Severus, römischer Kaiser (193–211 n. Chr., geb. 145/6 n. Chr.)

Nach dem Tod des Pertinax wurde der Statthalter von Oberpannonien zum Kaiser ausgerufen; in mehreren Bürgerkriegen konnte er seine Rivalen ausschalten. An den Sieg über die Parther und die Eroberung von Mesopotamien erinnert der Triumphbogen auf dem Forum Romanum. Der Herrscher starb auf einem Britannienfeldzug in Eboracum; seine Regierung war ein entscheidender Schritt auf dem Weg zur Militärmonarchie.

Der Leichnam des Kaisers wurde am Todesort verbrannt, die Reste nach Rom gebracht und im Mausoleum des → Hadrian beigesetzt.

Solon
Athenischer Staatsmann (um 640–560 v. Chr.)

In einer tiefen Krise Athens wurde er zum Archon und Vermittler mit besonderen Vollmachten erhoben. Zur Versöhnung der zerrissenen Bürgerschaft verfügte er die Beseitigung der Schuldknechtschaft und die Aufhebung der Schulden; Reformen förderten die wirtschaftliche Entwicklung. Eine neue Verfassung gewährte den Bürgern politische Rechte entsprechend ihrem Vermögen („Timokratie"). Im Alter erlebte Solon noch die Tyrannis des Peisistratos. Die Antike verehrte ihn als einen der „Sieben Weisen".

Nach einer bereits im 5. Jh. v. Chr. verbreiteten Volkssage wurde die Leiche seinem Wunsch entsprechend verbrannt, die Asche über Salamis verstreut. Anderer Überlieferung zufolge erhielt Solon in Athen ein Staatsbegräbnis; sein ummauertes Grab lag an einem der Stadttore.

● Sophokles
Athenischer Tragiker (um 497/6–406/5 v. Chr.)

In über 100 Werken schilderte er den Kampf des Menschen gegen höhere Mächte. Grundlegend waren seine szenischen Neuerungen; mit der Einführung eines dritten Schauspielers und der Reduzierung der Chorlieder verlieh er dem Geschehen auf der Bühne größere Dramatik.

Er wurde im Familiengrab beigesetzt, elf Stadien von Athen an der Straße nach Dekeleia gelegen; angeblich bekrönte eine Sirene als Sinnbild der Dichtkunst das Grab.

● Stilicho
Fl. Stilicho, römischer Heermeister (um 365–408 n. Chr.)

Der Offizier wandalischer Abstammung stieg durch seine militärische Befähigung und die Heirat mit der Nichte → Theodosius' I. zum Reichsfeldherrn auf. Vom Kaiser mit der Fürsorge über seine jungen Söhne Arcadius und → Honorius betraut, übernahm Stilicho faktisch die Regierung im Westen des Reiches. In zahlreichen Feldzügen versuchte er, Italien vor den Goten → Alarichs und anderen germanischen Scharen zu schützen. Der Verlust Galliens untergrub seine Stellung bei Hofe; wegen angeblichen Verrats wurde er abgesetzt und hingerichtet.

Nach der Tradition ruht er im „Stilicho-Sarkophag", der um 390 in einer stadtrömischen Werkstatt entstand; seit dem Mittelalter umschließt ihn die Kanzel von S. Ambrogio in Mailand. Seine Wände sind mit zahlreichen biblischen Reliefszenen geschmückt. Die Darstellung des Verstorbenen im militärischen Gewand weist auf einen hohen Offizier.

Das Medaillon seiner Tochter Maria aus dem Mausoleum der theodosianischen Dynastie bei Alt-St. Peter läßt durch seine Inschriften darauf schließen, daß ursprünglich die Bestattung Stilichos an diesem Ort geplant war.

Sulla
L. Cornelius Sulla, römischer Feldherr und Politiker (138–78 v. Chr.)

In den Feldzügen seines späteren Rivalen → Marius zeichnete er sich aus und stieg als Exponent der Senatspartei bis zum Konsulat auf. Sullas Marsch auf Rom im Bürgerkrieg gegen seinen früheren Feldherrn bedeutete einen unerhörten Bruch mit der Tradition. Nach dem Sieg über Mithridates von Pontos schlug er die inzwischen nach Rom zurückgekehrten Gegner und nahm in den Proskriptionen blutige Rache. Die Einführung einer konservativen Staatsordnung sollte die Macht des Senates auf Dauer sichern. Danach zog sich der Dictator aus dem politischen Leben zurück und starb im folgenden Jahr.

Gegen erbitterten Widerstand setzten seine Anhänger ein Staatsbegräbnis durch, das zum Vorbild für das spätere kaiserliche Bestattungszeremoniell wurde. Der Leichnam wurde in feierlicher Prozession auf einer goldenen Bahre von Sullas Todesort Puteoli nach Rom getragen; Fasces und Feldzeichen gingen dem Zug voran, zahlreiche Soldaten schlossen sich ihm an; die Volksmenge am Wege war in der römischen Geschichte beispiellos.

Bei der Ankunft in der Hauptstadt wurden mehr als 2.000 goldene Kränze mitgeführt, ebenso die Gaben von Städten, Legionen und persönlichen Freunden. Alle Magistraten und Priester sowie der Senat und zahlreiche Ritter gaben dem Toten das Geleit; es folgten die Legionen, die unter ihm gefochten hatten. Abschiedsrufe erklangen – nach Ständen geordnet – von Senat und Ritterschaft, Soldaten und Plebs. Der Leichnam wurde auf dem Forum Romanum auf der Rostra aufgebahrt. Nach der laudatio funebris trugen Senatoren die Bahre zum Marsfeld, wo Ritter und Soldaten den Scheiterhaufen mit einem Umlauf ehrten.

Obwohl in Sullas Familie die Erdbestattung üblich war, wurde sein Körper verbrannt, da man für die Leiche das Schicksal des Marius befürchtete, den er selbst hatte exhumieren und schänden lassen. Das Grab wurde mitten auf dem Campus Martius errichtet; seine Inschrift – angeblich von Sulla selbst verfaßt – verkündete, er habe jeden übertroffen, der ihm Gutes oder Böses zugefügt habe; im 3. Jh. n. Chr. ließ → Caracalla das Grabmal restaurieren.

Tarquinius Superbus
L. Tarquinius Superbus, mythischer römischer König
(angebl. 534–509 v. Chr., geb. um 585, gest. 496/5 v. Chr.)

Nach der Ermordung des Servius Tullius tritt der letzte römische König die Herrschaft an; seine tyrannische Regierung ist von Gewalt und Unrecht geprägt. Als sein Sohn die edle Lucretia vergewaltigt, führt ihr Selbstmord zum

Aufstand der Römer unter Führung des Brutus und zum Sturz der Monarchie. Der Versuch, mit Hilfe des Königs Porsenna nach Rom zurückzukehren, scheitert; der Despot stirbt im Exil.

Er wird von Aristodemos, dem Tyrannen von Cumae (also wohl dort), begraben.

● Thales
Griechischer Philosoph (1. H. 6. Jh. v. Chr.)

Der Denker aus dem ionischen Milet galt dem Altertum als einer der „Sieben Weisen". Mit seiner Lehre vom Wasser als Urstoff aller Dinge begründete er die griechische Naturphilosophie. Thales sagte die Sonnenfinsternis von 585 v. Chr. voraus und versuchte auch andere Phänomene, etwa den Magnetismus, logisch zu erklären.

Angeblich befahl er, seinen Körper an einem unscheinbaren Platz im Gebiet von Milet zu bestatten, weil er vorhersah, daß sich dort später die Agora seiner Heimatstadt ausbreiten würde.

● Themistokles
Athenischer Staatsmann und Feldherr (um 524–um 459 v. Chr.)

Als führender demokratischer Politiker Athens setzte er den Bau einer starken Kriegsflotte durch. Damit ermöglichte er die Abwehr der persischen Invasion in der Seeschlacht bei Salamis. Danach ließ er gegen den Willen Spartas Athen durch die „Langen Mauern" mit dem Piräus verbinden. Später ostrakisiert, dann wegen Verrats zum Tode verurteilt, suchte er Asyl im Perserreich; mit einem reichen Lehen – Magnesia und einigen kleineren Orten – ausgestattet, verbrachte er die letzten Lebensjahre in Kleinasien.

Noch im 2. Jh. n. Chr. wurde in Magnesia (am Mäander) sein prächtiges Grabmal gezeigt.

Um die Gebeine rankten sich Legenden: Angeblich wurden sie von den Athenern heimlich geraubt und zerstreut, nach anderem Bericht von seinen Verwandten auf Wunsch des Verstorbenen heimgeholt und in Attika beigesetzt – gegen das Gesetz, das die Bestattung verbannter Verräter untersagte. Auch am Piräus existierte ein „Grab des Themistokles" in Form eines Altares.

Theoderich d. Gr.
König der Ostgoten (473–526 n. Chr., geb. um 453 n. Chr.)

In Konstantinopel als Geisel aufgewachsen, erlangte der Gotenkönig vom kaiserlichen Hof höchste Ehren, führte aber auch immer wieder Krieg mit dem Oströmischen Reich. Daher entsandte ihn Zenon nach Italien gegen → Odoaker, den Theoderich in dreijährigem Krieg bezwang und bei Abschluß eines Friedensvertrages verräterisch erschlug. Seine Herrschaft bescherte Italien eine letzte antike Blütezeit; ein System von Heiratsbündnissen sicherte den Frieden zwischen den germanischen Staaten, den nur → Chlodwigs expansive Ziele bedrohten. Gegen Ende seines Lebens verschlechterte sich das Verhältnis zu Ostrom; der Streit gipfelte in der Hinrichtung des → Boethius. Nur wenige Jahre nach dem Tod des Königs wurde sein Reich von → Justinian erobert; er selbst lebt als Dietrich von Bern in der deutschen Sage fort.

Er wurde in dem Mausoleum bei Ravenna beigesetzt, das er sich selbst hatte errichten lassen. Der monumentale Bau aus istrischem Kalkstein erhebt sich vor der Stadt bei dem ehemaligen gotischen Friedhof. In seinem Grundriß eines (zehneckigen) Zentralbaus folgt er dem Vorbild antiker Mausoleen. Das untere Geschoß ist mit Nischen gegliedert; der Oberbau tritt zurück und bildet einen Umgang. Darüber verläuft ein Band, von einem Gesims mit germanischem Zangenfries abgeschlossen. Ein gewaltiger Monolith von fast elf Metern Durchmesser und 300 Tonnen Gewicht ist dem Bau – sicher unter größten technischen Schwierigkeiten – aufgesetzt; ein Riß im Deckstein dürfte dabei entstanden sein. Dieser wird von einem Kreuz bekrönt und trägt am Rand zwölf Aufsätze mit den Namen der Apostel. Umstritten ist ihre Funktion: Vielleicht dienten sie als Ansatz zum Heben des Steins; denkbar ist aber auch eine Anknüpfung an das Grab → Constantins d. Gr., das nach der Legende von den symbolischen Gräbern der Apostel umgeben war.

Vom kreuzförmigen Untergeschoß war der runde obere Raum nur über den äußeren Umgang zugänglich. Er barg vermutlich die antike Porphyrwanne, in der Theoderich bestattet war. Seine Gebeine wurden wahrscheinlich im 9. Jh. entfernt, die Wanne im Lauf der Jahrhunderte an wechselnde Standorte verbracht; seit 1913 steht sie wieder (?) im Obergeschoß des Mausoleums. Dieses war ursprünglich reich dekoriert; Spuren des Bodenmosaiks wurden festgestellt, die Kuppel – lediglich die roh behauene Unterseite des Decksteins – läßt Reste einer Crux Gemmata in einem Stuckring erkennen. Umstritten bleibt, ob die Nische mit dem kreuzförmigen Fenster auf die spätere Umwandlung des Grabmals in eine Kirche zurückgeht.

Das Mausoleum des Gotenkönigs steht ohne Parallele in der abendländischen Architektur; ein römischer Grabbau, verbunden mit einem Deckstein,

der wohl auf germanische Traditionen (Hünengräber?) zurückzuführen ist – würdige Grablege des bedeutendsten Fürsten seiner Zeit, zugleich Spiegelbild seiner Herrschaft über Goten und Römer.

Theodora
Gemahlin Justinians (527–548 n. Chr., geb. 497 n. Chr.)

Die Tochter eines Bärenwärters wurde als Schauspielerin in erotischen Bühnenszenen bekannt. Erst eine Gesetzesänderung ermöglichte ihre Heirat mit dem späteren Kaiser → Justinian. Diesem war die energische und kluge Frau eine wirkliche Mitregentin; sie war maßgeblich an den Entscheidungen ihres Gemahls beteiligt und rettete ihm im Nika-Aufstand die Herrschaft.

Im Mausoleum Justinians bei der Apostelkirche zu Konstantinopel (→ Constantin d. Gr.) wurde sie in einem Marmorsarkophag bestattet.

Theodosius I.
Fl. Theodosius, römischer Kaiser (379–395 n. Chr., geb. 347 n. Chr.)

Nach der Katastrophe von Adrianopel wurde er zum Kaiser für den östlichen Reichsteil erhoben; sein Vertrag mit den siegreichen Westgoten beendete zwar den Krieg, bedeutete aber faktisch den Beginn der germanischen Staatenbildung auf römischem Gebiet. Theodosius erhob das orthodoxe Christentum zur Staatsreligion; Heidentum und christliche „Irrlehren" wurden energisch bekämpft. Der fromme Herrscher unterwarf sich auch der Kirchenbuße des → Ambrosius. Die angebliche Teilung des Reiches auf dem Totenbett zwischen seinen Söhnen war zwar lediglich eine übliche Abgrenzung der Aufgabenbereiche; doch hat tatsächlich Theodosius als letzter Kaiser das Imperium in einer Hand vereint.

Der Herrscher wurde provisorisch in Mailand bestattet; die Überlieferung, er sei dort in der Kirche S. Lorenzo beigesetzt worden, läßt an das benachbarte Kaisermausoleum denken. Nach einigen Monaten wurde der einbalsamierte Leichnam von seinem Sohn Arcadius nach Konstantinopel übergeführt und dort feierlich im Mausoleum → Constantins d. Gr. bei der Apostelkirche bestattet.

Ravenna, Mausoleum des Theoderich

Theseus
Mythischer Gründer von Athen

In seiner Jugend befreit er Attika von zahlreichen Unholden; danach erlöst er seine Vaterstadt vom menschlichen Tribut an den kretischen Herrscher Minos, indem er mit Hilfe Ariadnes im Labyrinth den Minotauros tötet. Als König eint er Attika und gilt daher als Gründer des athenischen Staates; an zahlreichen glanzvollen Unternehmungen der griechischen Helden ist er beteiligt. Im Alter aus der Herrschaft verdrängt, wird er im Exil auf Skyros ermordet.

Nach sagenhaftem Bericht wurde er auf der Insel Skyros bestattet. Auf Weisung des Delphischen Orakels holte → Kimon seine Gebeine heim; dabei fand er – angeblich mit göttlicher Hilfe – den Sarg, in dem ein großer Körper sowie Lanze und Schwert lagen (wahrscheinlich handelte es sich tatsächlich um eine prähistorische Grabstätte). Die Gebeine wurden im Stadtzentrum von Athen in der Nähe des Gymnasions beigesetzt; das neue Heiligtum des Theseus („Theseion") wurde zu einer Asylstätte der Sklaven und kleinen Leute; im Inneren zeigten Gemälde die Heldentaten des Stadtgründers.

Thukydides
Griechischer Historiker (um 460–400 v. Chr.)

Selbst als athenischer Politiker und Feldherr am Peloponnesischen Krieg beteiligt, wurde er nach seiner Verbannung wegen militärischer Mißerfolge zum großen Historiker der epochalen Auseinandersetzung zwischen Sparta und Athen. Sein Ziel war die pragmatische und exakte Darstellung des Geschehenen; damit wurde er zum Begründer der wissenschaftlichen Geschichtsschreibung.

Als Verwandter wurde er im Grabbezirk von → Kimons Familie vor dem Melitischen Tor von Athen bestattet.

Tiberius
Tiberius Claudius Nero, römischer Kaiser (14–37 n. Chr., geb. 42 v. Chr.)

Der Stiefsohn des → Augustus wurde zum führenden Feldherrn Roms in Germanien und Illyrien; nach der Katastrophe des → Varus sicherte er die Rheingrenze. Als Kaiser verfolgte er eine defensive Außenpolitik, v. a. im Verzicht auf eine erneute Eroberung Germaniens. Unter dem Einfluß des Prätorianerpräfekten Sejan zog sich der menschenscheue Herrscher nach

Capri zurück. Auf dem Weg nach Rom starb er in Misenum; sein Bild wurde von der senatorischen Geschichtsschreibung verdunkelt.

Sein Nachfolger → Caligula ließ ihn nach Rom überführen und im Mausoleum des → Augustus beisetzen.

Titus
T. Flavius Vespasianus, römischer Kaiser (79–81 n. Chr., geb. 39 n. Chr.)

Nach der Erhebung → Vespasians zum Kaiser übernahm sein Sohn Titus das Kommando über die Belagerungsarmee vor Jerusalem; an die Eroberung der Stadt und die Zerstörung des jüdischen Tempels erinnert der Triumphbogen auf dem Forum Romanum. Die eigene kurze Herrschaft war von Katastrophen geprägt, u. a. dem Ausbruch des Vesuvs; den großzügigen Hilfsmaßnahmen verdankte er die Bezeichnung als „Liebe und Freude des Menschengeschlechts".

Er wurde im Templum Gentis Flaviae beigesetzt (→ Domitian).

Totila
Auch Baduela oder Baduila, König der Ostgoten (541–552 n. Chr.)

Im Krieg gegen Ostrom zum König erhoben, konnte er Italien bis auf wenige Städte zurückerobern und mit dem Wiederaufbau des Landes beginnen; eine neugeschaffene Flotte ermöglichte siegreiche Angriffe auf die feindlichen Küsten. Mit der Berufung des → Narses zum byzantinischen Oberbefehlshaber wandte sich jedoch das Glück des Krieges; Totila wurde bei Taginae (tats. Busta Gallorum) geschlagen und auf der Flucht tödlich verwundet.

An seinem Todesort Caprae wurde er von den Begleitern heimlich bestattet. Eine Gotin zeigte den Byzantinern die Stelle; diese öffneten das Grab, um sich selbst vom Ableben des Königs zu überzeugen; danach begruben sie ihn erneut und erstatteten Narses Bericht. Nach späterer Überlieferung wurden ihm auch die blutgetränkten Gewänder und Insignien Totilas überbracht und danach zu → Justinian gesandt.

Im heutigen Caprara wird noch ein „Grab Totilas" gezeigt.

● Trajan
M. Ulpius Traianus, römischer Kaiser (98–117 n. Chr., geb. 53 n. Chr.)

Als erster der „Adoptivkaiser" wurde der Legat von Obergermanien vom kinderlosen → Nerva an Sohnes Statt angenommen und trat im folgenden Jahr die Nachfolge an. Nachdem er die Rheingrenze gesichert hatte, eroberte er das Reich der Daker (im heutigen Rumänien); die ungeheure Beute ermöglichte zahlreiche Maßnahmen zur Verbesserung der Infrastruktur des Imperiums, aber auch die Errichtung des Trajansforums zur herrscherlichen Repräsentation. Im Krieg gegen die Parther errang der letzte große Eroberer der römischen Geschichte ebenfalls bedeutende Erfolge. Ein jüdischer Aufstand zwang ihn jedoch zum Abbruch des Vormarsches; auf der Rückreise starb Trajan in Kleinasien. Wegen seiner maßvollen und erfolgreichen Regierung wurde er später als „optimus princeps" verehrt.

Der Leichnam wurde – wohl am Todesort Selinus – verbrannt, die Gebeine nach Rom übergeführt und in einer goldenen Urne im Sockel seiner Triumphsäule beigesetzt. Dieser ist mit Darstellungen von dakischen Beutewaffen geschmückt; der Schaft aus achtzehn ausgehöhlten Marmorblöcken schildert in einem 200 m langen Reliefband mit etwa 2.500 – ursprünglich bemalten – Figuren die Eroberung Dakiens und verkündet so den Ruhm des kaiserlichen Feldherrn, dessen Standbild die Säule bekrönte (im 16. Jh. durch eine Petrusstatue ersetzt).

● Valentinian I.
Fl. Valentinianus, römischer Kaiser (364–375 n. Chr., geb. 321 n. Chr.)

Nach dem Ende der constantinischen Dynastie zum Kaiser gewählt, übernahm Valentinian die Herrschaft im Westen des Reiches. In zahlreichen Feldzügen sicherte er die Rheingrenze und stieß nochmals bis zu den Donauquellen vor. Aufstände in Britannien und Nordafrika warfen seine Feldherren nieder. Bei Verhandlungen mit einer germanischen Gesandtschaft erlag der Kaiser einem Schlaganfall.

Sein Leichnam wurde einbalsamiert, nach Konstantinopel übergeführt und dort wohl in der Apostelkirche selbst beigesetzt (382 n. Chr.).

Valerian
P. Licinius Valerianus, römischer Kaiser (253–260 n. Chr., geb. um 190 n. Chr.)

Von den Truppen in Rätien wurde er zum Kaiser ausgerufen und erhob seinen Sohn → Gallienus zum Mitregenten. Ihm übertrug er das Kommando im Westen des Reiches, während er selbst in den Osten zog, der von Invasionen der Goten und Sassaniden heimgesucht wurde. Dort begann er eine blutige Christenverfolgung. Vor Edessa wurde er von Schapur I. zur Kapitulation gezwungen und starb in persischer Gefangenschaft.

Seinem Leichnam wurde die Haut abgezogen; sie wurde mit roter Farbe bemalt und zur Erinnerung an den Triumph Schapurs in einem Tempel aufgehängt.

Varus
P. Quinctilius Varus, römischer Feldherr (um 46 v. Chr.–9 n. Chr.)

Mit der kaiserlichen Familie verschwägert, stieg er bis zum Konsulat empor; als Statthalter von Syrien warf er einen jüdischen Aufstand nieder. In Germanien führte er übereilt die römische Verwaltung und Justiz ein. Dagegen erhoben sich mehrere Stämme unter Führung des Arminius. Varus wurde mit drei Legionen im Teutoburger Wald in einen Hinterhalt gelockt; seine Armee wurde vernichtet, der besiegte Feldherr beging Selbstmord.

Seine halbverbrannte Leiche hatten die Soldaten bestattet, die Germanen jedoch wieder ausgegraben. Sie wurde von den Siegern verhöhnt und in Stücke gerissen, das Haupt zu dem Markomannenkönig Marbod geschickt; dieser sandte den Kopf an → Augustus, der ihn im Familiengrab beisetzen ließ. Die Leichen der gefallenen Römer blieben unbestattet und wurden sechs Jahre später von → Germanicus auf seinem Feldzug gegen Arminius beigesetzt.

Vergil
P. Vergilius Maro, römischer Dichter (70–19 v. Chr.)

Er gehörte dem literarischen Kreis um → Maecenas an und genoß die Gunst des → Augustus, dessen Erneuerungswerk er mit seinem Schaffen förderte. Die „Bucolica" sind Hirtengedichte nach dem Vorbild Theokrits, schildern aber auch das Leid der eigenen, vom Bürgerkrieg geprägten Zeit. In den „Georgica", dem Lobpreis des Landlebens, folgt Vergil → Hesiods „Werken und Tagen". Die „Aeneis" besingt die Kämpfe und Irrfahrten des trojanischen Helden → Aeneas, des Stammvaters der Römer und Ahnherrn des Augustus; sie wurde zum römischen Nationalepos und prägte die abendländische Literatur durch zwei Jahrtausende.

Seine Gebeine wurden – dem Wunsch des Verstorbenen folgend – in einem Tumulus an der Straße von Neapel nach Puteoli beigesetzt. Zahlreiche Bewunderer besuchten das Grab, wie die Dichter Statius und Silius Italicus, ebenso noch Jahrhunderte später → Petrarca und → Boccaccio. Nach zweifelhaftem Bericht stürzte der Tumulus im 14. Jh. ein; König Robert der Weise ließ die Gebeine in einer hölzernen Kassette sammeln und in einer Kapelle im Castel dell' Ovo zu Neapel beisetzen. Etwa am ursprünglichen Bestattungsort wurde 1819 in der Villa Comunale nahe der Stadt ein Tempelchen zur Erinnerung an das Dichtergrab errichtet.

Das am nahen Hang des Posilipp gezeigte „Grab des Vergil" ist unhistorisch; es handelt sich dabei um eine Familiengrablege aus augusteischer Zeit.

- **Vespasian**
T. Flavius Vespasianus, römischer Kaiser (69–79 n. Chr., geb. 9 n. Chr.)

Als Befehlshaber der römischen Truppen vor Jerusalem in den Wirren nach → Neros Tod zum Kaiser ausgerufen, wurde Vespasian nach dem Sieg über Vitellius allgemein als Herrscher anerkannt. Die Aufstände der germanischen Bataver und der Juden wurden niedergeworfen, die Grenzen gesichert. Sparsam und energisch betrieb der Kaiser die Tilgung der Schulden Neros sowie die Reorganisation des Reiches nach dem Chaos der Bürgerkriege. Die Hauptstadt verdankte ihm reiche Stiftungen, v. a. den gewaltigen Bau des Colosseums.

Wahrscheinlich wurde er zunächst im Mausoleum des → Augustus beigesetzt, später in das von → Domitian neugeschaffene Templum Gentis Flaviae übertragen.

- **Wulfila**
Gotischer Bischof (311–382/3 n. Chr.)

Jahrzehntelang wirkte er als Missionsbischof bei den Goten. Unter dem Druck ihrer heidnischen Landsleute suchten die christlichen Teile des Volkes später Zuflucht im Römischen Reich. Seine bedeutendste Leistung war die Übersetzung der Bibel in die gotische Sprache. Das von ihm gepredigte arianische Bekenntnis prägte die germanischen Völker für Jahrhunderte.

Er erhielt ein Staatsbegräbnis in Konstantinopel.

Xenophon
Griechischer Historiker (um 426–nach 355 v. Chr.)

Der junge Athener nahm am Feldzug des → Kyros gegen seinen königlichen Bruder Artaxerxes II. teil; den von ihm selbst geführten Rückzug der hellenischen Söldner beschrieb er in der „Anabasis". In den innergriechischen Kriegen seiner Zeit stand Xenophon auf spartanischer Seite; das spiegelte sich auch in den „Hellenika", die das Geschichtswerk des → Thukydides fortführten. Weiterhin verfaßte er u. a. Erinnerungen an seinen Lehrer Sokrates und zahlreiche kleinere Schriften, etwa über die Abrichtung von Pferden und Hunden.

Bei seinem langjährigen Exilort Skillus wurde ein kleines Grab gezeigt, über dem sich eine Marmorstatue erhob; in der Umgebung galt es als Ruhestätte Xenophons. Es lag nahe dem Heiligtum der Artemis von Ephesos, das der Historiker gestiftet hatte.

Xerxes I.
Hšayāršā, persischer Großkönig (486–465 v. Chr.)

Zu Beginn seiner Herrschaft warf er Aufstände in Ägypten und Babylonien nieder; dann wandte er sich dem bereits von seinem Vater → Dareios I. geplanten Rachefeldzug gegen die Griechen zu. Nach dem Sieg an den

Naqsch-i-Rustam, Archämenidengräber

Thermopylen und der Zerstörung Athens wurde seine Flotte bei Salamis vernichtet; der Herrscher übertrug → Mardonios die Fortführung des Krieges und kehrte nach Asien zurück. Nach langer tatenloser Regierung – lediglich seine Bautätigkeit in Persepolis ist erwähnenswert – wurde er von dem Minister Artabanos ermordet.

Als Ruhestätte des Königs gilt das Felsgrab rechts vom Grabmal seines Vaters in der Achämenidennekropole von Naqsch-i-Rustam; diesem folgt es in Architektur und plastischem Dekor.

Zarathustra
Persischer Religionsstifter (um 600 v. Chr.?)

Nach legendärer Überlieferung war er Priester in Baktrien, bis er in der Einöde seine göttliche Berufung erlebte. Auf der Flucht vor den Mithraspriestern gewann er in Chorasmien erste Anhänger; schließlich bekannte sich auch der König des Landes zu der neuen Lehre. Nach deren heiligem Buch Awesta ist die Welt geprägt vom Kampf zwischen dem allguten Schöpfergott Ahuramazda und dem bösen Geist Ahriman. Den Kult der Parsen prägen bis heute die Verehrung des Feuers und der Verzicht auf blutige Opfer.

Wie die Sage berichtet, wurde er in Persien von einem Blitz erschlagen und am Todesort beigesetzt; dort erhob sich auch sein Tempel. Eine örtliche Tradition verlegt seine Grabstätte in den „Prophetenberg" westlich von Keshmar.

Zenon von Kition
Griechischer Philosoph (um 334–263 v. Chr.)

Er gründete eine der bedeutendsten Schulen der hellenistischen Philosophie, nach ihrem Lehrort in der Säulenhalle von Athen „Stoa" genannt. Wie Epikur will auch er den Menschen zum Glück führen; nach stoischer Auffassung erlangt der Weise jedoch die Seelenruhe nicht durch die Lust, sondern durch seine Tugend. Zenons Lehre wirkte bis in die römische Kaiserzeit; noch → Seneca und → Mark Aurel waren von seinem Denken geprägt.

Er erhielt von den Athenern ein Staatsbegräbnis und ein Ehrenmal auf dem Kerameikos; → Perikles.

MITTELALTER

● Abaelard und Heloise
Petrus Abaelardus, Philosoph und Theologe (1079–1142)

Er war bedeutend als Theologe, Dichter und Komponist – berühmt aber wurde er durch die tragische Liebe zu seiner Schülerin Heloise. Als ihn deren Oheim entmannen ließ, zogen sich beide ins klösterliche Leben zurück. Hier verfaßte Abaelard seine theologischen Schriften, von denen einige als „ketzerisch" verurteilt wurden. In seiner Echtheit umstritten ist der Briefwechsel der Liebenden, der sie zur Legende werden ließ.

Zunächst wurde er im Kloster St-Marcel in Chalon-sur-Saône beigesetzt, aber noch im selben Jahr – seinem testamentarischen Grabwunsch folgend – heimlich in das Kloster zum Hl. Paraklet bei Nogent-sur-Seine übertragen, dem Heloise als Äbtissin vorstand; nach ihrem Ableben (1164) wurde sie in seinem Grab bestattet. Diese „unschickliche" Verbindung wurde 1497 getrennt, die beiden Grabmäler zu Seiten des Chores aufgestellt, später jedoch erneut vereint. Nach wechselvollem Schicksal der Gebeine in der Französischen Revolution setzte ihnen A. Lenoir ein neogotisches Grabmonument auf dem Pariser Friedhof Père-Lachaise (1819). Dort ruhen die Liegegestalten der Liebenden im Ordensgewand unter einem Baldachin.

● Adalbert
Erzbischof von Hamburg-Bremen (1043–1072, geb. um 1000)

Er weitete die Mission seines Erzbistums bis Island und Grönland aus; allerdings scheiterte sein Versuch, ein Patriarchat über Nordeuropa zu errichten. In der Zeit der Minderjährigkeit → Heinrichs IV. zunächst höchst einflußreich, wurde er wegen seiner rücksichtslosen Machtpolitik von den Fürsten gestürzt.

Entgegen dem eigenen Wunsch nach einer Beisetzung in Hamburg wurde er wegen der slawischen Bedrohung im Dom zu Bremen bestattet. Kurz vor dem 2. Weltkrieg entdeckte man dort in der Ostkrypta ein Grab, das wegen der hervorgehobenen Lage unter der Vierung als seine Ruhestätte identifiziert wurde; es erhielt 1939 eine moderne Grabplatte.

Adolf von Nassau
Deutscher König (1292–1298, geb. um 1250)

Gegen erhebliche politische und finanzielle Zugeständnisse erreichte der Graf die Wahl zum König. Mit dem Ausbau einer Hausmacht suchte er seine Position zu stärken und erwarb durch Kauf Thüringen. Unter Führung → Albrechts (I.) bildete sich ein Bündnis unzufriedener Reichsfürsten; Adolf wurde abgesetzt und verlor bei Göllheim Schlacht und Leben.

Nach der Schlacht wurde sein völlig entblößter Leichnam aufgefunden und im nahegelegenen Zisterzienserinnenkloster Rosenthal beigesetzt; → Heinrich VII. ließ ihn – gemeinsam mit seinem Rivalen Albrecht – nach Speyer überführen und feierlich in der alten Kaisergrablege (→ Konrad II.) bestatten. Die Gebeine wurden 1900 bei einer Untersuchung identifiziert. Das historische Grabdenkmal im Chor (L. v. Klenze, 1824) wurde inzwischen in die Vorhalle übertragen.

Albertus Magnus
Dominikanertheologe und Philosoph (1193?–1280)

Er wirkte als Leiter des Studium generale seines Ordens zu Köln, aber auch als Schlichter in politischen Auseinandersetzungen; zu seinen Schülern zählte → Thomas von Aquin. In zahlreichen theologischen, philosophischen und naturwissenschaftlichen Schriften – Albert war der bedeutendste Zoologe und Botaniker des Mittelalters – verhalf er dem Gedankengut des Aristoteles zum Durchbruch.

In der Dominikanerkirche von Köln wurde er vor den Stufen des Hochaltares beigesetzt; 1483 übertrug man den Leichnam anläßlich der Seligsprechung in einen gläsernen Schrein auf dem Hauptaltar, später – wegen seines Zerfalls – in einen barocken Sarkophag. Seit dem geplanten Abbruch der Kirche (1802) ruht er in der Albertuskapelle von St. Andreas. Die Wiederentdeckung der dortigen mittelalterlichen Krypta nach dem 2. Weltkrieg nutzte man zu ihrer Rekonstruktion; angrenzend entstand die moderne Albertusgruft (1954); hier wurden seine Gebeine in einem römischen Sarkophag bestattet.

Alboin
König der Langobarden (um 560/65–572/3)

Gemeinsam mit den Awaren vernichtete er das Reich der Gepiden; unter dem zunehmenden Druck seiner Verbündeten führte er sein Volk aus Pannonien über die Alpen und begründete durch die Eroberung Nord- und Mittelitaliens das neue Langobardenreich. Der König fiel einer Verschwörung um seine Gemahlin Rosemunda zum Opfer.

Er wurde unter der Treppe des Palastes von Verona (vielleicht an der Stelle des heutigen Castel S. Pietro) beigesetzt. Im 8. Jh. entnahm man bei einer Graböffnung Schmuck und Schwert des Toten; die Beigaben weisen auf eine Bestattung nach heidnischem Brauch.

Albrecht I.
Deutscher König (1298–1308, geb. 1255?)

Der Sohn → Rudolfs I. wurde nach dessen Sieg über → Ottokar von Böhmen mit Österreich und der Steiermark belehnt; bei der Königswahl von 1291 übergangen, führte er später die fürstliche Opposition zum Sieg über → Adolf von Nassau. Zu dessen Nachfolger erhoben, setzte er die königliche Macht gegen die rheinischen Kurfürsten und Böhmen durch; dagegen besiegelte die Niederlage bei Lucka gegen die Wettiner das Ende des königlichen Einflusses in Mitteldeutschland. In einem familiären Streit wurde Albrecht ermordet.

Zunächst im Zisterzienserkloster Wettingen bestattet, wurde er im folgenden Jahr durch → Heinrich VII. nach Speyer (→ Konrad II.) überführt und dort im Sarg der Gemahlin → Friedrich Barbarossas bestattet. Nach der französischen Plünderung enthält sein Grab ungeordnete Gebeine mehrerer Personen.

Albrecht II.
Deutscher König (1438–1439, geb. 1397)

Der Herzog von Österreich trat in Ungarn und Böhmen die Nachfolge seines Schwiegervaters → Sigismund an; auch in Deutschland zum König gewählt, gelangte er in seiner kurzen Regierung niemals in das eigentliche Reichsgebiet. Mit ihm begann die nahezu ununterbrochene Herrschaft der Habsburger im Heiligen Römischen Reich Deutscher Nation.

Er wurde in der traditionsgeheiligten Grablege der ungarischen Könige im Dom zu Stuhlweißenburg (→ Stephan I. d. Hl.) bestattet; sein Grab wurde 1543 von den Türken geplündert und ging – wie die Kirche selbst – unter ihrer Herrschaft im 17. Jh. zugrunde.

Albrecht der Bär
Markgraf von Brandenburg (1134/57–1170, geb. um 1100)

Tatkräftig führte er die Ostkolonisation fort; er begründete die Mark Brandenburg und rief deutsche Siedler in das Land. Dagegen scheiterten mehrere Versuche des Askaniers, auch das Herzogtum Sachsen zu gewinnen.

Sichere Überlieferung fehlt; höchstwahrscheinlich wurde er im Hausstift der Askanier zu Ballenstedt in der Klosterkirche St. Pankratius beigesetzt, die er selbst errichtet hatte. Vermutlich fiel sein Grab der Plünderung durch die Bauern (1525) zum Opfer.

Alexander Newskij
Großfürst von Vladimir (1252–1263, geb. um 1220)

Als Fürst von Novgorod besiegte er die Schweden an der Newa, den Deutschen Orden auf dem Eis des Peipussees. Dagegen erkannte er, daß weiterer Widerstand gegen die Mongolen die Vernichtung Rußlands bedeuten würde; er unterwarf sich den fremden Herren und wurde mit der Großfürstenwürde belohnt. In allen Epochen der russischen Geschichte genoß er als Retter des Landes hohe Verehrung.

Man bestattete ihn im Christi-Geburt-Kloster von Vladimir. 1723 wurde er in die Mariä-Verkündigungs-Kirche der Alexander-Newskij-Lawra in St. Petersburg übertragen, die Peter d. Gr. an der angeblichen Stelle des Sieges über die Schweden gegründet hatte; sein prächtiger Silberschrein (1425 kg) stand in der Oberkirche (j. im Winterpalast); die Reliefs zeigen Szenen aus dem Leben des Fürsten.

Alexios I. Komnenos
Byzantinischer Kaiser (1081–1118, geb. 1048/57)

Dem Gründer der Komnenendynastie gelang es, den Staat zu festigen. Ein Verlustfrieden mit den Seldschuken ermöglichte die Abwehr der normannischen Invasion; die venezianische Flottenhilfe mußte freilich mit (später verhängnisvollen) Handelsprivilegien erkauft werden. Der Hilferuf des Kaisers an den Westen löste den 1. Kreuzzug aus; ihn nutzte Byzanz zur Rückgewinnung von Teilen Kleinasiens.

Er wurde eilig – ohne das übliche Zeremoniell – im Kloster des Christos Philanthropos beigesetzt.

Alfons VIII.
König von Kastilien (1158–1214, geb. 1155)

Nach einer Zeit innerer Wirren zur Regierung gelangt, erwies er sich als bedeutender Gesetzgeber und Förderer der Ritterorden und Universitäten. Tatkräftig führte er jahrzehntelang Krieg gegen die Almohaden; der Sieg der verbündeten spanischen Herrscher bei Las Navas de Tolosa besiegelte das Schicksal des muslimischen Spanien.

Seinem testamentarischen Wunsch folgend, wurde er in der eigenen Klosterstiftung Las Huelgas bei Burgos beigesetzt, ebenso seine englische Gemahlin Eleonora (sie ist die wohl einzige Großmutter zweier heiliger Könige → Ferdinands III. und → Ludwigs IX.). Der marmorne Doppelsarkophag stand zunächst in der Capilla de las Claustrillas und wurde nach Vollendung der Klosterkirche in den Chor übertragen (1279). Die Seiten sind mit den Wappen Kastiliens und Englands geschmückt; der Sarg des Königs zeigt in den Tympana den thronenden Herrscher sowie eine legendäre Kreuzesvision in der Schlacht bei Las Navas; auf dem Sarkophag der Königin erscheinen im Giebelfeld Engel, die ihre Seele zum Himmel geleiten; der Doppelsarg ruht auf Löwen.

Alfons X. der Weise
Deutscher König (1257–1275), König von Kastilien und León (1252–1284, geb. 1221)

Nach dem Tod → Konrads IV. galt der kastilische Herrscher aufgrund seiner Abstammung als Staufererbe und wurde in der Doppelwahl gegen Richard von Cornwall zum König erhoben; allerdings hat er Deutschland nie betreten und schließlich auf die Krone verzichtet. In Spanien hinderten ihn innere Wirren an der erfolgreichen Fortsetzung der Reconquista. Politisch mitunter wirklichkeitsfremd, war er ein bedeutender Gesetzgeber und Gelehrter sowie ein großzügiger Förderer von Dichtung, Musik und Wissenschaft.

Er wurde in der Kathedrale von Sevilla beigesetzt (zur ursprünglichen Gestalt des Grabes → Ferdinand III. d. Hl.), Herz und Eingeweide in der Kathedrale von Murcia (zum 700. Jubiläum erhielten sie dort eine repräsentative Ruhestätte). Nach Vollendung der neuen Capilla Real in der andalusischen Metropole wurde sein Sarg – wie die seiner Eltern → Ferdinand III. und Beatrix von Schwaben – auf ein Podest an den Stufen gesetzt, flankiert von ihren Standbildern (1579). Vor dem Chor entstand gleichzeitig ein prunkvolles Grabmonument, dessen Darstellungen die Tugenden der Herrscher verherrlichen.

Anläßlich der Heiligsprechung und Umbettung Ferdinands wurden die Särge geöffnet. Man fand Alfons X. in Gewändern aus Gold und Seide, bestickt mit den Wappen von Kastilien und León, jedoch ausgestattet mit kaiserlichen (!) Insignien (1677). Danach setzte man Alfons und Beatrix erneut in der Herrscherkapelle bei, jetzt allerdings in den seitlichen Nischen. Die mit Samt bedeckten Holzsärge ersetzte man zum 700. Jubiläum der Befreiung Sevillas (1948) durch steinerne Monumente der betenden Herrscher. Das reiche Bildprogramm der Nischen verkündet den Triumph des Ruhmes über Vergänglichkeit und Tod.

● Alfred d. Gr.
König von Wessex (871–899, geb. 848)

Nach dem entscheidenden Sieg über die Wikinger bei Edington sicherte er erfolgreich die Küsten des Landes; gleichzeitig dehnte er seine Herrschaft auf die anderen angelsächsischen Staaten aus. Der Einheit des Reiches dienten die Neufassung des Rechts und die Förderung der Bildung, zu der Alfred u. a. durch eigene Übersetzungen lateinischer Werke beitrug.

Er wurde mit königlichen Ehren in dem von ihm selbst gegründeten New Minster nördlich der Kathedrale von Winchester in einem Porphyrsarkophag bestattet; seine Stiftung wurde zur Grablege der nachfolgenden englischen Könige.

● Ali
4. Kalif (656–661, geb. um 600)

Zuvor mehrfach bei der Kalifenwahl übergangen, wurde der Schwiegersohn → Mohammeds nach der Ermordung Othmans zum Nachfolger erhoben. Gegen ihn rebellierte der syrische Statthalter Muawiya. In der Schlacht bei Siffin erzwangen die Truppen beider Rivalen einen Waffenstillstand; diesen nutzte Muawiya zur Mehrung seiner Macht. Noch vor der Entscheidung fiel Ali in Kufa dem Anschlag eines Fanatikers zum Opfer; aus seiner Anhängerschaft erwuchs die Glaubensgemeinschaft der Schiiten.

Sein Grabplatz wurde aus Furcht vor Schändung geheimgehalten und blieb in frühislamischer Zeit unverehrt; man lokalisierte ihn in der Großen Moschee von Kufa, aber auch an anderen Orten. Erst unter → Harun al-Raschid wurde behauptet, man habe seine Ruhestätte außerhalb von Kufa entdeckt. Dort entstand ein Heiligtum, um das die Stadt Nedschef erwuchs.

Nedschef, Grabmoschee Alis

Durch den Wunsch vieler Frommer, in der Heilsnähe des „ersten Moslems" bestattet zu werden, entstand ein riesiger Friedhof.

Der Verehrung Alis durch die Pilger dient seine Grabmoschee mit dem Schrein des Kalifen; der Kuppelbau (10. Jh.) wird von einem Umgang für die Prozessionen der Gläubigen umschlossen. Seit dem 13. Jh. wurde das Heiligtum mit Fayencen geschmückt, im 17. Jh. die beiden Minarette zugefügt. Nādir Schah ließ 1743 Kuppel, Türme und Hauptfassade mit vergoldeten Kupferplatten belegen.

● Alkuin
Angelsächsischer Gelehrter (um 730–804)

Den Leiter der berühmtesten Bildungsstätte seiner Zeit in York, dessen Schriften zahlreiche Wissensgebiete behandelten, berief → Karl d. Gr. an seinen Hof; dadurch wurde er zu einer der prägenden Gestalten der Karolingischen Renovatio. Die letzten Jahre verbrachte er als Abt von St. Martin in Tours.

Er wurde in der dortigen Martinsbasilika beigesetzt; eine Bronzetafel mit dem selbstverfaßten Epitaph bezeichnete sein Grab.

● Anselm von Canterbury
Erzbischof von Canterbury (1093–1109, geb. 1033/34)

Der hochgelehrte Abt wurde von Wilhelm II. zum Primas von England berufen. Sein Kampf gegen die beherrschende Stellung des Königs in der Kirche führte zu zweimaliger Verbannung, endete aber schließlich mit einem Kompromiß. Der „Vater der Scholastik" verfaßte zahlreiche theologische Schriften, die bis zu Leibniz und Wolff weiterwirkten.

Er wurde im Langhaus seiner Kathedrale bestattet, später in die Kapelle der Apostel Petrus und Paulus im Südostturm übertragen, der Anselms Namen erhielt.

● Ansgar
Erzbischof von Hamburg (832–865, geb. um 801)

Der „Apostel des Nordens" widmete sich der Verbreitung des Christentums in den skandinavischen Ländern; das Erzbistum Hamburg (später mit Bremen vereinigt) wurde zum karolingischen Missionszentrum für das nördliche Europa.

Er wurde in der Domkirche St. Peter zu Bremen begraben.

● Antonius von Padua
Franziskanerprediger (1195–1231)

Im Auftrag des Ordens predigte er in Italien und Frankreich gegen die „ketzerischen" Bewegungen und wurde zum ersten Lehrer für Theologie in der jungen Gemeinschaft berufen. Bereits ein Jahr nach seinem Tod kanonisiert, wurde er zu einem der volkstümlichsten Heiligen des Abendlandes.

Dem eigenen Wunsch folgend, bestattete man ihn in dem schlichten Kirchlein S. Maria Mater Domini zu Padua. Nach seiner Kanonisation entstand für die gewaltigen Pilgerströme die neue Basilica di S. Antonio („Santo"); dorthin übertrug man 1263 feierlich die Gebeine des Heiligen. Diese ruhen heute im Altar der mit Marmor und Stuck reichgeschmückten Cappella dell' Arca del Santo (16. Jh.); antikisierende Reliefs an den Wänden zeigen Leben und Wundertaten des Antonius (T. Lombardi u. J. Sansovino).

Arnulf von Kärnten
Kaiser und ostfränkischer König (887–899, geb. um 850)

Maßgeblich am Sturz → Karls des Dicken beteiligt, wurde der illegitime Karolingersproß zu dessen Nachfolger erhoben. Tatkräftig festigte er die Oberhoheit über die Slawen und erfocht gegen die Normannen einen glänzenden Sieg an der Dyle bei Löwen. Die allmähliche Herausbildung eines ostfränkischen Selbstbewußtseins unter seiner Regierung war ein entscheidender Schritt bei der Entstehung eines deutschen Staates und Volkes.

Er wurde in St. Emmeram zu Regensburg beigesetzt. Eine Gedenkplatte (1786) erinnert an den ursprünglichen Standort seines Hochgrabes, das 1642 durch einen Brand zerstört wurde.

Árpád
Großfürst der Ungarn (893–nach 907, geb. um 845/55)

Zunächst Heerfürst der Ungarn (neben einem Sakralfürsten), errang er später die Alleinherrschaft. Als die sieben ungarischen Stämme von den Petschenegen aus ihrem Gebiet zwischen Donau und Dnjepr vertrieben wurden, führte er sie in das Karpatenbecken; von hier begannen sie ihre gefürchteten Raubzüge durch ganz Europa. Sein Geschlecht regierte das Land bis 1301.

Er wurde mit allen Ehren in der Nähe von Aquincum (der römischen Vorgängersiedlung von Budapest) an einer Bachquelle bestattet; zu Beginn des 11. Jhs. entstand eine Marienkirche (Alba ecclesia) über seinem Grab.

Artus
Mythischer König der Briten

Die frühmittelalterliche Überlieferung schildert ihn als heldenhaften Schirmer des römischen Britannien gegen die Angelsachsen. In späteren Sagen und Romanen versammelt er die edelsten Ritter – Gawain und Parzival, Lanzelot und Galahad – in seiner Tafelrunde; der glanzvolle Hof des Königs wird zum bloßen Hintergrund für ihre abenteuerlichen Taten.

Die Legende verlegte sein Grab in die Abtei von Glastonbury, wo man die Stelle zwischen zwei Steinpyramiden zeigte. Um dem Heldenkönig eine würdige Ruhestätte zu bereiten, wurden unter → Heinrich II. Ausgrabungen durchgeführt (1191); dabei fand man in einem gewaltigen Holzsarg riesenhafte Gebeine; die Inschrift auf einem Bleikreuz ermöglichte die

„Identifizierung". Offenbar handelte es sich um einen geplanten „Fund", den ein keltischer Grabplatz unter der Kirche ermöglicht hatte; er führte zur baldigen Verbreitung des Reliquienkultes und damit zum Aufstieg Glastonburys zum Ziel unzähliger Pilger und einem der eindrucksvollsten englischen Klosterbezirke.

Die „Überreste des Königs" wurden in die Abteikirche übertragen; seit 1278 erhob sich sein Grabmal in der Mitte des Chores. Das Monument aus schwarzem Marmor ruhte auf vier Löwen; zu Füßen des Herrschers war seine (gleichfalls wiederaufgefundene) Gemahlin Guinevra bestattet. Beide Schädel waren in Reliquiaren geborgen. Das Artusgrab fiel – wie die herrliche Klosterkirche – den Stürmen der Reformation zum Opfer; eine schlichte Inschrift bewahrt die Erinnerung.

● Averroes
Arabischer Philosoph (1126–1192)

Am Almohadenhof zu Córdoba wirkte er als Leibarzt des Herrschers; in seinem Auftrag verfaßte er einen Kommentar zum Gesamtwerk des Aristoteles. Neben dieser gewaltigen Aufgabe widmete er sich in weiteren Schriften philosophischen und medizinischen Themen. Ob als „Irrlehrer" verdammt oder von den „Averroisten" vehement verteidigt – er übte einen tiefen Einfluß auf das abendländische Denken aus.

An seinem Todesort Marrakesch wurde er vor dem Tagazut-Tor begraben, aber nach drei Monaten auf Wunsch der Familie nach Córdoba übergeführt.

● Avicenna
Arabischer Arzt und Philosoph (973/80–1037)

Als Leibarzt wirkte er an den Fürstenhöfen des Mittleren Orients. Geprägt vom wissenschaftlichen Erbe Griechenlands, verfaßte er etwa 200 Schriften; hochbedeutend sind seine medizinischen und musiktheoretischen Werke. In der Philosophie Avicennas verbinden sich platonisches Denken und islamische Mystik.

Er wurde an seinem Todesort Hamadan unter Palmen begraben (nach anderer Version brachte man seinen Leichnam nach Isfahan und bestattete ihn im Kure Kumbed). 1952 errichtete man ihm dort ein turmartiges Mausoleum.

● Baibars
Mamelukensultan (1260–1277, geb. um 1229)

Durch seine militärischen Fähigkeiten und die Ermordung zweier Sultane stieg der türkische Sklave in den Wirren des Mongolensturmes zum Herrscher über Ägypten und Syrien auf. Er begründete den Staat der Mameluken und erneuerte das Kalifat. In seinen Feldzügen bereitete er die endgültige Vernichtung der Kreuzfahrerstaaten vor.

Sein Sohn stiftete die Türbe nahe der Großen Moschee von Damaskus. Der Kuppelbau ist mit Marmorinkrustationen und Goldgrundmosaiken geschmückt; im Inneren erhebt sich der Kenotaph des Sultans.

● Basileios II. Bulgaroktonos
Byzantinischer Kaiser (976–1025, geb. 958)

Erst nach mehrjährigen Kämpfen konnte sich der Erbe der makedonischen Dynastie als Herrscher durchsetzen; sein Bündnis mit dem Kiever Fürsten → Vladimir gegen die innerbyzantinischen Rivalen leitete die Christianisierung Rußlands ein. Fünfzehn Jahre führte er Krieg gegen die Bulgaren; sein Sieg am Strymon und die Massenblendung von 14.000 Gefangenen entschieden das gewaltige Ringen. Byzanz hatte den Gipfel seiner Macht erreicht.

Sein Grab befand sich in der Kirche des Hl. Johannes im Vorort Hebdomon. Im 13. Jh. wurde der Leichnam durch Zufall wiederentdeckt: Er lag nackt, aber völlig erhalten, in einer Ecke der Klosterkirche, die längst als Stall diente; zum Spott hatten ihm Viehhüter eine Hirtenflöte in den Mund gesteckt; die Grabinschrift ermöglichte seine Identifizierung. Von dort ließ ihn → Michael VIII. in das Erlöserkloster von Selymbria überführen.

● Batu
Chan der Goldenen Horde (1237–1255, geb. um 1205)

Der Enkel → Dschingis Chans befehligte nach dessen Tod den Eroberungszug nach Westen; er unterwarf die russischen Fürstentümer und begründete das Reich der Goldenen Horde. Die abendländischen Ritterheere wurden bei Liegnitz und Mohi vernichtet, doch zwang der Tod des Großchans die Mongolen zum Rückzug. Batus Nachkommen herrschten auf der Krim bis 1783.

Da man Vornehme nahe ihrem Wohnsitz zu bestatten pflegte, kann seine Beisetzung in der Nähe der Residenz Sarai (bei Astrachan) vermutet werden. Es war üblich, Herrschergrabstätten zum Schutz vor Schändung und

Plünderung geheimzuhalten. Bedeutenden Persönlichkeiten errichtete man Grabhügel, für die Nachkommen Dschingis Chans mitunter auch Zelte am Grabort.

● Bāyezīt I. Yıldırım
Osmanischer Sultan (1389–1403, geb. 1354?)

Lange Jahre kämpfte er gegen unbotmäßige Vasallen und äußere Feinde; sein Sieg bei Nikopolis über ein Kreuzfahrerheer sicherte die türkische Herrschaft auf dem Balkan. Erfolge des Sultans in Kleinasien führten zum Bündnis seiner Gegner mit → Timur; bei Angora geschlagen, starb er im folgenden Jahr in der Haft des Siegers.

Er wurde zunächst in Akschehr beigesetzt; später gestattete Timur, den Leichnam nach Bursa zu überführen. Dort entstand bei seiner Moschee eine überkuppelte Türbe; die Porphyrsäulen der Vorhalle weisen auf das Vorbild des byzantinischen Herrscherzeremoniells.

● Becket, Thomas
Erzbischof von Canterbury (1162–1170, geb. 1120?)

Im Streit mit der Kirche berief → Heinrich II. seinen Freund und Kanzler Thomas Becket zum Erzbischof von Canterbury. Schon bald wandelte sich dieser jedoch zum unbeirrbaren Vorkämpfer kirchlicher Rechte und mußte daher für mehrere Jahre nach Frankreich ins Exil gehen. Bei seiner Rückkehr verschärfte sich der Streit; nach einer unbedachten Äußerung des Königs wurde der Erzbischof von vier Rittern erschlagen.

In der Krypta seiner Kathedrale wurde er in einem marmornen Sarkophag bestattet; hier mußte Heinrich II. öffentlich Buße tun. Schon bald ließen Wunder zahlreiche Gläubige herbeiströmen; die Wallfahrt zum Grab des Ermordeten setzte man dem Weg nach Santiago gleich. Einen Eindruck von der Anziehungskraft des neuen Pilgerzieles geben → Chaucers „Canterbury Tales", aber auch der großartige Neubau des Domchores, der später den Schrein mit den Reliquien umschloß. Millionen von Gläubigen suchten ihn auf, in ganz Europa genoß der „Märtyrer" Verehrung. Ludwig VII. von Frankreich stiftete ihm ein gewaltiges Juwel in Größe eines Hühnereis, → Karl V. besuchte hier – noch in Tagen guten Einvernehmens – Heinrich VIII.

Zum fünfzigsten Jahrestag seines Todes wurden die Gebeine des Heiligen in die Oberkirche umgebettet; den Sarg trugen der König und die Erzbischöfe von Canterbury und Reims. Während die Schädeldecke angeblich in der Scheitelkapelle des Chores bewahrt wurde, erhob sich der Schrein in der Dreifaltigkeitskapelle. Das herrliche Werk – sein billigstes Material war Gold – ruhte unter einer hölzernen Hülle, die täglich vor den staunenden Pilgern gehoben wurde; seine Gestalt ist durch die Darstellung auf einem der Bildfenster überliefert.

In der Reformation ließ Heinrich VIII. den Heiligen als Hochverräter vor sein Gericht laden; da er – aus naheliegenden Gründen – nicht erschien, wurde er in Abwesenheit zur Verbrennung der Gebeine und zum Einzug des Vermögens verurteilt (1538). Tatsächlich bettete man die Überreste lediglich in ein schlichteres Grab um, doch die zahlreichen Geschenke der Gläubigen wurden auf 26 Wagen in die Schatzkammern des Königs geführt. Der Schrein wurde zerstört, der riesige Edelstein zierte fortan die Hand des Herrschers (allerdings ist dieser Bericht gelegentlich angezweifelt worden).

Beda Venerabilis
Angelsächsischer Mönch (673/4–735)

Der hochangesehene Gelehrte verbrachte nahezu sein ganzes Leben im Kloster Jarrow. Hier verfaßte er zahlreiche Werke zu den verschiedensten Sachgebieten – grammatische Unterrichtswerke ebenso wie historische, theologische und naturwissenschaftliche Schriften.

Er wurde in Jarrow bestattet; von dort wurden die Gebeine des Heiligen im 11. Jh. heimlich entwendet und in die Kathedrale von Durham gebracht. Man barg sie zunächst im Schrein des Hl. Cuthbert, später in der neuerrichteten Galiläa-Kapelle. Bei der Aufhebung des Klosters wurde der kostbare mittelalterliche Schrein zerstört, die Gebeine unter seinem ursprünglichen Standort beigesetzt (1542). Nach einer Graböffnung und Untersuchung der Überreste (1831) kennzeichnete man die Ruhestätte mit einer Kopie des einstigen Epitaphes.

Benedikt von Nursia
Ordensgründer (um 480–um 560)

Zunächst Eremit in Subiaco (bei Rom), gründete er 529 (?) in Montecassino eine Klostergemeinschaft. Für seine Gefährten verfaßte er die Ordensregel, deren Kern später in dem Leitspruch „ora et labora" (bete und arbeite) zusammengefaßt wurde. Damit begründete er das abendländische Mönchtum; daher wird er als Patron Europas verehrt.

Er wurde in Montecassino neben seiner Schwester Scholastica in dem Grab bestattet, das er sich selbst bereitet hatte. Dessen Wiederentdeckung bei den Ausgrabungen (1947–52) anläßlich der Erneuerung des Klosters nach dem 2. Weltkrieg widerlegte die Tradition seiner Überführung nach Frankreich im 7. Jh.

Unter dem Hochaltar der Klosterkirche verläuft ein Gang, der durch eine sternförmige Öffnung im Boden des Presbyteriums sichtbar, zudem durch eine Falltür – allerdings nur im Kriechen – zugänglich ist; diese flankieren zwei Windhunde in musivischer Arbeit (11. Jh.). Hinter einer Ziegelmauer befindet sich der Grabraum; auf seiner Deckplatte berichtet eine Inschrift von der Auffindung der Gebeine (1486). Eine Alabasterurne unter der Mensa des Hauptaltares birgt seit 1659 die Reliquien des heiligen Geschwisterpaares. Unter der Grabanlage wurden keine Spuren von Mauerwerk gefunden; dies weist darauf hin, daß es sich um die – wenngleich mehrfach umgestaltete – ursprüngliche Grablege handelt.

Bernauer, Agnes
Augsburger Bademagd (1411–1435)

Trotz ihres Gewerbes – vielfach gingen Bademägde auch der Prostitution nach – heiratete der bayerische Herzogssohn Albrecht (III.) heimlich die junge Frau; wegen der Bedrohung für die dynastische Erbfolge ließ sie sein Vater Ernst bei Straubing in der Donau ertränken. Ihr tragisches Schicksal lebt in Literatur und Musik fort.

Sie wurde auf dem Straubinger Petersfriedhof begraben, wohl an der Stelle der Bernauer-Kapelle, die Herzog Ernst ein Jahr nach ihrem Tod zur Sühne stiftete. In die Wand eingelassen ist der rotmarmorne Grabstein; er trägt die Reliefdarstellung der Toten mit zwei Hündchen. Bei seiner Umsetzung aus dem Boden der Kapelle wurde keine Spur eines Grabes festgestellt (1785); wahrscheinlich hatte der Witwer die Getötete in die Karmeliterkirche überführen lassen.

Bernhard von Clairvaux
Zisterzienserabt (1090–1153)

Zunächst Mönch in Citeaux, gründete er später die Abtei Clairvaux, von der 70 Konvente ausgingen. Durch die Kraft seiner Persönlichkeit wurde er zur dominierenden Gestalt seiner Epoche: Er bekämpfte die zeitgenössischen „Irrlehren", verhalf Innozenz II. zum Sieg über seinen Rivalen Anaklet und bewog die abendländischen Herrscher zum 2. Kreuzzug, der freilich in einer Katastrophe endete. Zugleich hinterließ er ein bedeutendes literarisches Werk.

Wegen des Andrangs der Gläubigen bestatteten ihn die Mitbrüder heimlich vor dem Marienaltar von Clairvaux; um die künftige Ruhe des Ortes zu wahren, verbot der Abt von Citeaux dem Toten, Wunder zu wirken. In der Französischen Revolution übertrug man die Reliquien in die benachbarte Kirche von Ville-sous-la-Ferté; das Haupt bewahrt der Domschatz von Troyes.

Bernward
Bischof von Hildesheim (993–1022, geb. um 960)

Der hochgebildete Geistliche wurde zum Erzieher → Ottos III. berufen; den jungen Kaiser begleitete er nach Italien. Er förderte Geistesleben und künstlerisches Schaffen in seinem Bistum; für die Klosterstiftung St. Michael entstanden Bernwardtür und Bernwardsäule, Hauptwerke der frühmittelalterlichen Bronzekunst (j. im Dom).

Sein rotsteinerner Sarkophag steht heute in der Krypta von St. Michael zu Hildesheim, die er selbst zu seiner Ruhestätte ausersehen hatte. Ursprünglich befand er sich in einer Gruft; diese verschloß eine Grabplatte, auf der ein Stabkreuz mit dem Gotteslamm und den Evangelistensymbolen erschien (j. im Umgang aufgestellt). Nach der Kanonisation (1192) wurde ein Teil der Gebeine als Reliquien entnommen.

Birgitta von Schweden
Mystikerin und Ordensgründerin (1303–1373)

Nach dem Tod ihres Gatten gründete die schwedische Adlige den Birgittenorden; sein erstes Kloster wurde Vadstena. Seit 1349 widmete sie sich in Rom der Askese und Wohltätigkeit; Päpste und Herrscher rief sie zur Umkehr auf. Ihre ekstatischen „Offenbarungen" sind das bedeutendste Werk der spätmittelalterlichen Literatur Skandinaviens.

Aus der provisorischen Ruhestätte S. Lorenzo in Panisperna zu Rom wurde sie nach einigen Monaten von ihrer Tochter in die Krypta des Klosters Vadstena übergeführt; bereits vor der Heiligsprechung wurden ihre Gebeine in einen Schrein umgebettet; 1412 erhielt sie einen neuen kostbaren Silberschrein, den Johann III. für seinen Krieg gegen die Russen (1573) einschmelzen ließ.

● Boccaccio, Giovanni
Italienischer Dichter und Humanist (1313–1375)

Berühmt wurde er durch das „Decamerone", eine Sammlung von 100 geistreichen, abenteuerlichen und erotischen Novellen. Unter dem Einfluß → Petrarcas widmete er sich später humanistischen Studien; er wurde zum ersten Kenner der griechischen Literatur im Abendland seit der Antike. Kurz vor seinem Tod beauftragte ihn Florenz mit der Kommentierung von → Dantes „Göttlicher Komödie".

Dem eigenen Wunsch folgend, wurde er in der Heimatstadt Certaldo in der Kirche SS. Michele e Jacopo beigesetzt. Bei einer Graböffnung (1783) fand man lediglich einen Schädel, zudem dreizehn unleserliche Pergamentblätter in einer Metallröhre. Heute bedeckt eine moderne Platte das Bodengrab, in dem die vermischten Gebeine mehrerer Personen liegen; an der Wand zeigt eine marmorne Reliefbüste den Dichter, in den Händen das „Decamerone".

● Bohemund von Tarent
Führer des 1. Kreuzzuges (1050/58–1111)

Der Sohn → Robert Guiscards hatte auf dem 1. Kreuzzug maßgeblichen Anteil an den Siegen vor Antiochia; dort begründete er ein eigenes Fürstentum. Nach drei Jahren in moslemischer Gefangenschaft kehrte er nach Apulien zurück; hier starb er während der Vorbereitungen für einen Kreuzzug gegen Byzanz.

Sein Mausoleum ließ er im apulischen Canosa neben der Kathedrale errichten; der marmorinkrustierte Kuppelbau ähnelt einer moslemischen Türbe. Die bedeutende Bronzetür schuf Roger von Melfi. In den Boden ist die schlichte Grabplatte eingelassen. Das Herz wurde in der Domkrypta von Otranto bestattet.

● Bolesław I. der Tapfere
→ Mieszko

● Bonifatius VIII.
Benedetto Caetani, Papst (1294–1303, geb. um 1235)

Energisch und herrschsüchtig versuchte er, die päpstliche Macht gegen die aufstrebenden Nationalstaaten zu behaupten. Der Streit mit dem französischen König → Philipp IV. gipfelte in der Gefangennahme des Papstes in Anagni; von den Bürgern befreit, starb er kurz darauf in Rom.

Er hatte ein Oratorium in Alt-St. Peter zu seiner Grablege bestimmt, das er selbst einem Vorgänger errichtet hatte. Vier Marmorsäulen trugen einen pyramidalen Aufsatz; darunter erschien im Mosaikbild die Gottesmutter, seitlich Petrus und Paulus mit dem knienden Stifter. Über dem Altar war der Sarkophag mit der Liegegestalt des Papstes eingefügt, von Engeln flankiert. Bei der Errichtung des neuen Petersdoms wurden große Teile des Oratoriums wiederverwendet, der Sarkophag dagegen in die Vatikanischen Grotten übertragen. Dabei wurde der Sarg geöffnet; man fand den wohlerhaltenen Leichnam, umhüllt von denselben Gewändern, die in hervorragender Arbeit auf der Grabstatue erscheinen.

● Bonifatius
Winfried, Missions-Erzbischof (732–754, geb. 672/75)

Mit päpstlicher und karolingischer Unterstützung verbreitete der Angelsachse in Hessen und Thüringen das Christentum. Durch die Gründung von Bistümern und Klöstern, unter denen Fulda als geistliches Zentrum hervorragte, sicherte er diese Gebiete für den neuen Glauben. Zukunftsweisend waren seine Reform der fränkischen Kirche und ihre neubegründete Verbindung mit dem Papsttum. Beim Versuch, die heidnischen Friesen zu bekehren, fand der greise „Apostel Deutschlands" ein gewaltsames Ende.

Dem eigenen Wunsch folgend, wurde er in das Kloster zu Fulda verbracht; das Grab wurde zu einem bedeutenden Wallfahrtsort. 819 übertrug man die Überreste des Heiligen in die Westkrypta der neuen Klosterkirche; die ursprüngliche Grabkammer konnte 1929 freigelegt werden. Seit der grundlegenden Umgestaltung der Stiftskirche (j. Dom) im 18. Jh. ruhen seine Gebeine in der barocken Bonifatiusgruft; J. Neudecker schuf den Altar aus schwarzem Marmor, dessen Alabasterreliefs das Martyrium des Heiligen und seine Auferstehung am Jüngsten Tag zeigen.

● Brunichild
Fränkische Königin (gest. 613)

In den frühen Jahren in eine haßerfüllte Auseinandersetzung mit → Fredegund verstrickt, sicherte die westgotische Gemahlin Sigiberts I. nach dessen Ermordung das Ostfrankenreich für ihren Sohn Childebert II. Der tatkräftigen Fürstin gelang die Festigung der Königsmacht; daher beim Adel verhaßt, wurde sie gestürzt und grausam hingerichtet; ihr Schicksal lebt im Nibelungenlied fort.

Sie wurde in der Krypta von St-Martin zu Autun beigesetzt. Zu Ende des 15. Jh. verlegte man ihren Steinsarg in ein Baldachingrab im Inneren der Kirche; es fiel der Französischen Revolution zum Opfer.

● **Chaucer, Geoffrey**
Englischer Dichter (um 1343–1400)

Im königlichen Auftrag wirkte er in zahlreichen Ämtern (u. a. beim Bau des Tower) und diplomatischen Missionen. Durch seine höfischen Dichtungen erhob er das Londoner Idiom zur Literatursprache des Landes. Als Hauptwerk des „Vaters der englischen Dichtung" gelten die unvollendeten „Canterbury Tales"; in ihren höchst unterschiedlichen Pilgergestalten zum Schrein des → Th. Becket geben sie einen Querschnitt durch das Volk und seine Sprache.

Sein Grab in Westminster Abbey wurde von einem Epitaph am benachbarten Pfeiler bezeichnet. Der Dichter N. Brigham stiftete ihm das heutige spätgotische Monument (1555), dessen Nische ursprünglich Chaucers Porträt umschloß. Mit seiner Beisetzung begann die Tradition von Poets' Corner im südlichen Querhaus der königlichen Kirche.

● **Cid, El**
Rodrigo Díaz de Vivar, spanischer Nationalheld (1043–1099)

Als tapferer Lehensmann diente er Sancho II. von Kastilien, nach dessen Ermordung Alfons VI.; später fiel er in Ungnade und kämpfte in der Verbannung um Sold für maurische Fürsten. Wegen der Bedrohung durch die Almoraviden wieder mit dem König versöhnt, eroberte er in dessen Auftrag Valencia und hielt die Stadt bis zu seinem Tode gegen alle Angriffe. Ihn preist das bedeutendste mittelalterliche Epos Spaniens.

Er wurde im Kloster S. Pedro de Cardeña bei Burgos beigesetzt; Alfons X. stiftete ihm 1272 ein aufwendiges Steingrab, neben dem der Holzsarg seiner Gemahlin Ximena Aufstellung fand. Mehrfach verlegte man das Grab innerhalb der Kirche; bei seiner Öffnung im 16. Jh. fand man in einer Holzkiste die Überreste des Cid, von einem maurischen Tuch umhüllt, zudem Schwert und Sporen. Seit 1736 waren die Gräber in der Sisebut-Kapelle vereint. Die Deckplatte des Monuments trug neue Liegestatuen des Paares; der Held erschien in voller Rüstung mit dem überlieferten gewaltigen Bart. Von napoleonischen Truppen wurde die Ruhestätte entweiht, die Gebeine zerstreut und zeitweilig nach Burgos verbracht. Seit 1921 ruhen sie in der dortigen Kathedrale; über der rotmarmornen Bodenplatte bildet die herrliche spätgotische Vierung einen grandiosen Rahmen für das Grab des spanischen Nationalhelden.

Clemens II.
Suidger, Papst (1046–1047)

Nach der Beendigung des Schismas auf der Synode von Sutri erhob → Heinrich III. den Bamberger Bischof zum Papst; er starb im folgenden Jahr, vielleicht durch Gift.

Er ruht im Westchor des Domes zu Bamberg, der einzigen Kirche auf Erden (außer dem Petersdom), die zugleich die Gebeine eines Kaisers und eines Papstes birgt. Der Marmorsarkophag (13. Jh.) – das einzige Papstgrab in Deutschland – zeigt auf den Schmalseiten den sterbenden Pontifex sowie Johannes d. T.; auf den Längsseiten erscheinen die Kardinaltugenden und die Personifikation des Stromes, von dem die vier Paradiesesflüsse ausgehen. Die ursprüngliche Grabplatte mit der Liegegestalt des Papstes wurde im Dreißigjährigen Krieg zerstört und durch die heutige schlichte Deckplatte (um 1660) ersetzt. 1731 und 1942 wurde das Grab untersucht; die Funde – einen reichen Ornat (und einige Haarsträhnen des Toten) – bewahrt das Diözesanmuseum.

Clemens VI.
Pierre Roger, Papst (1342–1352, geb. 1292)

Der verschwenderische Mäzen von Kunst und Wissenschaft ließ den Palast von Avignon grundlegend umgestalten; mit ihm erreichte die päpstliche Prachtentfaltung im Süden Frankreichs ihren Höhepunkt. Als letzter Papst des Mittelalters verhängte er den Bann gegen einen Kaiser (→ Ludwig den Bayern).

In eine Hirschhaut eingenäht, wurde er von Avignon in sein einstiges Kloster La Chaise-Dieu (Auvergne) übergeführt; das dortige Grab hatte er bereits zu Lebzeiten geplant. Über der Gruft entstand im Chor der Klosterkirche ein gewaltiges Monument mit dem figurenreichen Trauerzug der päpstlichen Familie; es fiel hugenottischer Zerstörung zum Opfer (1562), lediglich der Sarkophag mit der teils ergänzten Liegegestalt blieb erhalten. Die einzelnen Gliedmaßen des Papstes waren von Blei umschlossen, so daß er den Grabschändern wie eine Metallstatue erschien; diese warfen sie ins Feuer; nur wenige Überreste der Leiche konnten geborgen werden.

Bamberg, Grabmal Clemens II.

● Cola di Rienzo
Römischer Politiker und Humanist (1313–1354)

Durch seine literarischen Studien geprägt, erstrebte er leidenschaftlich die Erneuerung der Größe Roms. Mit dem antiken Titel eines Tribuns ergriff er die Macht in der Stadt und propagierte die Einigung Italiens unter römischer Führung. Nach sieben Monaten vertrieben, kehrte er mit päpstlicher Unterstützung zurück, wurde jedoch kurz darauf bei Unruhen getötet.

Seine Gegner schleiften die Leiche zur Piazza S. Marcello – dabei wurde der Kopf abgerissen – und hängten sie dort zum allgemeinen Gespött an den Füßen auf. Nach zwei Tagen mußten die verachteten Juden der Stadt den Körper vor dem Mausoleum Augusti (zum Hohn auf den Titel des Ermordeten als „tribunus Augustus") verbrennen, die Asche wurde verstreut.

● Dagobert I.
König der Franken (629–638/39, geb. um 608)

Dem letzten bedeutenden Merowinger gelangen Siege über Basken und Bretonen; Mißerfolge gegen Sachsen und Thüringer sowie die Niederlage durch den Slawenherrscher Samo zwangen ihn dagegen zu Zugeständnissen an den fränkischen Adel.

Er wurde in St-Denis neben dem Grab des Heiligen beigesetzt. Auf dem heutigen tabernakelförmigen Monument am Zugang zum Chor (13. Jh.) erscheint im Tympanon über der Liegegestalt des Verstorbenen die Errettung seiner Seele, im Giebel Christus mit Dionysius und Martin, seitlich Gemahlin und Sohn des Königs. Schwer verstümmelt in den Wirren der Revolution, wurde es 1816/17 nach St-Denis zurückgebracht und dort zu zwei Gräbern für Dagobert und seine Gattin zersägt. Seit 1859 gab man ihm die frühere Gestalt zurück; der ursprünglich farbige und vergoldete Skulpturenschmuck wurde dabei weitgehend neugeschaffen.

Mit seiner Beisetzung in der Abteikirche begründete der König die Tradition der dortigen Herrschergrablege, die bis in das 19. Jh. währen sollte. Das „Westminster Frankreichs" war im 5. Jh. über der Ruhestätte des als „Apostel Galliens" verehrten Märtyrers Dionysius entstanden; bereits im 6. Jh. ließen sich Mitglieder der merowingischen Dynastie in seiner Heilsnähe bestatten, als erster Herrscher Dagobert I. (639). Die Karolinger führten diese Tradition fort und errichteten einen neuen Sakralbau an der Stelle, wo ihr Geschlecht mit → Pippins Salbung (754) zur königlichen Würde aufgestiegen war. Nahezu ausnahmslos fanden die Kapetinger und ihre Nebenlinien in der Kirche die letzte Ruhe; unter ihnen wurde St-Denis zum Reichsheiligtum Frankreichs. Der Neubau der Kirche unter Abt → Suger (ab 1140) war zugleich der Beginn der abendländischen Gotik.

→ Ludwig IX. ließ die Gräber in das Querhaus verlegen; die neuen Grabmonumente zeigten die Beigesetzten als Idealherrscher mit stets gleichen Gesichtszügen, durch Krone und Szepter ausgezeichnet; die Gewänder trugen ursprünglich auf blauem Grund goldene französische (nicht erst bourbonische!) Lilien (1263/64). Mit → Philipp III. begann die porträthafte Darstellung der Verstorbenen. Für das Haus Valois stiftete Katharina von Medici ein eigenes Mausoleum am nördlichen Querhaus (1572); es blieb unvollendet und wurde 1719 abgerissen. Eine Grablege der Bourbonen, unter Ludwig XIV. geplant, kam nie zur Ausführung; mit seiner Dynastie endete auch die Tradition der Figurengräber in St-Denis. Die Vorstellung einer „nationalen" Herrschergrablege an dem ehrwürdigen Ort blieb jedoch bis zum Projekt einer Gruft für Napoleon III. erhalten.

In der Französischen Revolution warf man die Überreste der Herrscher in ein Massengrab; die Monumente aus Metall wurden eingeschmolzen, die steinernen Grabmäler (soweit man sie als erhaltenswert ansah) in das Musée des Monuments Français verbracht. Die Restauration führte sie nach St-Denis zurück; die Gebeine der Könige von Dagobert bis → Heinrich III. sammelte man im Grab des Marschalls Turenne (1816/17). Die Spuren der Zerstörung wurden – allerdings oft fehlerhaft – beseitigt, Sarkophage und Insignien sämtlich erneuert; die Aufstellung des 19. Jhs. entspricht nicht immer der ursprünglichen Lage der Grabstätten. Zudem wurden Königsgräber aus anderen Kirchen hierher übertragen, um die entstandenen Lücken zu schließen.

● Dandolo, Enrico
Venezianischer Doge (1192–1205, geb. 1107)

Erst in hohem Alter gewählt, sicherte er Venedigs Herrschaft in der Adria durch mehrere Siege über die Pisaner. Geschickt lenkte er – angeblich aus persönlichem Haß, tatsächlich von venezianischen Handelsinteressen geleitet – den 4. Kreuzzug gegen Konstantinopel. Die Eroberung der Stadt begründete die Herrschaft des Markuslöwen im östlichen Mittelmeer, zerschlug aber den Eckpfeiler der Christenheit.

Die Kreuzfahrer bestatteten ihn in der Hagia Sophia; sein großartiges Grabmonument wurde (wohl von den Türken) später zerstört, bei Ausgrabungen (1880) keine Spur mehr entdeckt. Heute bezeichnet lediglich eine Bodenplatte auf der südlichen Galerie der Kirche die Stelle.

● Dante Alighieri
Italienischer Dichter (1265–1321)

Aus politischen Gründen von der Vaterstadt Florenz verbannt, weilte er als Flüchtling in Frankreich und Italien; er starb am Hof von Ravenna. In der „Göttlichen Komödie", dem bedeutendsten Werk der mittelalterlichen Dichtung, beschreibt er seinen Weg als Jenseitspilger durch Hölle, Fegefeuer und Paradies. In die Zukunft wies der politische Traktat „De Monarchia", der den Gedanken Friedrichs d. Gr. vom König als Diener des Staates vorwegnahm.

Mit höchsten Ehren wurde er in einer Marienkapelle im nördlichen Portikus von S. Francesco zu Ravenna beigesetzt. Deren barocker Nachfolgebau sank zum Dirnentreff herab; daher ließ ihn die Stadt zu einem würdigen Mausoleum umgestalten (1692). Ein Kardinal stiftete das heutige klassizistische Tempelchen, das den ursprünglichen antiken Sarkophag und eine Reliefbüste des Dichters umschließt.

Wechselvoll war das Schicksal der Gebeine, um die sich schon bald die Florentiner bemühten; als der Medici-Papst Leo X. ihre Überführung in die Vaterstadt anordnete (wo Michelangelo ein neues Grabmonument plante),

Ravenna, Dante-Mausoleum

wurden sie von den Franziskanern verborgen, das Versteck geriet jedoch in Vergessenheit. Durch Zufall entdeckte man 1865 nahe dem ursprünglichen Grabort eine Holzkiste mit der Inschrift „Dantis ossa". Sie wurde in seinem Mausoleum geborgen; vor dem Sarkophag des Dichters brennt seit 1908 eine Ewige Flamme, deren Öl seine Geburtsstadt stiftet.

● Dmitrij Donskoj
Großfürst von Moskau (1362–1389, geb. 1350)

Geschickt erweiterte er seinen Machtbereich und unterwarf das rivalisierende Fürstentum Tver. Bei dem Versuch, die Herrschaft der Goldenen Horde abzuwerfen, schlug er die Mongolen auf dem Kulikowo Pole. Auch wenn Moskau zwei Jahre später bei einem Rachefeldzug zerstört wurde – sein Sieg war ein Meilenstein auf dem Weg zur Befreiung Rußlands.
 Der Fürst ruht an der Südseite der Erzengel-Kathedrale (→ Ivan I. Kalità) im Moskauer Kreml.

● Dominikus
Ordensgründer (um 1170–1221)

Der glänzende Redner wirkte im Südwesten Frankreichs gegen die Katharer; hier gründete er seine Predigergemeinschaft, aus der mit päpstlicher Unterstützung der Dominikanerorden erwuchs. Gemeinsam mit → Franziskus von Assisi schuf er im neuen Bettelordensideal der apostolischen Armut ein Gegengewicht zu den „ketzerischen" Bewegungen seiner Zeit.
 An seinem Todesort Bologna wurde er in der Dominikanerkirche (j. S. Domenico) beigesetzt; später entstand eine eigene Kapelle für den Ordensgründer. Sein pyramidaler Marmorschrein mit Reliefdarstellungen zur Vita des Heiligen wurde 1267 von N. Pisano begonnen und bis in das 16. Jh. – u. a. von Michelangelo – um weitere Skulpturen ergänzt.

● Dracula
Vlad III. Țepeș (der Pfähler), Fürst der Valachei (1448; 1456–1462; 1476, geb. um 1428)

Mit Unterstützung → Johannes Hunyadis zur Herrschaft gelangt, führte er – anfangs erfolgreich – Krieg gegen die Türken. Der Straffeldzug → Mehmeds II. zwang ihn zur Flucht nach Ungarn; dort hielt ihn → Matthias Corvinus jahrelang in Haft. Schon bald nach der Heimkehr wurde er erschlagen. Die Grausamkeit des Fürsten – er ließ zahlreiche Gefangene pfählen – führte zu seiner literarischen Umformung zum blutgierigen Grafen Dracula.

Der Grabort ist nicht überliefert. Eine Tradition (die bei archäologischen Untersuchungen 1931/32 nicht bestätigt wurde) lokalisiert seine Ruhestätte in der Klosterkirche von Snagov; dort zeigte man vor dem Altar einen inschriftlosen Grabstein. Allerdings glaubte damals der Archäologe D. Rosetti in einer Gruft nahe dem Kirchenportal die Grabstätte des Fürsten entdeckt zu haben; dort umschloß ein von Purpur-Gold-Gewebe umhüllter Sarg Reste eines Skeletts und einer Krone; nach seiner These hatte man die Gebeine aus dem Altarraum hierher verlegt, um sie vor Plünderung und Schändung zu bewahren.

● Dschingis Chan
Temüdschin, mongolischer Herrscher (1206–1227, geb. 1155?)

In jahrzehntelangen Kämpfen einte er die mongolischen Stämme und wurde zu ihrem Großchan erhoben. Mit seinem hervorragend geschulten Reiterheer eroberte er das nördliche China, Korea sowie das choresmische Reich in Zentralasien und Iran; die Mongolen drangen bis zum Schwarzen Meer vor. Seine Nachkommen dehnten das Weltreich bis Südchina und Osteuropa aus.

Er hatte selbst nahe dem heiligen Berg Burqan-qaldun den Grabplatz für sich und seine Sippe an einem Ort erwählt, wo er auf der Jagd Erquickung gefunden hatte. Dorthin brachte man den Leichnam des Herrschers; alle Lebewesen, die dem Zug begegneten, mußten sterben. Nach zwei Jahren beging sein Nachfolger das feierliche Totenopfer; drei Tage lang brachte man dem Verstorbenen Speisen, edle Pferde, zudem vierzig Jungfrauen – die Töchter der höchsten Würdenträger – als Dienerinnen im Jenseits dar. Die exakte Lage des Grabes geriet bereits im Mittelalter in Vergessenheit.

● Du Guesclin, Bertrand
Französischer Heerführer (um 1320–1380)

Durch seine Erfolge im Hundertjährigen Krieg stieg er zum Connétable de France auf; Zeitgenossen und Nachwelt zollten ihm hohe Verehrung. Siegreich kämpfte er auch in Spanien gegen Peter den Grausamen; seine Krönung zum König von Granada durch → Heinrich II. Trastámara läßt auf Pläne zur Eroberung Andalusiens schließen.

Als treuen Diener der Krone ließ ihn → Karl V. in St-Denis (→ Dagobert) beisetzen; die marmorne Grabstatue zeigt in schonungslosem Realismus die untersetzte, wenig anziehende Gestalt des Heerführers. Ursprünglich hatte er eine Bestattung in der Jakobinerkirche von Dinan in seiner bretonischen Heimat gewünscht; dort wurde lediglich das Herz begraben (j. in St-Sauveur). Wegen der mangelhaften Einbalsamierung mußte man das Fleisch durch Kochen ablösen und in der Kirche der Cordeliers in Montferrand beisetzen. Im Chor von St-Laurent zu Le Puy bewahrt ein Grabmal mit einer höchst realistischen Liegegestalt die Eingeweide des Connétable; die – im Gegensatz zu St-Denis – bärtige Darstellung (Du Guesclin starb auf einem Feldzug!) läßt die Verwendung einer Totenmaske als Vorbild vermuten.

● Eduard der Bekenner
König von England (1042–1066, geb. um 1005)

Der Sohn Ethelreds II. mußte vor → Knut d. Gr. fliehen; dessen Tod und die folgenden Wirren ermöglichten ihm die Rückgewinnung des englischen Throns. Stets blieb er jedoch im Schatten der Earls, die er vergeblich zu entmachten suchte. Da er kinderlos starb, angeblich wegen einer Josephsehe, wurde → Harald Godwinson zu seinem Nachfolger gewählt.

Seine Beisetzung vor dem Hochaltar von Westminster Abbey zu London begründete eine Tradition, die bis in das 18. Jh. währen sollte. In bewußter Anknüpfung an den angelsächsischen Vorgänger setzte ihm → Wilhelm der Eroberer ein reiches Grab, in dem man 1101 den Leichnam unversehrt auffand. Zwei Jahre nach seiner Heiligsprechung stiftete ihm → Heinrich II. einen neuen Schrein (1163).

Beim Bau des gotischen Chores von Westminster beauftragte Heinrich III. italienische Meister mit der Fertigung eines neuen Grabmals, von dem lediglich der Sockel aus Purbeck-Marmor mit seinem Dekor von Glasmosaiken erhalten blieb; er trug den goldenen Reliquienschrein des heiligen Königs, der zum bedeutenden Pilgerziel wurde.

Bei der Aufhebung der Abtei unter Heinrich VIII. (1540) wurde der Schrein zerstört, Gold und Juwelen geraubt, der Leichnam an verborgener Stelle begraben. Maria die Blutige ließ ihn an den alten Ort zurückführen und den Grabsockel erneuern. Darüber entstand der heutige hölzerne Aufbau; sein Edelsteinschmuck wurde später gleichfalls entwendet.

Nach der Legende bereits in römischer Zeit gegründet, entstand das Münster im Westen von London wahrscheinlich im 8. Jh. als Stiftung eines Herrschers. Das Benediktinerkloster wurde von Eduard dem Bekenner in eine königliche Abtei umgewandelt, zudem eine neue Kirche – der erste Monumentalbau der englischen Romanik – errichtet. Mit der nahegelegenen Pfalz (dem heutigen Parlamentsgebäude) wurde sie zum politischen und sakralen

Zentrum des Landes. Heinrich III. legte den Grundstein für den neuen gotischen Riesenbau (1245), der erst Jahrhunderte später mit der Errichtung der Grabkapelle → Heinrichs VII. vollendet wurde (1519). Auch nach der Aufhebung des Klosters bewahrte Westminster seinen Rang als Krönungsort und Herrschergrablege; zudem wurde es durch zahlreiche Grabstätten bedeutender Persönlichkeiten zu einem Pantheon der britischen Nation.

Eduard I.
König von England (1272–1307, geb. 1239)

Als Kronprinz warf der Sohn → Heinrichs III. die Rebellion der Barone nieder; seine eigene Regierung war von tiefgreifenden Reformen geprägt. Obwohl er erstmals dem Grundsatz zustimmte, daß Abgaben nur mit Einwilligung der Untertanen erhoben werden dürften, herrschte tatsächlich harter Steuerdruck wegen der zahlreichen Kriege: Wales wurde erobert, der Besitz in Frankreich gewahrt; dagegen ging Schottland durch den Aufstand des → W. Wallace verloren.

Er wurde zunächst in der Abtei von Waltham bestattet, später nach Westminster (→ Eduard der Bekenner) übertragen. Sein schlichtes Altargrab in der St.-Eduards-Kapelle sollte vielleicht ein Provisorium bleiben, da der König angeordnet hatte, sein Herz in das Heilige Land zu verbringen, die Gebeine aber bis zur Unterwerfung Schottlands an der Spitze des Heeres mitzuführen. Später wurde das Monument vergoldet und bemalt; darüber erhob sich ein (verlorener) hölzerner Baldachin. Bei einer Graböffnung (1774) fand man den Leichnam nahezu unversehrt im königlichen Ornat in einem Sarg aus Purbeck-Marmor.

Eduard III.
König von England (1327–1377, geb. 1312)

Sein Anspruch auf die französische Krone löste den Hundertjährigen Krieg aus; die ersten Jahre waren von glänzenden englischen Siegen geprägt. Im Frieden von Brétigny verzichtete Eduard gegen Gebietsabtretungen und volle Souveränität in seinen französischen Gebieten auf den Thronanspruch. Bald darauf begann der Krieg erneut, nun jedoch mit Erfolgen des Gegners. Der ritterliche König lebt bis heute in der Stiftung des Hosenbandordens fort.

Richard II. stiftete dem Großvater in Westminster (→ Eduard der Bekenner) ein Monument aus Purbeck-Marmor mit einer Liegestatue aus vergoldetem Messing. Auf den Seiten erschienen zwölf (sechs davon erhalten) bronzene Trauergestalten mit den Zügen seiner Kinder. Das Grab überfängt ein reicher Holzbaldachin.

● Eduard, der „Schwarze Prinz"
Englischer Heerführer (1330–1376)

Der Sohn → Eduards III., der den Namen wohl der Farbe seiner Rüstung verdankte, wurde durch die Siege bei Crécy und Maupertuis zum Helden des Hundertjährigen Krieges; erfolgreich kämpfte er auch in den kastilischen Wirren. Seine Tapferkeit wie auch der Glanz seines Hofes ließen ihn Zeitgenossen und Nachwelt als idealen Ritter erscheinen.

Testamentarisch hatte er die Krypta der Kathedrale von Canterbury zu seiner Grablege bestimmt. Entgegen diesem Wunsch wurde er in der Heilsnähe des Schreins von → Th. Becket bestattet. Bei der Gestalt des Grabes folgte man dagegen den Anweisungen des Helden: Der Sockel aus Purbeck-Marmor ist geschmückt mit Wappenschilden und seiner (in der Bedeutung umstrittenen) Devise „Ich dien" sowie einer französischen Inschrift, die das glanzvolle Leben des Prinzen der Trostlosigkeit des Grabes gegenüberstellt.

Darauf ruht seine lebensgroße betende Liegegestalt in voller Rüstung aus vergoldeter Bronze. Der Baldachin zeigt auf der Unterseite die Trinität – sie soll der Auferstehende am Jüngsten Tag zuerst erblicken! Darüber sind Helm und Schild, Waffenrock und Handschuhe sowie die leere Scheide aufgehängt, die beim Totenzeremoniell verwendet wurden (das Schwert soll Oliver Cromwell geraubt haben); die Originale sind inzwischen am Grabmal durch Kopien ersetzt und werden in einer nahen Vitrine ausgestellt.

● Einhard
Karolingischer Historiker (um 770–840)

Gelehrt und kunstsinnig, war er nach dem Abschied seines Lehrers Alkuin die dominierende Persönlichkeit an der Hofschule → Karls d. Gr. Ihm diente er in diplomatischer Mission, ebenso als Leiter der Aachener Bauhütte. Im Alter zog er sich auf seine Besitzungen im Odenwald zurück; hier verfaßte er die „Vita Karoli Magni", die den Kaiser als christlichen Idealherrscher pries.

Ursprünglich hatte er als Grablege die Eigenkirche zu Michelstadt vorgesehen; diese barg die Reliquien der Märtyrer Marcellinus und → Petrus, die er in Rom erworben hatte. Zwei Arkosolnischen in der Krypta waren wohl für die Sarkophage bestimmt. Später überführte er die heiligen Gebeine in seine zweite Gründung, das Kloster Seligenstadt. Hier fand er selbst die letzte Ruhe; seine Überreste umschließt der barocke Stiftersarkophag.

Eleonore von Aquitanien
Königin von Frankreich und England (1122?–1204)

Die Erbtochter von Aquitanien heiratete den französischen König Ludwig VII., nach der Scheidung (angeblich wegen zu naher Verwandtschaft) → Heinrich II. von England, der dadurch große Teile Frankreichs gewann. Damit entstand das Angevinische Reich, eines der mächtigsten und glanzvollsten Staatsgebilde des Mittelalters. Von ihrem Gemahl entmachtet, genoß die Königin später unter ihren Söhnen → Richard Löwenherz und → Johann Ohneland erneut großen politischen Einfluß.

Sie wurde in der Abteikirche von Fontevrault bestattet; gleichzeitig mit ihrem Grabmal entstanden die Sarkophage für den bereits früher verstorbenen Gemahl sowie für Richard Löwenherz. Die steinernen Monumente waren ursprünglich im nördlichen Querschiff aufgestellt, später im Langhaus der Klosterkirche. Im 17. Jh. wurden sie mit einem barocken Mausoleum umschlossen und erhielten eine farbige Fassung. Während der Revolution beschädigt und später restauriert, sind die Gräber heute im südlichen Querhaus aufgereiht.

Der Sarkophag ist als Paradebett mit der Liegestatue der Königin gestaltet; ihre Hände halten ein Gebetbuch, die Augen sind nur halbgeschlossen.

Elisabeth von Thüringen
Landgräfin (1207–1231)

Die ungarische Prinzessin widmete sich mit ihrem Gemahl, dem Thüringer Landgrafen Ludwig IV., der Wohltätigkeit. Nach seinem Tod von der Wartburg vertrieben, gab sie sich in ihrem Hospital zu Marburg mit äußerster Selbstlosigkeit der Krankenpflege hin; noch jung, erlag sie den Strapazen und harten Bußübungen.

Sie wurde in der Franziskuskapelle ihres Marburger Hospitals beigesetzt; wegen der gewaltigen Pilgerströme entstand über ihrem Grab schon bald der hochragende Bau der gotischen Elisabethkirche. Nach der Heiligsprechung übertrug man die Gebeine in deren Nordchor; das Haupt wurde in einem eigenen Reliquiar geborgen (j. im Historischen Museum von Stockholm). Über der Grabstelle erhebt sich ein Altar, dessen Stirnseite die Heilige auf dem Totenbett zeigt, umgeben von den Klagegestalten der von ihr betreuten Unglücklichen; Engel tragen ihre Seele empor. Seit dem Ende des 13. Jhs. wird er durch einen steinernen Baldachin hervorgehoben.

Die hochverehrten Gebeine ruhten seit 1249 im kostbaren Elisabethschrein. An seinen Längsseiten thronen Christus und die Apostel, auf den Schmalseiten Maria und Elisabeth; die Reliefs der Dachschrägen zeigen das Leben der Heiligen. In der Reformation ließ Landgraf Philipp von Hessen die Reliquien aus dem Schrein entfernen und auf dem Friedhof beisetzen.

● Erwin von Steinbach
Deutscher Baumeister (gest. 1318)

Nach inschriftlichem Zeugnis begann er mit dem Bau der Straßburger Münsterfassade; seine Söhne führten das Werk fort. Berühmt wurde der Meister durch Goethes Schrift „Von deutscher Baukunst".

Sein Grabstein befindet sich an der St.-Johanniskapelle im Leichhöfel des Straßburger Münsters; er wurde 1816 hinter einem Kohlenhaufen wiederentdeckt. Das Grab selbst verschwand im 18. Jh. beim Bau des benachbarten Priesterseminars.

● Eulenspiegel, Till
Niederdeutsche Narrengestalt (gest. angebl. 1350)

Mehrere Personen und Handlungsebenen – von der Welt des Adels bis zum Leben des „fahrenden Volkes" – verbinden sich in den Erzählungen von seinen (nicht immer) lustigen Streichen. Um 1500 im „Eulenspiegelbuch" zusammengefaßt, fanden sie in ganz Europa Verbreitung.

Seit dem 16. Jh. zeigte man an seinem legendären Todesort Mölln einen Grabstein, dessen Beschreibungen stark divergieren. Der heutige Stein (18. Jh.) trägt die Ritzzeichnung eines Mannes im Narrengewand mit Eule und Spiegel.

Mölln, Grabstein für Till Eulenspiegel

● Eyck, Jan van
Niederländischer Maler (gest. 1441)

Das Werk des burgundischen Hofmalers ist zugleich von Monumentalität und Detailfreude geprägt; allerdings bleibt sein Naturalismus religiösem Denken verhaftet. Der große Porträtist schuf das erste (bekannte) Selbstbildnis der abendländischen Kunst; angeblich Erfinder der Ölmalerei, beeinflußte er maßgeblich die Entwicklung der folgenden Jahrhunderte. Unter den Werken des Meisters ragen der „Genter Altar" (zusammen mit seinem Bruder Hubert) und die „Madonna des Kanzlers Rolin" (Louvre) hervor.

Er wurde in der Kathedrale von Brügge bestattet; dort setzte man ihm anstelle einer verlorenen Gedenktafel des 16. Jhs. ein Marmorepitaph mit seinem Bildnisrelief (1768), das bereits nach wenigen Jahren Umbauten zum Opfer fiel; die Domkirche selbst wurde 1799/1800 abgerissen.

● Ferdinand III. d. Hl.
König von Kastilien und León (1217/30–1252, geb. 1201)

Der Erbe der kastilischen Krone erwarb durch eine Abfindung an die Halbschwestern auch die Herrschaft über León; damit wurden beide Reiche endgültig vereint. Tatkräftig führte er die Reconquista fort und eroberte Córdoba und Sevilla. Seine Heirat mit der Staufertochter Beatrix begründete die Kaiserwahl seines Sohnes Alfons X.

Er hatte eine schlichte Ruhestätte in der Kathedrale von Sevilla gewünscht; stattdessen errichtete ihm Alfons X. ein Prunkgrab, überführte auch seine Gemahlin Beatrix aus Las Huelgas dorthin und ließ sich selbst bei den Eltern beisetzen. 1579 wurden die Gräber in die neue Königliche Kapelle übertragen. Anläßlich der Heiligsprechung Ferdinands (1671) erfolgte seine Umbettung; J. Laureano de Pina schuf (unentgeltlich) den reichdekorierten Sarkophag aus vergoldetem Silber, der an den Stufen zum Hochaltar der Capilla Real aufgestellt wurde; die gemauerte Basis trägt – ebenso wie das ursprüngliche Grab – den Lobpreis des heiligen Königs in Latein, Kastilisch, Arabisch und Hebräisch. Durch die kristallene Vorderfront ist der mumifizierte Leichnam sichtbar; Reste der arabischen Grabgewänder bewahrt die Armería Real zu Madrid, den ursprünglichen Sarg und das angebliche Schwert des Königs die Grabkapelle.

Assisi, S. Francesco

● Franziskus von Assisi
Ordensgründer (1181/82–1226)

Der reiche Jüngling wandte sich der Armut und Buße zu; schon bald sammelten sich Gleichgesinnte um ihn. Die Bestätigung ihrer Gemeinschaft durch → Innozenz III. begründete – gleichzeitig mit dem Wirken des → Dominikus – die neuartige Bewegung der Bettelorden als wirksame Waffe der Kirche gegen die „ketzerischen" Strömungen der Zeit. Zu den „Minderbrüdern" traten bald die Klarissen und die Laiengemeinschaft des 3. Ordens. Durch seine Liebenswürdigkeit und Sanftmut – auch gegenüber dem „Bruder im Tier" – wurde Franziskus zu einem der populärsten Heiligen des Abendlandes; bis heute begeht man den Welttierschutztag an seinem Sterbedatum.

Aus seinem ursprünglichen Grab in S. Giorgio zu Assisi übertrug man den Leichnam nach der Heiligsprechung in die neue Kirche S. Francesco (1230). Dort wurde er in einem schlichten Travertinsarkophag unter dem Hauptaltar der Unterkirche in einer kleinen Grabkammer – im Fels verborgen – beigesetzt. Da man die Stelle aus Furcht vor Reliquiensammlern nicht gekennzeichnet hatte, geriet seine Lage in Vergessenheit. Nach mehreren vergeblichen Versuchen wurde sie 1818 wiederentdeckt, das dort aufgefundene Skelett als die Gebeine des Heiligen identifiziert. Eine damals entstandene Krypta ersetzte man 1925/32 durch die heutige neoromanische Anlage, in deren Mitte sich die ursprüngliche Grabkammer erhebt.

● Fredegund
Fränkische Königin (gest. 596/97)

Die Gemahlin Chilperichs I. wurde zum Anlaß für blutige Konflikte unter den Merowingern, da der König die Heirat durch die Beseitigung seiner ersten Gattin, der Schwester → Brunichilds, ermöglichte hatte. Nach seiner Ermordung verteidigte Fredegund skrupellos die Rechte ihres kleinen Sohnes Chlothar II.

Sie wurde in der Vincentiusbasilika von Paris (j. St-Germain-des-Prés) bestattet. Die Deckplatte mit der Darstellung der Königin in polychromer steinerner Einlegearbeit (um 1160) gelangte während der Revolution in das Dépôt des Augustins, 1816 nach St-Denis (→ Dagobert); dort ruht sie im Norden des Chorumgangs.

● Friedrich I. Barbarossa
Kaiser und deutscher König (1152–1190, geb. um 1122)

Dem Staufer gelang die Versöhnung zwischen seinem Geschlecht und den Welfen, zudem der Ausbau seiner Territorialherrschaft in Deutschland. Der Versuch, die Reichsrechte in Italien wiederherzustellen, führte zum Krieg mit Mailand und dem Papsttum. Nach jahrelangem wechselvollen Ringen – 1162 wurde die rebellische Stadt zerstört, 1176 erlitt Barbarossa bei Legnano eine vernichtende Niederlage – konnte er weitgehend die kaiserliche Machtstellung behaupten. Um sein Leben durch die Befreiung Jerusalems zu krönen, brach er zum 3. Kreuzzug auf; nach dem Sieg bei Iconium kam er in den Fluten des Saleph ums Leben.

Sein Sohn Friedrich von Schwaben ließ das Fleisch des Verstorbenen durch Kochen ablösen – diese Form der Konservierung bezeichnete man als „mos teutonicus" (deutsche Sitte) – und im Petersdom von Antiochia bestatten; die Eingeweide wurden in Tarsus beigesetzt. Die Gebeine sollten in die Heimat zurückgeführt (die Grablegung der Kaiserin Beatrix im Dom zu Speyer läßt darauf schließen, daß auch Barbarossa hier seine Ruhestätte geplant hatte) oder in Jerusalem, dem Ziel des Kreuzzuges, bestattet werden; offenbar wegen der Schwierigkeiten des Transportes wurden sie jedoch in der Kathedrale von Tyrus beigesetzt. Alle drei Graborte fielen moslemischer Zerstörungswut zum Opfer.

Die Sage – ursprünglich mit → Friedrich II. verbunden – berichtet dagegen, der Kaiser harre im Inneren des Kyffhäusergebirges auf die Zeit, da Deutschland zu alter Herrlichkeit wiedererstehe.

Tyrus, Kreuzfahrerkathedrale; → Friedrich I. Barbarossa

● **Friedrich II.**
Kaiser und deutscher König (1212/15–1250, geb. 1194)

Der frühverwaiste Sohn → Heinrichs VI. und der → Konstanze von Sizilien gewann gegen den Welfen Otto IV. die deutsche Königswürde. In seinem süditalienischen Reich begründete er ein fast absolutistisches Staatswesen; dagegen war die Zersplitterung Deutschlands nicht mehr aufzuhalten. In kluger Diplomatie gewann er auf seinem Kreuzzug kampflos die heiligen Stätten in Palästina zurück. Der Krieg gegen den Lombardischen Bund wurde zum erbitterten Endkampf zwischen Kaisertum und Papsttum. Der plötzliche Tod des Staufers bedeutete das Ende der sakralen Kaiseridee des Mittelalters.

Der hochgebildete Herrscher gab zahlreiche Impulse für die Kunst seiner Zeit, etwa im oktogonalen Castel del Monte, und für die italienische Literatur, die am kaiserlichen Hof entstand; sein Buch über die Falkenjagd begründete die empirische naturwissenschaftliche Forschung. Den Zeitgenossen erschien er daher als „Stupor mundi", als „Staunen der Welt".

Bereits zu Lebzeiten hatte er zwei Porphyrsarkophage, die im Auftrag → Rogers II. für die geplante normannische Königsgrablege in Cefalù entstanden waren, für seinen Vater und die eigene Bestattung erworben und in den Dom von Palermo bringen lassen; hier wurde sein einbalsamierter Leichnam beigesetzt. Der rotsteinerne Sarg ruht auf Löwen und wird von einem Baldachin überfangen; im Giebel erscheint die normannische Krone, auf den Schrägen des Deckels Christus, Maria und die Evangelistensymbole. In den islamischen Trägerlöwen, der byzantinischen Ikonographie der Heiligen und der römischen Gestalt der Porphyrwanne spiegelt sich der sizilische Vielvölkerstaat der Staufer und Normannen. Stets frische Blumen am Grab bezeugen die ungebrochene Faszination, die noch heute von der Persönlichkeit des Kaisers ausgeht.

Gemeinsam mit den Sarkophagen Rogers II., Heinrichs VI. und Konstanzes befand sich das Monument des „Stupor mundi" ursprünglich im südlichen Querhaus. Bei der klassizistischen Umgestaltung der Kathedrale wurden die Grablegen an den heutigen Standort im rechten Seitenschiff verlegt. Als man dabei zur Erleichterung der Lasten die Deckel abnahm (1781), fand man im Sarkophag des Kaisers außer seinem guterhaltenen Leichnam und den Insignien – Krone, Sphaira und Schwert – auch die Körper Pedros II. von Aragón und einer unbekannten Frau. Gekleidet war der Staufer in ein weißes Gewand mit kufischem Schriftband, eine hellrote Seidendalmatika und einen mit kaiserlichen Adlern geschmückten roten Mantel sowie bestickte Stiefel.

● **Friedrich III.**
Kaiser und deutscher König (1440–1493, geb. 1415)

In seiner langwährenden Regierungszeit erwies sich der Habsburger als schwacher Herrscher; im Westen durch das aufstrebende Burgund bedrängt, verlor er gegen den ungarischen König → Matthias Corvinus Teile Österreichs und die Residenzstadt Wien. Als „kaiserliche Schlafmütze" verspottet, war er dennoch von dem Gefühl imperialer Berufung erfüllt. Durch die Heirat seines Sohnes Maximilian (I.) mit der Tochter → Karls des Kühnen leitete er die burgundische Erbschaft des Hauses Habsburg ein.

Die Eingeweide wurden an seinem Sterbeort Linz in der Stadtpfarrkirche beigesetzt, der Leichnam vorerst in der Herzogsgruft des Wiener Stephansdoms geborgen, da das von Friedrich selbst in Auftrag gegebene Grabmal (Niclaus Gerhaert von Leiden, 1467) noch nicht vollendet war. Erst 1513 konnte er in das – nach dem Innsbrucker Maximiliansgrab – großartigste Kaisermonument des Abendlandes übertragen werden, das sich im südlichen Seitenchor von St. Stephan erhebt.

Die Deckplatte zeigt den Habsburger in vollem Ornat, von den Wappen seiner Lande umgeben. An den Seitenwänden erscheinen die Klosterstiftungen des Verstorbenen, auf den Pfeilern die Kurfürsten als Stützen des

Palermo, Dom, Porphyrsarkophag Friedrichs II.

Reiches, am reichen Gesims trauernde Mönche nach dem Vorbild burgundischer Pleurants. Auf den Stufen west nächtliches Getier, Symbol für Vergänglichkeit und Tod; das Monument umschließt eine Balustrade mit 54 Heiligenstatuen.

● Gero
Markgraf der sächsischen Ostmark (937–965)

Von → Otto d. Gr. mit der Sicherung der Slawengrenze betraut, wurde er zu einer der wichtigsten Stützen der königlichen Ostpolitik. Seine Erfolge ermöglichten die Gründung der Bistümer Brandenburg und Havelberg; er unterwarf die Niederlausitz und zwang den polnischen Fürsten → Mieszko zur Anerkennung der deutschen Oberhoheit.

Er wurde in seiner Stiftung Gernrode beigesetzt; eine Pröpstin ließ ihm 1519 die spätgotische Sandsteintumba in der Vierung errichten. Die Deckplatte trägt seine gewappnete Gestalt, auf dem Sarkophag erscheint Maria mit Aposteln und Heiligen, unter ihnen die Stiftspatrone Cyriacus und Metronus.

● Giotto
Giotto di Bondone, Maler und Architekt (1266?–1337)

An zahlreichen Höfen tätig und bereits zu Lebzeiten weitberühmt, begründete er in revolutionärer Abkehr von der italobyzantinischen Tradition eine neuartige Form der Malerei: Seine Gestalten sind erzählerisch aufeinander bezogen und in den wiederentdeckten Raum gestellt; damit war der Weg beschritten zur Darstellung der wirklichen Welt in der Kunst der Renaissance. Zu den bedeutendsten Werken des Meisters zählen die Fresken in Assisi und Padua; in den letzten Jahren schuf er als Dombaumeister den Campanile zu Florenz.

Die Kommune ließ ihn ehrenvoll im alten Dom von Florenz bestatten. → Lorenzo de' Medici setzte ihm in der heutigen Kathedrale ein neues Monument (j. im rechten Schiff). Ein Relief zeigt den Meister bei der Arbeit an einem Mosaikbild – einer Kunst, die der Stifter des Grabmals in hohem Maße schätzte.

Gottfried von Bouillon
Führer des 1. Kreuzzuges (um 1060–1100)

Der Herzog von Niederlothringen wurde nach der Eroberung von Jerusalem zum ersten Herrscher des neuen Kreuzfahrerstaates gewählt, begnügte sich aber mit dem Titel „Schützer des Hl. Grabes". Später überhöhte ihn die mittelalterliche Legende; man zählte den Befreier der Heiligen Stadt unter die Neun Guten Helden.

Er wurde in der Vorhalle der Grabeskirche zu Jerusalem (→ Jesus Christus) beigesetzt; auch seine Nachfolger fanden hier die letzte Ruhe. Die Grabstätten fielen der orthodoxen Umgestaltung der Kirche nach dem verheerenden Brand von 1808 zum Opfer.

Gregor I. d. Gr.
Papst (590–604, geb. um 540)

In erfolgreicher Laufbahn zum Stadtpräfekten aufgestiegen, wandte er sich später dem mönchischen Leben zu. Energisch wirkte er nach seiner Wahl für die Armen und die Verbreitung des Glaubens; durch die erfolgreiche Verteidigung Roms gegen die Langobarden begründete er die spätere Stellung der Päpste als Stadtherren. Zugleich war er ein bedeutender Theologe, dessen Schriften bis in den Barock fortwirkten; er wird als Kirchenvater verehrt.

Er wurde im Portikus von Alt-St. Peter in einer Urne aus schwarz-weißem Granit beigesetzt. Gregor IV. ließ seine Gebeine in das südliche Seitenschiff der Basilika übertragen; → Pius II. bezog den verfallenen Altar und den Sarkophag des heiligen Vorgängers in sein nahegelegenes neues Andreas-Oratorium ein. Im 17. Jh. überführte man den Leichnam zum Hauptaltar der Cappella Clementina im südlichen Querhaus des neuen Petersdoms.

Gregor V.
Brun, Papst (996–999, geb. 972)

Auf Bitten der Römer von seinem Vetter → Otto III. als erster deutscher Papst erhoben, wahrte er trotz ihres guten Einvernehmens eine eigenständige Haltung. Durch den Stadtherren Crescentius vertrieben und vom Kaiser nach Rom zurückgeführt, starb er im folgenden Jahr.

Er wurde im linken Seitenschiff von Alt-St. Peter nahe dem Grab → Gregors d. Gr. beigesetzt. 1609 übertrug man seine Gebeine in die Vatikanischen Grotten; dort ruhen sie in einem reliefgeschmückten frühchristlichen Sarkophag.

Gregor VII.
Hildebrand, Papst (1073–1085, geb. um 1020/25)

Geprägt vom Geist der cluniazensischen Reformbewegung, erstrebte er die Lösung der Kirche von weltlichem Einfluß; in seinem „Dictatus Papae" beanspruchte er die päpstliche Herrschaft über das Abendland. Im Investiturstreit um die Besetzung der geistlichen Ämter zwang er → Heinrich IV. zum Bußgang nach Canossa; doch zog sich die Auseinandersetzung zwischen den Häuptern der Christenheit noch jahrzehntelang hin. Aus Rom vertrieben, starb der Papst im Exil in Salerno.

→ Robert Guiscard ließ ihn in der Vierung des Domes von Salerno in einem antiken Marmorsarkophag beisetzen. Bei einer Graböffnung (1578) wurde der Leichnam fast unversehrt aufgefunden und 1614 unter dem Altar der Kreuzfahrerkapelle in der rechten Apsis bestattet. Anläßlich einer Neugestaltung der Kapelle (1954) gehoben, diente der Sarkophag fortan als Altar. 2008 wurde die Grablege grundlegend umgestaltet: Den Leichnam umschließt nun ein gläserner Schrein, dahinter fand der ursprüngliche Sarkophag Aufstellung.

Gutenberg (eig. Gensfleisch), Johannes
Erfinder des Buchdrucks (um 1400–1468)

Zunächst befaßte sich der Sproß einer Mainzer Patrizierfamilie mit einem Prägeverfahren zur massenhaften Herstellung von Pilgerabzeichen; daraus erwuchs später der Buchdruck mit beweglichen Lettern. In seiner Heimatstadt begann er mit der Herstellung einer prachtvollen Bibelausgabe; nach einem Rechtsstreit fiel die Werkstatt seinem Geldgeber J. Fust zu. In bescheidenerem Rahmen setzte Gutenberg seine Arbeit fort.

Man bestattete ihn in der Franziskanerkirche zu Mainz; der Bau wurde 1742 abgerissen.

Harald II. Godwinson
König von England (1066, geb. um 1020)

Bereits zu Lebzeiten → Eduards des Bekenners der mächtigste Mann Englands, wurde der Earl von Wessex zu seinem Nachfolger gewählt. Wenige Tage nach dem Sieg über → Harald Hardrada, der ebenfalls die englische Krone beanspruchte, verlor er gegen den normannischen Herzog → Wilhelm (den Eroberer) bei Hastings Schlacht und Leben.

Unter der großen Zahl von Gefallenen konnte der Leichnam erst von einer ehemaligen Geliebten identifiziert werden. Vergeblich erbat seine Mutter den Körper zur Bestattung; auch das christliche Begräbnis blieb dem gebannten „Meineidigen" verwehrt. In ein Purpurgewand gehüllt, barg man ihn nahe dem Schlachtfeld an der Felsküste von Sussex unter einem Steinhaufen. In Haralds eigener Klosterstiftung Waltham zeigte man später bis zu ihrer Aufhebung in der Reformation sein Grab; möglicherweise wurden die Gebeine dorthin übertragen.

Harald Hardrada
König von Norwegen (1046–1066)

Zunächst als Söldnerführer in byzantinischen Diensten, erlangte er später die königliche Würde. Der berühmte Krieger erwies sich auch als bedeutender Herrscher; er gründete Oslo und ließ die ersten Münzen seines Landes prägen. Im Kampf um die englische Krone verlor er gegen → Harald Godwinson bei Stamford Bridge Schlacht und Leben.

Sein abgeschlagenes Haupt überbrachte man dem siegreichen Gegner; dieser gestattete die Überführung des Leichnams in die Heimat. Dort wurde der Heldenkönig in der Marienkirche von Drontheim (→ Olaf II.) beigesetzt.

Harun al-Raschid
Abbasidenkalif (786–809, geb. 766)

In den Erzählungen aus „1001 Nacht" zum Idealherrscher verklärt, symbolisiert er die höchste Blüte des abbasidischen Kalifates. Tatsächlich vermochte er jedoch erst spät die einflußreiche Wesirdynastie der Barmakiden zu entmachten. Die gemeinsame Gegnerschaft zu Byzanz und den spanischen Omayyaden führte zu diplomatischen Beziehungen mit → Karl d. Gr.; diese gipfelten in der Schenkung eines Elefanten an den Karolinger und der angeblichen Übertragung der heiligen Stätten in Jerusalem an die Franken.

Am Todesort Tus in Ostiran wurde er im Garten seines Palastes bestattet; heute zeigt man dort ein (unhistorisches) Mausoleum des Kalifen.

● Heinrich I.
Deutscher König (919–936, geb. um 876)

Durch seinen Gegner → Konrad I. wurde der mächtige Herzog von Sachsen in großer politischer Weitsicht zum Nachfolger bestimmt. Ihm gelangen die Wiedergewinnung Lotharingiens und Erfolge gegen die Slawen, zudem der erste bedeutende Sieg über die Ungarn bei Riade. Mit der Bestimmung seines Sohnes → Otto (d. Gr.) zum alleinigen Nachfolger wandte sich der König von der karolingischen Sitte der Erbteilungen ab.

Nach eigenem Wunsch wurde er vor dem Hauptaltar der Burgkapelle von Quedlinburg beigesetzt. An ihrer Stelle gründete seine Witwe Mathilde die Stiftskirche St. Servatius, wo sie selbst an der Seite des Gemahls die letzte Ruhe fand. In der Reformation wurden die Gräber durch Altarplatten im Boden gekennzeichnet. Erfolglos ließ die Äbtissin Anna Amalie, eine Schwester Friedrichs d. Gr., nach der Ruhestätte des Königs suchen; lediglich der Steinsarg Mathildes wurde wiederentdeckt. Wie Grabungen des 19./20. Jhs. zeigten, hatte man Heinrichs Sarkophag im 11. Jh. bei der Anlegung eines Reliquienschachtes entfernt; denkbar ist eine Umbettung der Gebeine in das benachbarte Grab seiner Enkelin, der Äbtissin Mathilde.

In tiefer Verehrung für den ersten deutschen König ließ H. Himmler nach dessen Überresten forschen; schließlich „identifizierte" man einen Skelettfund aufgrund eines Stirnbandes als Leichnam des Herrschers. Für ihn entstand ein neuer Sarkophag, der nach dem 2. Weltkrieg weichen mußte; an seiner Stelle wurden Reste eines Steinsarges in die Krypta verbracht, die man 1938 entdeckt und hypothetisch dem König zugeordnet hatte.

● Heinrich II.
Kaiser und deutscher König (1002–1024, geb. 973?)

In scharfer Abkehr von den visionären Zielsetzungen → Ottos III. verfolgte er eine kluge Realpolitik: In mehreren Feldzügen sicherte er die Ostgrenze gegen Polen und wahrte die deutsche Herrschaft in Italien; zudem führte er den Ausbau der Reichskirche als Stütze der königlichen Macht fort. Mit dem Tod des – angeblich gewollt – kinderlosen Herrschers erlosch das Geschlecht der Sachsenkaiser, die Salier traten ihr Erbe an.

Er wurde – wie später die Kaiserin Kunigunde – vor dem Kreuzaltar im Dom seiner Lieblingspfalz Bamberg bestattet, die ihm die Erhebung zum Bistum verdankte. → T. Riemenschneider schuf ihr Marmorgrab (1499–1513), das sich nach mehrfacher Versetzung heute am Zugang zum Ostchor erhebt. Auf der Deckplatte erscheint das kaiserliche Paar, die Sockelreliefs zeigen

Wunder aus seinem Leben. Bei einer Öffnung (1833) fand man nur wenige Überreste der Beigesetzten, da zahlreiche Reliquien entnommen waren. Die Kopfreliquiare beider Heiligen bewahrt der Domschatz.

Heinrich III.
Kaiser und deutscher König (1039–1056, geb. 1017)

Mit dem Sohn → Konrads II. erreichte das mittelalterliche Kaisertum den Gipfel seiner Macht. Den cluniazensischen Reformideen verbunden, ließ der Salier auf der Synode von Sutri drei unwürdige Päpste absetzen und den Bischof von Bamberg an ihrer Stelle erheben (1046); ihm folgten drei weitere Deutsche auf dem Thron Petri. Letztmals herrschte Eintracht zwischen beiden Häuptern der Christenheit; wenige Jahre nach dem Tod des Kaisers sollte sie in Canossa zerbrechen.

Man bestattete ihn im Dom von Speyer zur Linken des Vaters in einem schlichten Steinsarg; seine Witwe Agnes (die in der Petronilla-Kapelle bei Alt-St. Peter die letzte Ruhe fand) ließ später die drei Gräber zu einem höherragenden Monument verbinden. Herz und Eingeweide wurden im Reichsstift St. Simon, Judas und Matthias zu Goslar beigesetzt. Im 13. Jh. entstand eine neue Deckplatte mit dem Stifterbild des Kaisers, die nach dem Abriß der Kirche (1819) in die Ulrichskapelle der Pfalz gelangte; dort bekrönt sie eine neugeschaffene Tumba, in der die Metallkapsel mit seinem Herzen und der hölzerne Eingeweidesarg ruhen.

Heinrich IV.
Kaiser und deutscher König (1056–1106, geb. 1050)

Für den minderjährigen Sohn → Heinrichs III. führte zunächst seine Mutter Agnes die Regentschaft, später der Kölner Erzbischof Anno. Zur Herrschaft gelangt, rief er durch die tatkräftige Mehrung seiner Macht die fürstliche Opposition hervor; diese verband sich mit dem Reformpapsttum → Gregors VII. Im beginnenden Investiturstreit mußte sich der junge König in Canossa der Kirchenbuße unterwerfen, setzte jedoch den Kampf um die kaiserlichen Rechte bis zum Tod fort. Seine letzten Jahre waren überschattet von innerdynastischen Auseinandersetzungen, v. a. mit dem rebellischen Sohn → Heinrich (V.).

Er wurde zunächst an seinem Todesort Lüttich im Dom bestattet; da er jedoch im Kirchenbann gestorben war, mußte der Leichnam in ungeweihte Erde vor der Stadt umgebettet werden. Auch nach der Überführung in die kaiserliche Grablege zu Speyer (→ Konrad II.) stand der Sarg zunächst in der unvollendeten Afrakapelle; erst die Aufhebung des kirchlichen Verdiktes (1111) ermöglichte Heinrichs Beisetzung an der Seite seines Vaters.

● Heinrich V.
Kaiser und deutscher König (1106–1125, geb. 1086)

In einem Aufstand gegen seinen Vater → Heinrich IV. erhoben, konnte er sich erst nach dessen Tod als Herrscher durchsetzen. Der Versuch, die königliche Macht zu festigen, scheiterte am Widerstand der Fürsten; unaufhaltsam schritt die Zersplitterung Deutschlands voran. Dagegen gelang die Beendigung des Investiturstreites durch das Wormser Konkordat. Mit dem Tod des Kaisers erlosch das Geschlecht der Salier.

Seine Eingeweide wurden in der Kathedrale von Utrecht beigesetzt, der Leichnam im Dom zu Speyer (→ Konrad II.). Dabei erwies sich der rotsteinerne Sarkophag als zu klein für die Riesengestalt des Kaisers; daher wurde er am Fußende mit Backsteinen erweitert und in der Erde quer über den Särgen der beiden Vorgänger aufgestellt. Bei der Erforschung des Grabes fand man die Gebeine in großer Unordnung; das Haupt war verschwunden.

● Heinrich VI.
Kaiser und deutscher König (1190–1197, geb. 1165)

Durch die Hochzeit mit → Konstanze von Sizilien erlangte der Sohn → Friedrich Barbarossas auch die Herrschaft über das süditalienische Normannenreich; einen hohen Prestigegewinn ermöglichte ihm die Gefangennahme von → Richard Löwenherz, der England vom Kaiser zu Lehen nehmen mußte. Dagegen scheiterte der Versuch, in Deutschland ein erbliches Königtum zu begründen. Der frühe Tod des Staufers in Messina während der Rüstungen für einen Kreuzzug war eine der größten Katastrophen des deutschen Mittelalters.

Er wurde zunächst provisorisch am Todesort bestattet; erst nach der Lösung vom päpstlichen Bann konnte die feierliche Beisetzung im Dom zu Palermo erfolgen. → Friedrich II. ließ ihn später in einen der beiden Porphyrsarkophage umbetten, die er aus Cefalù in die Hauptstadt übertragen hatte.

Heinrich VII.
Kaiser und deutscher König (1308–1313, geb. 1278/9)

Er erreichte eine Versöhnung mit den rivalisierenden Habsburgern und Wettinern; durch die Heirat seines Sohnes Johann mit Elisabeth von Böhmen gewann er das reiche Land für das eigene Geschlecht. Der Italienzug des Luxemburgers – von → Dante begeistert begrüßt – gipfelte in der Kaiserkrönung; auf dem Rückweg erlag er der Malaria.

Er wurde in der kaisertreuen Stadt Pisa beigesetzt; sein monumentales Grabmal (Tino di Camaino, 1315) erhob sich im Chor des Domes. Über dem Grabaltar umschloß eine Kammer den schmucklosen Steinsarg; ihre Schauseite trug die Liegegestalt des Toten, von Aposteln umgeben; auf dem Baldachin erschien der Herrscher im Kreis seiner Räte. Von dem gotischen Monument blieben lediglich Fragmente: Auf dem Sarkophag, dem nun die Apostelgruppe vorgeblendet ist, liegt die Grabstatue, umschlossen von einer Blendnische. Nach mehrfacher Verlegung steht der Torso des Kaisergrabes heute im südlichen Querhaus; die nur unvollständig erhaltene Ratsszene bewahrt der nahe Camposanto, in dem das Grabmal von 1829 bis 1921 aufgestellt war. Bei seiner Öffnung (1727, erneut 1920) fand man kostbare Funeralinsignien und Gewänder mit eingewirkten Adlern und Löwen.

Heinrich II.
König von England (1154–1189, geb. 1133)

Durch die Heirat mit → Eleonore von Aquitanien begründete der erste Plantagenêt auf dem englischen Thron das glanzvolle Angevinische Reich. Irland wurde unterworfen, die Oberhoheit über Schottland und Wales erneuert; der König zählte zu den mächtigsten Herrschern Europas. Verwaltung und Justiz erfuhren grundlegende Reformen; der Streit mit der Kirche gipfelte dagegen in der Ermordung → Th. Beckets. Die letzten Lebensjahre überschattete ein erfolgreicher Aufstand seiner Söhne Richard und Johann.

Seinem Wunsch folgend, wurde er in der Abtei zu Fontevrault beigesetzt. Die Grabstatue des Königs ruht auf einem steinernen Prunkbett zur Linken der Gemahlin.

● **Heinrich V.**
König von England (1413–1422, geb. 1387)

Er führte die englischen Waffen in der zweiten Phase des Hundertjährigen Krieges zum grandiosen Sieg bei Azincourt. Von seinem französischen Schwiegervater Karl VI. zum Nachfolger bestimmt, starb er früh; sein Tod verhinderte eine mögliche Vereinigung beider Kronen.
 Vom Todesort Vincennes wurde der einbalsamierte Leichnam nach Westminster Abbey (→ Eduard der Bekenner) überführt; auf dem Leichenwagen thronte ein ledernes Abbild des Königs in vollem Ornat. Das Grabmal aus Purbeck-Marmor zieren die Patrone von England und Frankreich sowie Darstellungen seiner Krönung; auf einer hölzernen Schranke sind Helm, Schild und Sattel des Toten aufgestellt. Die Grabstatue wurde unter Heinrich VIII. schwer beschädigt; dabei verschwanden der aus massivem Silber gefertigte Kopf (1971 erneuert), die silbernen Insignien und die vergoldeten Silberplatten, die den Holzkern umschlossen hatten.

● **Heinrich der Seefahrer**
Infant von Portugal (1394–1460)

Um den moslemischen Zwischenhandel auszuschalten, förderte der Sohn → Johanns d. Gr. und Administrator des begüterten Christusritterordens die Suche nach einem Seeweg zu den Schätzen Indiens. Von Aberglauben gehemmt, begannen jahrzehntelange tastende Entdeckungsfahrten an den Küsten Afrikas. Die Landung Vasco da Gamas in Indien krönte schließlich das Werk des Infanten – Portugal war zur Weltgeltung aufgestiegen!
 In der Stifterkapelle des Klosters Batalha ruhen die Söhne Johanns d. Gr., die „Ínclita geração" (die „ruhmreiche Generation" der portugiesischen Geschichte), in gleichgestalteten Nischengräbern; die wappengeschmückten Sarkophage mit den Liegegestalten der Infanten werden von reichgeschmückten Kielbögen überfangen.

● **Heinrich der Löwe**
Herzog von Sachsen und Bayern
(1142/56–1180, geb. um 1129/30, gest. 1195)

Bei der Versöhnung mit den Staufern erhielt er die ererbten Herzogtümer zurück und weitete seine Macht nach Mecklenburg und Pommern aus. Zukunftweisend waren seine Stadtgründungen München und Lübeck; Braunschweig wurde zur Residenz ausgebaut. Aufgrund zahlreicher Rechtsbrüche, aber auch der Weigerung, → Friedrich Barbarossa gegen Mailand zu unterstützen, verfiel der Löwe der Reichsacht und mußte nach England ins Exil gehen; der Versuch, nach der Rückkehr die frühere Machtstellung wiederzuerlangen, scheiterte.

Das Grabmonument für Heinrich und seine englische Gemahlin Mathilde erhebt sich im Mittelschiff der Stiftskirche St. Blasius zu Braunschweig (j. Dom). Die Deckplatte (um 1245) über einer neuen Tumba zeigt das Herzogspaar mit idealisierten Zügen; so erscheint der Verstorbene ohne seinen mächtigen Bart. Die Gebeine bergen zwei Steinsärge in der Krypta.

Heinrich von Meißen (Frauenlob)
Deutscher Minnesänger (gest. 1318)

Bereits zu Lebzeiten weithin gerühmt, verkehrte er an königlichen und fürstlichen Höfen; den Namen verdankte er wohl dem „Marienleich", einer Umdichtung des Hohen Liedes. Sein „Minneleich" ist ein kunstvolles Preislied auf die Heilkraft der Frau.

Er wurde im Kreuzgang des Mainzer Domes beigesetzt; der Lobpreisungen des Dichters eingedenk, trugen ihn Frauen zu Grabe und ehrten die Ruhestätte mit reichen Weinspenden. Bei Bauarbeiten wurde der Grabstein zerstört (1774) und neun Jahre später durch eine ungenaue Kopie ersetzt; dabei fügte man einen zweiten Stein hinzu, dessen Relief die trauernden Frauen an der Bahre zeigt.

Herakleios
Byzantinischer Kaiser (610–641, geb. 575)

Durch den Sturz des grausamen Gewaltherrschers Phokas erlangte er die kaiserliche Würde. Seine Regierung war geprägt von langjährigen schweren Kämpfen gegen Perser, Awaren und Slawen; ihren Höhepunkt erreichte die Bedrohung in der Belagerung von Konstantinopel. Danach brach der Kaiser in erfolgreichen Feldzügen die sassanidische Macht und festigte den Staat durch grundlegende Reformen; das Reich erlebte eine kulturelle Blüte. Die letzten Jahre waren überschattet von der arabischen Invasion und dem Verlust großer Gebiete im Osten.

Er wurde in einem weißmarmornen Sarkophag im Mausoleum → Justinians I. bei der Apostelkirche zu Konstantinopel bestattet.

- **Hermann von Salza**
Hochmeister des Deutschen Ordens (um 1209–1239)

Vielfach wirkte der Vertraute → Friedrichs II. als Vermittler zwischen Kaiser und Papst. Sein Versuch, dem Orden im Burzenland (um Kronstadt) eine neue Heimat zu gewinnen, scheiterte; dagegen ermöglichte der Hilferuf Konrads von Masowien die Gründung eines eigenen Staates in Preußen. Das neue Land hat Hermann freilich nie betreten; er starb in Salerno.
 Er wurde in der (verlorenen) Kapelle seines Ordens zu Barletta bestattet.

- **Hildegard von Bingen**
Deutsche Mystikerin (1098–1179)

Schon zu Lebzeiten wurde die Vorsteherin des Klosters Rupertsberg bei Bingen als prophetische Mystikerin verehrt. Ihre theologischen Werke („Scivias") schildern eingehend die Visionen der Heiligen; zugleich hinterließ sie bedeutende medizinische Schriften.
 Zunächst wurde sie an unbekanntem Ort begraben; im 13. Jh. übertrug man die Gebeine in eine Gruft unter der Abteikirche von Rupertsberg, nach deren Zerstörung (1632) in das nahegelegene Tochterkloster Eibingen. Dort umschließt sie seit 1929 ein neuer Reliquienschrein in der Pfarrkirche St. Hildegard.

- **Hrabanus Maurus**
Erzbischof von Mainz (847–856, geb. um 780)

Der Schüler Alkuins stieg zum Abt des Klosters Fulda, später zum Erzbischof von Mainz auf. Den Ruhm als „Praeceptor Germaniae" verdankte er seiner Lehrtätigkeit und zahlreichen theologischen Schriften, die durch Jahrhunderte im gesamten Abendland weiterwirkten.
 Er wurde in St. Alban zu Mainz beigesetzt. Aus seinem vernachlässigten Grab ließ Kardinal Albrecht von Brandenburg die Reliquien nach Halle/S. überführen (1515); dort sind sie verschollen.

Hugo Capet
König von Frankreich (987–996, geb. um 939/41)

Beim Tod des kinderlosen Königs Ludwig V. wurde der mächtige Herzog von Franzien zum Nachfolger erhoben. Auch wenn die Wahl noch lange von den Angehörigen des letzten Karolingers angefochten wurde – mit seiner Krönung begann die Herrschaft der Kapetinger, die (mit ihren Nebenlinien) Frankreich bis in das 19. Jh. regieren sollten.

Bei der Neuordnung der Königsgräber von St-Denis (→ Dagobert) wurde er gemeinsam mit seinem Vorfahren → Odo im nördlichen Querhausarm beigesetzt (1263); das Grab fiel der Revolution zum Opfer.

Hunyadi, Johannes
Ungarischer Heerführer (1407/9–1456)

Mehreren ungarischen Königen diente er gegen Hussiten und Türken; der großangelegte Kreuzzug zur Vertreibung der Osmanen aus Europa scheiterte allerdings bei Varna. Durch den glänzenden Sieg bei Belgrad über → Mehmed II. sicherte er jedoch für Jahrzehnte Mitteleuropa vor der Türkengefahr; kurz darauf erlag der im ganzen Abendland bewunderte Feldherr der Pest.

Das Grab in der Kathedrale von Weißenburg (Alba Iulia) stiftete wahrscheinlich sein Sohn → Matthias Corvinus; im 17. Jh. wurde die Tumba beschädigt.

Hus, Johannes
Böhmischer Reformator (um 1371–1415)

Unter dem Einfluß der Schriften → Wyclifs verschärfte sich seine Kritik an kirchlichen Mißständen zur grundsätzlichen Ablehnung der geistlichen Hierarchie; diese radikale Lehre verband sich mit dem aufkommenden tschechischen Nationalismus. Bereits im päpstlichen Bann, reiste Hus zum Konzil nach Konstanz, um seine Thesen zu verteidigen; entgegen kaiserlicher Zusicherung wurde er dort als „Ketzer" verbrannt. Der Tod des Reformators löste die verheerenden Hussitenkriege aus.

Seine Asche wurde in den Rhein gestreut, um das Sammeln von Reliquien zu verhindern.

● **Hussein**
Enkel Mohammeds (gest. 680, geb. 626)

Bei dem Versuch, das Kalifenamt zu erlangen, erlag der Sohn → Alis bei Kerbela der feindlichen Übermacht. Noch heute genießt er bei den Schiiten als „Märtyrer" höchste Verehrung.

Das abgeschlagene Haupt wurde an den Omayyadenhof zu Damaskus gesandt. Der Rumpf wurde am Todesort bestattet, die Stelle schon bald das Ziel schiitischer Pilger; daher ließ der Kalif al-Mutawakkil das Grab zerstören; jeglicher Besuch war streng untersagt (850/51). Dennoch sind im 10. Jh. wieder Wallfahrten belegt; damals umschloß ein Kuppelbau die heilige Stätte. Im späten Mittelalter erwähnt der Weltreisende Ibn Battuta den silbernen Schrein des „Märtyrers"; der osmanische Sultan Murad III. ließ das verfallene Heiligtum erneuern (1583).

Heute umgibt ein weiter Hof die Grabmoschee; ihre Fassade ist durch Fayencen verkleidet, Kuppel und Minarettspitzen mit vergoldeten Kupferplatten belegt. Ein Umgang für die Pilger umschließt den rechteckigen Kernbau mit dem Silberschrein; die Gebeine wurden wahrscheinlich bei der Plünderung der Stadt durch die Wahhabiten (1801) zerstreut. Nach schiitischer Auffassung führt ein Grab in seiner Heilsnähe den Gläubigen in das Paradies. Wo das Haupt beigesetzt wurde, bleibt höchst umstritten; unter den zahlreichen Lokalisierungen werden u. a. Husseins Todesort und die Grabmoschee seines Vaters Ali in Nedschef genannt.

● **Innozenz III.**
Lothar von Segni, Papst (1198–1216, geb. 1160/61)

Von tiefem Sendungsbewußtsein erfüllt, beanspruchte er als „vicarius Christi" die päpstliche Herrschaft über das Abendland. Diesem Ziel diente auch die Stärkung seiner innerkirchlichen Macht, ebenso der Kampf gegen die zeitgenössischen „Häresien". Die Schwäche des Reiches nach dem Tod → Heinrichs VI. nutzte Innozenz zur Eroberung großer Teile Mittelitaliens und zum Eingreifen in den deutschen Thronstreit. Auf dem IV. Laterankonzil zeigte sich das mittelalterliche Papsttum auf dem Höhepunkt seiner Macht.

Sein Grab im Dom von Perugia wurde im 16. Jh. zerstört, die Gebeine zunächst in einem Metallkästchen in der Sakristei, später in der Cappella del Crocifisso geborgen. In Bewunderung für den großen Vorgänger ließ ihn Leo XIII. in die Lateranbasilika überführen (angeblich brachte ein Prälat die Überreste in einer Schachtel mit der Eisenbahn nach Rom). Das Grab im rechten Querhaus zeigt die liegende Gestalt des Papstes mit der „Betenden" und

„Kämpfenden Kirche"; in der Lünette erscheint Christus, an seiner Seite Franziskus und Dominikus.

Irene
Byzantinische Kaiserin (797–802, geb. um 752)

Zunächst regierte sie für ihren minderjährigen Sohn Konstantin VI.; auf dem Konzil von Nikaia erneuerte sie die Bilderverehrung. Später übernahm sie durch die gewaltsame Beseitigung des Sohnes die Alleinherrschaft. Dieser unerhörte Bruch mit der Tradition ermöglichte die Wiederbelebung des westlichen Kaisertums durch → Karl d. Gr. In einer Palastrevolution gestürzt, starb sie auf Lesbos in der Verbannung.

Sie wurde in ihrer Klosterstiftung auf der Insel Prinkipo beigesetzt; später ließ Michael III. die Gebeine in das Mausoleum → Justinians I. (→ Constantin I. d. Gr.) überführen.

Isidor von Sevilla
Bischof und Gelehrter (um 560–636)

Unter den zahlreichen Werken des hochgelehrten Bischofs ragen die „Etymologiae" hervor, ein Handbuch des gesamten Wissens seiner Zeit; von großem Wert sind die historischen Schriften als Quelle für die westgotische Geschichte. Sein Schaffen prägte für Jahrhunderte das wissenschaftliche Denken des Abendlandes.

Er wurde in seiner Bischofsstadt begraben, vielleicht in der Kirche des Hl. Vincentius. Die Gebeine wurden 1063 nach León übergeführt und in der Kirche Johannes' d. T. (j. S. Isidoro) beigesetzt.

Ivan I. Kalitá
Großfürst von Moskau (1325–1341, geb. um 1284)

Mit der Verlegung von Großfürstensitz und Metropolitenresidenz nach Moskau begann der Aufstieg der Stadt zum politischen Zentrum Rußlands. Vom Chan der Goldenen Horde mit der Eintreibung der Tribute beauftragt, bereicherte sich der Fürst selbst (daher sein Beiname „Geldbeutel"); das ermöglichte die Errichtung der ersten monumentalen Steinbauten im Kreml.

Dort ließ er als Herrschergrablege die Kathedrale des Erzengels Michael errichten (1333), die unter → Ivan III. durch den Bau Alovisio Nuovos ersetzt wurde (1505–8). Insgesamt sind hier in 46 Gräbern 54 Mitglieder des Herrscherhauses beigesetzt; ihre Ruhestätten wurden 1636/37 in Ziegelmauerwerk mit ornamentaler Kalksteinverkleidung erneuert und erhielten 1903 eine bronzene Einfassung. An der Südseite der Kirche liegt Ivan Kalità begraben.

● Ivan III. d. Gr.
Großfürst von Moskau (1462–1505, geb. 1440)

Die Oberhoheit der Goldenen Horde schüttelte er ab und vollendete weitgehend die „Sammlung der russischen Lande"; brutal wurde auch Nowgorod niedergeworfen. Nach der Heirat mit einer Palaiologenprinzessin beanspruchte er das Erbe des Byzantinischen Reiches; der neue Zarentitel bezeugte dies ebenso wie die kirchliche Lehre von Moskau als „Drittem Rom". Als würdige Nachfolgerin beider Kaiserstädte wurde seine Residenz mit großartigen baulichen Stiftungen gefördert.

Sein Grab liegt an der Südwand der Erzengel-Kathedrale (→ Ivan I. Kalità) im Moskauer Kreml.

● Jagiełło
Großfürst von Litauen (1377–1434) und König von Polen (1386–1434, geb. um 1351/52)

Durch die Heirat mit der polnischen Königin Hedwig erlangte er auch die Krone des Nachbarlandes; die Taufe des Großfürsten leitete die Christianisierung Litauens ein, dessen Regierung er seinem Vetter Witold überließ. Die Union beider Reiche veränderte grundlegend die strategische Situation in Osteuropa; dies ermöglichte den Sieg über den Deutschen Orden bei Tannenberg.

Die rotmarmorne Tumba in der Kathedrale von Krakau trägt die Liegestatue des Herrschers in hervorragendem Porträt, den Kopf auf einen Löwen gelagert; an den Seitenwänden erscheinen Wappenhalter, auf dem Sockel Hunde und Falken als Symbol seiner Jagdleidenschaft; der Aufsatz des Sandsteinbaldachins wurde in der Renaissance hinzugefügt.

● Jeanne d'Arc
(um 1412–1431)

Von „Stimmen der Heiligen" zur Retterin des Landes im Hundertjährigen Krieg berufen, führte das Bauernmädchen aus Lothringen die französischen

Truppen zum Entsatz des belagerten Orléans und geleitete den Dauphin → Karl (VII.) zur Krönung nach Reims. Im folgenden Jahr geriet sie in englische Gefangenschaft und wurde in Rouen als „Hexe" und „Ketzerin" verbrannt; bereits 1456 rehabilitiert, gilt die „Jungfrau von Orléans" heute als Patronin Frankreichs.

Die Asche wurde in die Seine gestreut, ebenso ihr Herz, das angeblich unversehrt geblieben war.

• Johann von Luxemburg
König von Böhmen (1310–1346, geb. 1296)

Durch die Heirat mit Elisabeth von Böhmen gewann der Sohn → Heinrichs VII. die Krone des reichen Landes. Während er dieses vernachlässigte, verfolgte sein sprunghafter Geist zahlreiche Projekte zur Mehrung der Hausmacht; allerdings gelang ihm lediglich der Erwerb Schlesiens. Bereits völlig erblindet, fiel der König auf französischer Seite bei Crécy.

Der siegreiche englische Herrscher ließ in seinem eigenen Zelt die Totengebete über dem Leichnam des tapferen Gegners sprechen. Die Eingeweide bestattete man in der Abtei von Valloires, dem Körper setzte sein Sohn → Karl IV. ein Prunkgrab im Kloster Altmünster zu Luxemburg. In den Kriegen des 16./17. Jhs. wurden Abtei und Grab mehrfach zerstört und erneuert, die Überreste des Königs jedoch stets gerettet. Beim Einmarsch der Revolutionstruppen (1795) versteckte man sie unter einem Holzstapel; später gelangten sie in den Besitz des Keramikfabrikanten Boch. Dieser schenkte die Gebeine dem preußischen Kronprinzen Friedrich Wilhelm (IV.), der ihnen – romantischem Denken verhaftet – nach einem Entwurf Schinkels eine neue Grabstätte in einer verfallenen Eremitenklause zu Kastel hoch über den Ufern der Saar stiftete (1838). Bereits damals bemühte sich das Großherzogtum Luxemburg um die Rückgewinnung des Leichnams; zum 600. Jahrestag der Schlacht von Crécy gestattete die französische Besatzungsmacht seine Überführung; in der Kathedrale von Luxemburg fand er die letzte Ruhe.

• Johann Ohneland
König von England (1199–1216, geb. 1167)

Der Bruder und Nachfolger von → Richard Löwenherz verlor die Normandie an → Philipp August von Frankreich; im Streit mit der Kirche und angesichts einer drohenden französischen Invasion mußte er sein Reich von → Innozenz III. zu Lehen nehmen. Der Versuch, die finanziellen Mittel der Krone zu mehren, entfremdete ihm Adel und Klerus; diese erzwangen eine Beschränkung der königlichen Macht in der Magna Charta.

Sein Grab vor dem Hochaltar der Kathedrale von Worcester wurde bei der Errichtung des neuen gotischen Chores an die Altarstufen verlegt. Auf der Deckplatte ruht die Liegegestalt des Königs, flankiert von den heiligen Bischöfen Oswald und Wulfstan. Im späten Mittelalter umschloß man den Steinsarg mit einem neuen Sarkophag; dabei fand man die Gebeine in einem kostbaren Ornat (1529). Eine zweite Graböffnung (1797) zeigte die Knochen in Unordnung, die wertvollen Beigaben waren verschwunden.

● Johann I. d. Gr.
König von Portugal (1385–1433, geb. 1357)

Gegen kastilische Thronansprüche nach dem Ende des Hauses Burgund wurde der natürliche Sohn → Peters I. zum König erhoben; sein Sieg bei Aljubarrota sicherte die Unabhängigkeit des Landes und begründete die Dynastie der Avis. Mit der Eroberung der nordafrikanischen Stadt Ceuta begann die Epoche der Entdeckungsfahrten nach Indien und damit der Aufstieg Portugals zur Weltgeltung.

Aufgrund eines Gelübdes vor der Schlacht hatte er in der Nähe von Aljubarrota das Kloster Batalha (!) gestiftet; hier wurde er in der Gründerkapelle beigesetzt. Unter einem herrlichen Sterngewölbe ruht auf acht Löwen der Doppelsarkophag mit den Liegestatuen und Wahlsprüchen des Königs und seiner Gemahlin.

● Johann Ohnefurcht
Herzog von Burgund (1404–1419, geb. 1371)

Der Sohn Philipps des Kühnen erlangte durch die Ermordung des Regenten Ludwig von Orléans für mehrere Jahre die Herrschaft über Paris; wegen der flämischen Handelsinteressen schloß er ein Bündnis mit → Heinrich V. von England und erkannte ihn nach dem Sieg bei Azincourt als französischen König an. Bei einem Treffen mit dem Dauphin → Karl (VII.) wurde der Herzog ermordet.

Das Monument in der Kartause von Champmol war ein Abbild der väterlichen Grablege; zu seinem weiteren Schicksal → Philipp der Kühne.

Johanna
Mythische Päpstin (9. Jh.?)

Nach legendärer Überlieferung steigt die gelehrte Frau unter Verheimlichung ihres Geschlechts zum „Papst" auf. Während einer Prozession stirbt sie bei der Geburt eines Kindes auf der Straße.

In der meistverbreiteten Version der Legende wird sie unmittelbar am Todesort nahe dem Lateran begraben; die Inschrift für einen antiken Mithraspriester galt als Grabstein der „Päpstin".

Johannes I. Tzimiskes
Byzantinischer Kaiser (969–976, geb. 924)

Der bedeutende Feldherr unterwarf Bulgarien und drang im Osten bis Palästina vor; das Reich erlangte die größte Ausdehnung seit dem Beginn der arabischen Expansion. Den Frieden im Westen besiegelte die Heirat seiner Nichte → Theophanu mit dem Sohn → Ottos d. Gr.

Er wurde in einem kostbaren Sarkophag in der Erlöserkapelle im Chalke-Palast beigesetzt.

Johannes II. Komnenos
Byzantinischer Kaiser (1118–1143, geb. 1087)

Erfolgreich führte er die Politik seines Vaters → Alexios I. fort; allerdings scheiterte der Versuch, den venezianischen Einfluß zu beschneiden, ebenso das Bündnis mit Lothar von Süpplingenburg und dem Papst gegen → Roger II. von Sizilien. Seine Erfolge im Osten des Reiches gipfelten in der Eroberung von Antiochia; auf einem weiteren Feldzug erlag der bedeutendste Komnenenkaiser einem Jagdunfall.

Er wurde im Pantokrator-Kloster zu Konstantinopel bestattet, das er selbst als dynastische Grablege gestiftet hatte. Zwischen zwei Kirchen, die dem Erlöser und der Gottesmutter geweiht waren, lag das von zwei Kuppeln überwölbte kaiserliche Mausoleum, das „St-Denis des Ostens"; Reste des kostbaren Marmorfußbodens bezeugen seine einstige Pracht. Wohl bei der Umwandlung des Klosters in eine Moschee (Zeyrek Camii) nach dem Fall von Konstantinopel wurden die Sarkophage zerschlagen, die Gebeine zerstreut.

● Johannes Buridanus
Philosoph (gest. 1358/60)

In dem vielzitierten Esel, der zwischen zwei Heuhaufen verhungert, lebt der Rektor der Universität von Paris sprichwörtlich fort bis in unsere Zeit; seine bedeutenden Kommentare zu den Hauptwerken des Aristoteles sind dagegen in Vergessenheit geraten.

Trotz seines Reichtums und Ansehens hatte er aus Demut eine Bestattung auf dem Armenfriedhof der Unschuldigen Kinder zu Paris gewünscht; nach Jahren setzte ihm dort ein ehemaliger Schüler das Grab. Spätere Überlieferung lokalisierte dagegen seine Ruhestätte in einer (ungenannten) Kirche der Stadt.

● Karl Martell
Fränkischer Hausmeier (um 688/9–741)

In schweren Kämpfen errang er die faktische Herrschaft über das gesamte Frankenreich, zuletzt sogar ohne den üblichen merowingischen Schattenkönig. Welthistorische Bedeutung erlangte sein Sieg über die Sarazenen bei Poitiers, dem er den ehrenden Beinamen („der Hammer") verdankte. In die Zukunft wies die Unterstützung für die Missionstätigkeit von → Willibrord und → Bonifatius in Germanien.

Er wurde in St-Denis (→ Dagobert) bestattet; → Ludwig IX. setzte ihm ein neues Grabmonument im südlichen Querschiff der Abteikirche (1264). Obwohl sich der Hausmeier zeitlebens mit der tatsächlichen Macht begnügt hatte, trägt seine Statue eine Krone.

● Karl d. Gr.
König der Franken und Kaiser (768–814, geb. 747?)

Er erweiterte das Frankenreich durch die Unterwerfung der Langobarden und Awaren; die Eroberung Sachsens in über dreißigjährigem Krieg vereinte die germanischen Stämme unter einer Herrschaft und ermöglichte so die spätere Entstehung Deutschlands. Als Herr des Abendlandes empfing Karl in Rom die Kaiserkrone; damit erneuerte er die Tradition des römischen Imperiums und begründete zugleich das mittelalterliche Kaisertum. Diesem Ziel diente auch die Wiederbelebung der antiken Kultur in der Karolingischen Renaissance. Von Deutschen und Franzosen („Charlemagne") gleichermaßen als Stammvater verehrt, gilt er bis heute als „Ahnherr Europas".

Noch am Todestag wurde er in der Pfalzkapelle zu Aachen beigesetzt, obwohl er selbst – freilich bereits zu Beginn seiner Regierung – den Wunsch geäußert hatte, wie sein Vater in St-Denis zu ruhen. Die exakte Lage des Grabes ist unbekannt; wahrscheinlich befand es sich im Atrium der Kapelle, durch einen vergoldeten Bogen mit Bild und Inschrift des Kaisers hervorgehoben.

Angesichts der Normannengefahr machte man die Grabstätte vermutlich unkenntlich (882). Nach mehreren Berichten – angeblich sogar von einem Augenzeugen – ließ → Otto III. seine Gruft öffnen: Dabei fand er – so heißt es – den Karolinger in vollem Ornat auf dem Thron; er ließ ihm die Fingernägel nachschneiden, die Gewänder erneuern sowie die einzig durch Verwesung zerstörte Nasenspitze in Gold ergänzen; ferner entnahm er dem Grab einige Reliquien. Die der römischen Antike wie dem Mittelalter unbekannte Form der Sitzbestattung, ebenso die auffallenden Übereinstimmungen mit den Berichten über den Besuch des → Augustus am → Alexandergrab lassen freilich erhebliche Zweifel an der Historizität dieser Schilderung aufkommen.

Wahrscheinlich ruhte der Kaiser im Proserpina-Sarkophag (2. Jh. n. Chr, j. im Domschatz). Anläßlich seiner Kanonisierung auf Betreiben → Friedrich Barbarossas wurde erneut die Grabstätte gesucht, den Gebeinen mit dem Karlsschrein eine würdige Hülle geschaffen. → Friedrich II. schlug 1215 den letzten Nagel in das kostbare Werk: Es zeigt an den Wänden sechzehn deutsche Herrscher, auf den Dachfeldern die Vita des „Heiligen Kaisers", an einer Schmalseite Maria zwischen Erzengeln, gegenüber Karl d. Gr. – mit den Zügen Barbarossas –, flankiert von Papst Leo III. und Erzbischof Turpin von Reims (j. im gotischen Chor über dem Kapitelaltar). Eine erneute Graböffnung stellte im 19. Jh. die ungewöhnliche Größe der Gebeine (1,92 m) fest.

● Karl II. der Kahle
Kaiser und westfränkischer König (843–877, geb. 823)

Im Vertrag von Verdun erhielt er den westlichen Teil des Karolingerreiches, aus dem später Frankreich hervorging. Von auswärtigen Feinden und inneren Gegnern bedroht, versuchte er seine Macht durch die Sakralisierung des Königtums zu festigen. Bei der Teilung des Mittelreiches Lotharingien gewann er Italien und die Kaiserwürde; dagegen scheiterte ein Angriff auf das ostfränkische Reich.

Zunächst im Kloster Nantua (Ostfrankreich) bestattet, wurde er 884 in den Chor von St-Denis (→ Dagobert) überführt. Die gotische bronzene Deckplatte (das erste figürliche Monument der französischen Herrschergrablege) zeigte seine Liegegestalt im kaiserlichen Ornat. In der Revolution wurde das Grab zerstört, die Gebeine neben der Kirche verscharrt; die Restauration führte sie (1816/17) an den früheren Ort zurück.

- **Karl III. der Dicke**
Kaiser und fränkischer König (876–888, geb. 839)

Durch den Tod der Brüder erlangte der Sohn → Ludwigs des Deutschen die Herrschaft über das ostfränkische Reich und Italien. Seine Berufung zum König des verwaisten Westreiches vereinte erstmals seit Jahrzehnten das gesamte karolingische Imperium; allerdings war die Entfremdung der Teilreiche bereits zu weit fortgeschritten, ihre dauerhafte Verbindung nicht mehr möglich. Das Versagen des Kaisers in der Normannengefahr führte zu seiner Entmachtung.

Sein Grab im Münster von Mittelzell auf der Insel Reichenau ist verloren; eine Gedenktafel bewahrt die Erinnerung.

- **Karl IV.**
Kaiser und deutscher König (1349–1378, geb. 1316)

Gegen → Ludwig den Bayern wurde er zum König erhoben und nach dessen Tod allgemein anerkannt. Während er auf eine aktive Italienpolitik verzichtete, erweiterte er zielstrebig die luxemburgische Hausmacht um Brandenburg und die Niederlausitz, Schlesien und die Oberpfalz. Zentrum seiner Lande war Prag, wo der Kaiser die erste deutsche Universität sowie bedeutende Bauten (Karlsbrücke, Veitsdom) stiftete. Mit der „Goldenen Bulle" erließ er die erste Verfassung des Reiches.

Nach eigenem Wunsch wurde er in der Königsgruft des Prager Veitsdomes bestattet. Sein Monument fiel wohl hussitischer Zerstörung (um 1420) zum Opfer. Bei mehreren Graböffnungen (16.–20. Jh.) fand man die einbalsamierte Leiche in einem schlichten Holzsarg. Rudolf II. ließ 1589 die Gebeine der böhmischen Herrscher in eine neue Gruft vor den Stufen des Presbyteriums unterhalb des Prunkgrabes für Ferdinand I. umbetten. Die königliche Grablege wurde 1928/35 umgestaltet, die Toten in neuen Sarkophagen beigesetzt.

Karl V. der Weise
König von Frankreich (1364–1380, geb. 1338)

Während der Gefangenschaft seines Vaters Johann des Guten führte er die Regentschaft; unter seiner eigenen Regierung loderte der Hundertjährige Krieg erneut auf. Dennoch konnte der König den Aufbau des Staates weiterführen; als großzügiger Mäzen der Künste und Wissenschaften ließ er u. a. Louvre und Bastille errichten.

Bereits zu Beginn seiner Herrschaft ließ er sich von A. Beauneveu ein Grabmonument für St-Denis (→ Dagobert) errichten. Die Liegegestalt des Königs ruht auf einer schwarzen Marmorplatte; die Insignien sind ebenso verloren wie die Statuetten von trauernden Geistlichen und Höflingen. Das benachbarte Grab seiner Gemahlin Jeanne de Bourbon wurde 1793 zerstört, ihr Standbild später durch die (deutlich kürzere) Statue aus der Eingeweidegruft des Coelestinerklosters ersetzt. Das Herzgrab Karls V. in der Kathedrale von Rouen wurde im 18. Jh. zerstört, das Eingeweidegrab aus der Abtei Maubuisson bewahrt der Louvre.

Karl VII.
König von Frankreich (1422–1461, geb. 1403)

Zunächst auf den Süden des Landes beschränkt, führte er den Kampf gegen England und Burgund fort. Der Entsatz des belagerten Orléans durch → Jeanne d'Arc brachte die Wende des Hundertjährigen Krieges; lediglich Calais blieb in englischer Hand. Zugleich wurden durchgreifende Reformen in Staat und Heerwesen durchgeführt.

Sein Grab im südlichen Querhaus von St-Denis (→ Dagobert) ist verloren.

Karl I. von Anjou
König von Sizilien (1266–1285, geb. 1226)

Vom Papst mit Sizilien belehnt, gewann er das reiche Land durch seine Siege über → Manfred und → Konradin; die Hinrichtung des jungen Staufers verdunkelt das Bild des Königs bis heute. Die hochfliegenden Pläne eines Reiches im östlichen Mittelmeerraum scheiterten durch die „Sizilianische Vesper": Ein Volksaufstand fegte die verhaßte französische Fremdherrschaft auf der Insel hinweg und beließ dem Anjou nur den Besitz des süditalienischen Festlandes.

Man bestattete ihn in der Kathedrale von Neapel, deren Neubau er selbst als dynastische Grablege gestiftet hatte. Robert der Weise setzte ihm ein repräsentatives Grabmal im Chor (1333). Nach seiner Zerstörung im 16. Jh. schuf D. Fontana zur Erinnerung an die verlorene Ruhestätte ein gewaltiges Monument an der Eingangswand der Kathedrale.

Das Herz wurde in die Heimat übergeführt und in der Jakobinerkirche zu Paris beigesetzt; das Grabmal – später nach St-Denis übertragen – zeigt die gewappnete Gestalt des Toten, das Herz in der Linken.

Karl der Kühne
Herzog von Burgund (1467–1477, geb. 1433)

Der Sohn → Philipps des Guten erstrebte die Vereinheitlichung seiner heterogenen Territorien in einem zentralistischen Staat. Um eine Landbrücke zwischen Burgund und den niederländischen Besitzungen zu schaffen, plante er die Eroberung von Elsaß und Lothringen. Unter französischem Einfluß traten die Eidgenossen seiner expansiven Politik entgegen; bei Grandson und Murten geschlagen, fiel der Herzog im folgenden Jahr vor Nancy. Sein Tod bedeutete das Ende des glanzvollen burgundischen Staates.

Zwei Tage nach der Schlacht wurde seine entstellte Leiche gefunden und mit allen Ehren in der Stiftskirche St-Georges zu Nancy bestattet; das Monumentalgrab im Chor fiel dem Abriß der Kirche im 18. Jh. zum Opfer. Karl V. erlangte 1550 die Erlaubnis, die Überreste seines Urgroßvaters in die Niederlande zu überführen. Dabei ging man jedoch mit geringer Sorgfalt vor: Einem beliebigen Grab – nicht der eigentlichen Gruft des Herzogs (!) – entnahm man Gebeine, die auch nicht die überlieferten schweren Kampfwunden aufwiesen, und überführte sie in die Liebfrauenkirche zu Brügge. Im Auftrag Philipps II. entstand dort ein Renaissancemonument mit der betenden Liegegestalt des kühnen Herzogs und genealogischem Dekor. In der Französischen Revolution aufgebrochen, wurde es 1806 in eine Seitenkapelle, 1979 an den ursprünglichen Standort im Hochchor umgesetzt.

Katharina von Siena
Mystikerin und Kirchenlehrerin (1347–1380)

Von Jugend an der Askese und dem Gebet zugewandt, trat sie in den Dritten Orden der Dominikanerinnen ein und widmete sich der Krankenpflege und religiösen Unterweisung. Später erteilte sie weltlichen und geistlichen Fürsten Ratschläge; Höhepunkt ihres politischen Wirkens war die langersehnte Rückkehr des Papstes nach Rom; dagegen verhallte ihr Ruf nach einer grundlegenden Reform der Kirche ungehört.

Sie wurde in der römischen Kirche S. Maria sopra Minerva am Hochaltar beigesetzt (das Haupt bewahrt die Kathedrale ihrer Heimatstadt). Seit 1855 ruht ihr Leichnam in einem Marmorsarkophag (15. Jh.) unter dem neogotischen Hauptaltar; die Deckplatte mit der Liegegestalt der Heiligen ist durch das Glas der Vorderseite sichtbar.

Knut d. Gr.
König von England, Dänemark und Norwegen (1016–1035, geb. um 995)

Nach dem Tod seines Vaters Sven Gabelbart erkämpfte er die Herrschaft in England; als Erbe des Bruders übernahm er die Krone in Dänemark, durch die Vertreibung → Olafs d. Hl. auch in Norwegen. Zentrum des Reiches wurde England; allgemein galt angelsächsisches Recht. Der König förderte die staatliche und kirchliche Organisation und ließ die ersten dänischen Münzen schlagen. Nach seinem Tod zerfiel das Reich; Norwegen hatte bereits zuvor die Unabhängigkeit wiedererlangt.

Er wurde in der alten Kathedrale von Winchester beigesetzt. Im 12. Jh. wurden die Gebeine mehrerer Könige (u. a. Knuts d. Gr.) in Steinkisten geborgen; seit dem 14. Jh. standen sie erhöht auf den Chorschranken. Im Englischen Bürgerkrieg brachen die Soldaten Cromwells die Särge auf und schleuderten die Knochen ins Freie; bei der erneuten Bestattung in den Kisten war eine genaue Zuordnung nicht mehr möglich.

Konrad I.
Ostfränkischer König (911–918)

Seine Erhebung zum König ließ die Erbansprüche der westfränkischen Karolinger unberücksichtigt und war damit ein Meilenstein auf dem Weg zu einem deutschen Staat. Durch den Widerstand der Stammesherzöge und die ungarische Bedrohung blieb der neue Herrscher weitgehend auf die Stammlande beschränkt; daher designierte er bei seinem Tod den mächtigen Herzog → Heinrich (I.) von Sachsen zum Nachfolger.

Er wurde in der Klosterkirche zu Fulda (j. Dom) nahe dem Kreuzaltar – der ersten Grablege des → Bonifatius – bestattet; eine Gedenktafel des 19. Jhs. bewahrt die Erinnerung an das verlorene Grab.

Konrad II.
Kaiser und deutscher König (1024–1039, geb. um 990)

Nach dem Ende der Ottonen begründete seine Wahl das neue Kaisergeschlecht der Salier. Tatkräftig sicherte Konrad die deutsche Herrschaft in Italien; zudem mehrte er seine Macht durch den Erwerb des Königreiches Burgund. Als dynastische Grablege wuchs am Rhein der gewaltige Dom von Speyer empor.

Seinem Wunsch folgend, wurde er dort vor dem Chor beigesetzt; er ruhte an der Seite der Kaiserin Gisela in einem roten Steinsarg, in seidene Gewänder gehüllt, eine bleierne Inschrifttafel unter dem Haupt. Die Eingeweide bestattete man in der Kathedrale von Utrecht.

Mit dem Salier begann die jahrhundertewährende Tradition der kaiserlichen Grablege im Dom zu Speyer. Die Ruhestätten des Stifterpaares – ursprünglich nur wenig über dem Boden erhoben – wurden nach dem Tod → Heinrichs III. mit dessen Grab zu einem höherragenden Monument verbunden. Eine grundlegende Neugestaltung des Königschores erfolgte anläßlich der Beisetzung → Heinrichs V.: Die älteren Grabstätten wurden mit einer Schicht aus Mörtelguß bedeckt, der Chor nahezu auf das heutige Niveau erhöht. Über den Kaisergräbern erhob sich das blockartige Saliermonument; seiner schlichten Form folgte ein weiteres gemeinsames Denkmal (14. Jh.) über den späteren Ruhestätten. Als letzter deutscher Herrscher wurde → Albrecht I. in Speyer bestattet (1309).

Bei der weitgehenden Zerstörung des Domes im Pfälzischen Erbfolgekrieg (1689) wurden die Grabmonumente von der französischen Soldateska zerschlagen, die Hälfte der Gräber erbrochen und ausgeraubt; lediglich die tiefergelegenen Ruhestätten der Salier blieben verschont. Danach bedeckte man den Boden des Königschores über den Grabstätten mit Steinplatten. Zu Beginn des 20. Jhs. wurden die Herrschergräber grundlegend erforscht; ihre Überreste bestattete man in einer neugeschaffenen Gruft, freilich – mit Ausnahme der salischen Ruhestätten – in veränderter Anordnung. Die Beigaben – u. a. Grabkronen und kostbare Textilien – bewahrt das nahegelegene Historische Museum der Pfalz.

Konrad III.
Deutscher König (1138–1151, geb. 1093)

Seine Wahl fand bei den rivalisierenden Welfen keine Anerkennung. Jahrelang wurde Deutschland durch den Krieg beider Geschlechter zerrissen, der durch die Episode der Weiber von Weinsberg Berühmtheit erlangte. Konrads ehrgeizige Pläne zur Eroberung Süditaliens scheiterten, ebenso sein Kreuzzug; erfolgreich war dagegen die Territorialpolitik des Königs, die den Weg für seinen Nachfolger → Friedrich Barbarossa bereitete.

Entgegen seinem Wunsch, in der kaiserlichen Grablege von Speyer zu ruhen, wurde er am Todesort Bamberg in der östlichen Krypta des Domes bestattet.

Konrad IV.
Deutscher König (1250–1254, geb. 1228)

Der Sohn → Friedrichs II. behauptete sich zu dessen Lebzeiten erfolgreich gegen die päpstlichen Gegenkönige. Nach dem Tod des Vaters wurde seine Stellung in Deutschland unhaltbar; daher nahm er sein Erbreich Sizilien in Besitz, starb jedoch wenig später.

Sein Grab am Hochaltar der Kathedrale von Messina wurde im 18. Jh. durch einen Brand zerstört.

Konradin
König von Sizilien (1266–1268, geb. 1252)

Der „letzte Staufer" versuchte seinen Anspruch auf das Königreich Sizilien gegen → Karl von Anjou durchzusetzen. Bei Tagliacozzo geschlagen, wurde er auf Geheiß des siegreichen Gegners auf dem Marktplatz von Neapel enthauptet.

Konradin und seine Gefährten wurden an der Küste verscharrt; ein christliches Begräbnis blieb ihnen verwehrt, lediglich ein Steinhaufen bezeichnete die Stelle. Zwei Jahre später gestattete Karl von Anjou in ihrer Nähe die Errichtung der Kirche S. Maria del Carmine; unter dem Hauptaltar ließ sein Sohn die Gebeine Konradins bergen. Von dort wurden sie 1847 in den Sockel der Statue (Entwurf: B. Thorvaldsen) übertragen, die als Stiftung Maximilians II. von Bayern an das Schicksal des unglücklichen Staufers gemahnt.

Konstantin XI. Dragases
Byzantinischer Kaiser (1449–1453, geb. 1405)

Der letzte byzantinische Kaiser fiel bei der Eroberung von Konstantinopel durch → Mehmed II. in heldenhaftem Kampf.

Man fand seinen Leichnam unter Bergen von Gefallenen; da er angesichts der Niederlage den kaiserlichen Ornat abgeworfen hatte, konnte er angeblich nur durch die goldenen Adler auf Schuhen und Beinschienen identifiziert werden. Das Haupt ließ der Sieger auf dem Augusteion zur Schau stellen, danach in die Städte Kleinasiens schicken; die Beisetzung des Rumpfes wurde den Griechen gestattet.

● Konstanze
Kaiserin und Königin von Sizilien (1154–1198)

Die Heirat der Tochter → Rogers II. und des Staufers → Heinrich VI. verband Sizilien mit dem Reich; dadurch verschärfte sich der Konflikt zwischen beiden Häuptern des Abendlandes. Nach dem Tod des Gemahls sicherte sie ihrem dreijährigen Sohn → Friedrich (II.) die Herrschaft über Süditalien, indem sie kurz vor ihrem Ableben Innozenz III. zu seinem Vormund bestimmte.

Sie ruht im Dom zu Palermo in einem Sarkophag aus kaiserlichem Porphyr, den ein Baldachin überfängt. Die Tympana sind mit Krone und Rosette, die Schmalseiten der Wanne durch Kreuz und Adler geschmückt. Diadem und staufisches Wappentier lassen darauf schließen, daß der Steinsarg ursprünglich für Heinrich VI. gefertigt wurde; nach dessen Umbettung in den Sarkophag aus Cefalù ließ Friedrich II. seine Mutter in dem nunmehr leeren Porphyrsarg beisetzen.

● Kyrill (Konstantin) und Method
Slawenapostel (826/27–869 und um 815–885)

Mit byzantinischer und päpstlicher Unterstützung predigten die Brüder bei den Chasaren, in Mähren und Pannonien. Auch wenn sich dort letztlich der deutsche Einfluß durchsetzte, wirkt ihre bedeutendste Leistung bis heute fort: die Schaffung des glagolitischen („kyrillischen") Alphabets und die Begründung der slawischen Kirchensprache. Daher werden sie neben → Benedikt von Nursia als Schutzpatrone Europas verehrt.

Unter seinem Mönchsnamen Kyrill starb Konstantin in Rom und wurde in S. Clemente begraben. Der (wahrscheinlich) ursprüngliche Grabort in der (j. unterirdischen) frühchristlichen Basilika ist durch eine Gedenktafel und ein modernes Mosaik gekennzeichnet.

Method wurde in seiner Bischofskirche in Großmähren bestattet; ihre Lage ist unbekannt. Seit dem 13. Jh. setzte man den Ort mit Velehrad (j. Staré Město) gleich; dort konnten die Fundamente zweier Kirchen sowie Gräber mit byzantinischen Beigaben freigelegt werden.

Leo IX.
Bruno von Egisheim und Dagsburg, Papst (1049–1054, geb. 1002)

Von seinem Vetter → Heinrich III. erhoben, leitete der bedeutendste Deutsche auf dem Thron Petri den Aufstieg des Reformpapsttums ein. Er begründete das Kardinalskollegium und beanspruchte die universale Amtsgewalt, freilich in Einklang mit der weltlichen Macht. Dagegen scheiterte sein Feldzug gegen die Normannen, ebenso die Versöhnung mit Byzanz: Drei Monate nach Leos Tod zerbrach die Einheit von Ost- und Westkirche.

Er wurde in Alt-St. Peter beigesetzt; über seinem Grab entstand schon bald ein Altar. Heute ruhen die Gebeine des kanonisierten Papstes im südlichen Querhaus des neuen Petersdoms.

Leon III.
Byzantinischer Kaiser (717–741, geb. um 685)

Der Begründer der Isaurischen Dynastie schlug die zweite Belagerung Konstantinopels durch die Araber zurück. Weit in die Zukunft wirkte die „Ekloge", das moderne Gesetzeswerk des Herrschers. Mit der Zerstörung der Christusikone am Tor des Kaiserpalastes begann der Bilderstreit, der das Reich durch Jahrzehnte erschüttern sollte.

Er wurde in einem weißmarmornen Sarkophag im Mausoleum → Justinians I. bei der Apostelkirche bestattet; → Constantin I. d. Gr.

Leopold V.
Herzog von Österreich (1177–1194, geb. 1157)

Durch den Erwerb der Steiermark und den Ausbau der Landesherrschaft mehrte der Babenberger seine Macht. Bei der Eroberung von Akkon auf dem 3. Kreuzzug wurde sein weißer Waffenrock vom Blut der Ungläubigen gerötet; als man den Gürtel löste, zeigte sich ein weißer Streifen auf rotem Grund – legendärer Ursprung der Fahne Österreichs. Bei diesen Kämpfen von → Richard Löwenherz beleidigt, rächte er sich durch die Gefangennahme des englischen Königs auf dessen Rückreise durch sein Herzogtum.

Er ruht unter einer schlichten Steinplatte im Kapitelhaus von Heiligenkreuz.

- **Lothar I.**
Kaiser und fränkischer König (840–855, geb. 795)

Bereits früh zum Mitregenten und Nachfolger bestimmt, übernahm er in den Aufständen gegen seinen Vater → Ludwig den Frommen eine führende Rolle. Nach dessen Tod mußte er im Vertrag von Verdun einer Reichsteilung zustimmen; dabei erhielt er ein Mittelreich, das sich von der Nordsee bis Italien erstreckte („Lotharingien"). Das heterogene Staatsgebilde blieb stets instabil und überlebte ihn nur um einige Jahre.

Sein Grabmal aus schwarzem Marmor erhob sich im Chor der Klosterkirche von Prüm; die Inschrift verfaßte → Hrabanus Maurus. Im 18. Jh. wurden die Gebeine entnommen und gemeinsam mit Heiligenreliquien in den Hochaltar eingefügt. 1874 stiftete Wilhelm I. seinem „Vorgänger" einen neuen schwarzen Marmorsarkophag.

- **Lothar von Süpplingenburg**
Kaiser und deutscher König (1125–1137, geb. 1075)

Nach dem Sieg über die staufischen Rivalen sicherte er energisch die Slawengrenze; die Ernennung → Albrechts des Bären und der Wettiner zu Markgrafen war wegweisend für die deutsche Ostsiedlung. Im kirchlichen Schisma führte er Innozenz II. nach Rom zurück. Ein Feldzug gegen das normannische Sizilien blieb erfolglos; auf dem Rückweg erlag der Kaiser einer Krankheit.

In seiner Stiftung Königslutter wurde er gemeinsam mit der Kaiserin Richenza und dem Schwiegersohn Heinrich dem Stolzen beigesetzt. Das mittelalterliche Grabmonument mit den Liegegestalten der Verstorbenen (13. Jh.) wurde nach seiner Zerstörung durch den Einsturz der gotischen Gewölbe in Stuck erneuert (1708). Unmittelbar östlich des barocken Monuments sind die eigentlichen Ruhestätten im Boden der Kirche bezeichnet. Reste der mittelalterlichen Grabfiguren werden unter der Westempore ausgestellt, einige der Beigaben bewahrt das Herzog-Anton-Ulrich-Museum zu Braunschweig.

- **Ludwig I. der Fromme**
Kaiser und fränkischer König (814–840, geb. 778)

Der Sohn → Karls d. Gr. blieb stets abhängig von wechselnden Ratgebern. In den späteren Jahren beherrschte ihn seine zweite Gemahlin Judith; die Bevorzugung ihres Sohnes → Karl (des Kahlen) vor den älteren Brüdern führte zu innerfränkischen Kriegen, die mit der Gefangennahme des Kaisers durch die Söhne und seiner zeitweiligen Absetzung den Tiefpunkt erreichten. Zu der inneren Krise kam die äußere Bedrohung durch Normannen und Slawen. Drei Jahre nach Ludwigs Tod zerbrach die Einheit des karolingischen Reiches im Vertrag von Verdun.

Sein Leichnam wurde nach Metz übergeführt und in der Kirche St. Arnulf bestattet, nach deren Abriß (1552) in die Dominikanerkirche übertragen. Das Nischengrab des Kaisers umschloß einen frühchristlichen Sarkophag mit der Darstellung des Zuges der Israeliten durch das Rote Meer; unter einem Baldachin ruhte seine Liegegestalt (12. Jh.). In der Revolution wurde das Monument zerschlagen (einige Fragmente im örtlichen Museum); den Sarkophag bewahrt die Kathedrale von Metz.

Ludwig II. der Deutsche
Ostfränkischer König (843–876, geb. um 805)

Nach erbitterten innerdynastischen Kriegen erlangte der Sohn → Ludwigs des Frommen bei der Reichsteilung von Verdun das Gebiet zwischen Rhein und Elbe, aus dem später Deutschland erwachsen sollte. Die energische Politik des Königs ermöglichte die Festigung des ostfränkischen Reiches, das durch die Teilung Lotharingiens im Vertrag von Meerssen bis zur Maas erweitert wurde.

Er ruhte in der „ecclesia varia" (Bunte Kapelle), die als Grablege an die Klosterkirche von Lorsch angefügt war. Der Bau wurde im Dreißigjährigen Krieg zerstört; seit 1964 bewahrt eine Gedenkplatte die Erinnerung.

Ludwig III. der Jüngere
Ostfränkischer König (876–882)

Der Sohn → Ludwigs des Deutschen wehrte nur wenige Wochen nach dessen Tod bei Andernach einen Angriff → Karls des Kahlen ab; durch sein Eingreifen in westfränkische Erbfolgestreitigkeiten gewann er im Vertrag von Ribémont den westlichen Teil Lotharingiens.

Er wurde an der Seite Ludwigs des Deutschen im Kloster Lorsch bestattet.

Ludwig IV. das Kind
Ostfränkischer König (900–911, geb. 893)

Der Sohn → Arnulfs von Kärnten ließ sich stets von seinen geistlichen Ratgebern beherrschen. Die Stammesherzöge erlangten zunehmende Unabhängigkeit, ungarische Raubscharen fielen in Deutschland ein. Mit dem Tod des Königs endete die ostfränkische Linie der Karolinger.
 Seit dem 11. Jh. beanspruchte das Kloster St. Emmeram in Regensburg, seine Gebeine zu besitzen. Tatsächlich ist der Bestattungsort des jungen Königs unbekannt.

Ludwig IV. der Bayer
Kaiser und deutscher König (1314–1347, geb. 1281/2)

In einer Doppelwahl mit Friedrich dem Schönen erhoben, setzte er sich nach mehrjährigem Krieg gegen den Rivalen durch; seine Hausmacht mehrte er durch den Erwerb von Brandenburg, Holland und Tirol. Im Kampf mit dem Papsttum – als letzter Kaiser des Mittelalters wurde er gebannt – proklamierte er die Unabhängigkeit der deutschen Herrscher von der Kurie. Einen Krieg mit dem von → Clemens VI. gestützten Gegenkönig → Karl (IV.) verhinderte der plötzliche Tod des Wittelsbachers.
 Er wurde in München hinter dem Hochaltar der alten Frauenkirche beigesetzt; das Grab ist verloren. Beim Neubau der Kirche entstand als Kenotaph ein spätgotisches Hochgrab (um 1490) im Chor, von dem lediglich die rotmarmorne Deckplatte mit der thronenden Gestalt des Verstorbenen erhalten blieb. Diese ließ Maximilian I. in das Renaissancemonument aus schwarzem Marmor einbeziehen, das er seinem Ahnherrn ebenfalls im Chor errichtete (j. im südlichen Seitenschiff). Grabwächter und bayerische Herzöge umstehen ein „castrum doloris", dem Dach ist die Kaiserkrone mit den Allegorien von „Weisheit" und „Tapferkeit" aufgesetzt.

Ludwig IX. d. Hl.
König von Frankreich (1226–1270, geb. 1214)

Zunächst unter Vormundschaft seiner Mutter Blanca von Kastilien, sicherte er als Herrscher das Languedoc durch einen erfolgreichen Feldzug gegen aufständische Vasallen. Vergeblich versuchte er im Endkampf zwischen Kaiser und Papst zu vermitteln. Ein Kreuzzug nach Ägypten endete in einer katastrophalen Niederlage; der König mußte sich aus moslemischer Gefangenschaft freikaufen. Auf einem weiteren Zug gegen Tunis erlag er einer Seuche. Bedeutendste Stiftung des frommen Herrschers war die Ste-Chapelle zu Paris.

Die Gebeine und (wahrscheinlich) das Herz wurden in St-Denis (→ Dagobert), Fleisch und Eingeweide in Monreale auf Sizilien beigesetzt. Wenige Jahre nach seinem Tod entstand in der französischen Herrschergrablege anstelle der – vom König selbst gewünschten – ursprünglichen schlichten Steinplatte ein Grabmonument, das den Zeitgenossen als einzigartig galt. Es wird als Metallplatte aus Silber und Gold mit der Liegegestalt des Königs beschrieben; bereits zu Beginn des 15. Jhs. ging es verloren.

Nach der Heiligsprechung wurden seine Gebeine in einen Schrein hinter dem Hochaltar umgebettet (der wohl der Revolution zum Opfer fiel), der Schädel in die Ste-Chapelle übertragen; bis 1926 hielt sich hartnäckig die Sitte, Teile des Leichnams als Reliquien zu verschenken. Die Eingeweide bewahrte bis 1860 der Dom zu Monreale; der letzte Bourbonenherrscher Siziliens führte sie in das Exil mit und vermachte sie testamentarisch den Weißen Vätern für ihre Kathedrale in Karthago – nahe dem Todesort des heiligen Königs.

● Ludwig XI.
König von Frankreich (1461–1483, geb. 1423)

Gegen erbitterten Widerstand des Adels festigte er die Monarchie. Die Bedrohung durch die burgundische Macht endete mit dem Tod → Karls des Kühnen. Diesen nutzte der König zur Eroberung des Herzogtums Burgund; dagegen konnte Maximilian (I.) die Niederlande behaupten. Mit diesem Konflikt begann der jahrhundertewährende Zwist zwischen Frankreich und dem Haus Habsburg.

Er wurde im Altarraum der Stiftskirche Notre-Dame-de-Cléry (bei Orléans) beigesetzt, die er zu seiner Grablege bestimmt und der Ste-Chapelle gleichgestellt hatte. Das Grabmal aus vergoldetem Kupfer – vom König selbst entworfen – zeigte ihn als jugendlichen Jäger mit einem Hund vor dem Gnadenbild Mariens, das er oftmals zum Gebet aufgesucht hatte. Das Monument fiel den Hugenotten zum Opfer, ebenso die Gebeine des königlichen Paares (1562); lediglich der Schädel des Herrschers blieb erhalten, durch einen Spiegel im Boden der Kirche sichtbar. Seit dem 17. Jh. gemahnt ein Kenotaph mit der betenden Gestalt des Königs an die ursprüngliche Grabstätte.

● Ludwig I. d. Gr.
König von Ungarn (1342–1382, geb. 1326)

Der Anjouherrscher dehnte die ungarische Macht auf Bosnien, Bulgarien und die Walachei aus. Im Krieg gegen Venedig gewann er Dalmatien; auch Neapel unterstand kurzzeitig seinem Einfluß. Zudem erlangte er durch Erbschaft die polnische Krone. Für einen Türkensieg stiftete der König in Mariazell eine gewaltige gotische Hallenkirche, die später zum habsburgischen Reichsheiligtum aufstieg.

In tiefer Verehrung für den Begründer des ungarischen Staates ließ er sich in Stuhlweißenburg (→ Stephan I. d. Hl.) bestatten; rotmarmorne Fragmente seines Grabmals sind in der Arkadengalerie des Ruinengartens ausgestellt.

● Ludwig der Springer
Graf von Schauenburg (gest. 1123)

Nach legendärem Bericht gründete der Ahnherr der ludowingischen Landgrafen von Thüringen die Wartburg; den Namen verdankte er angeblich einem kühnen Sprung in die Saale, der ihn aus der Haft auf Burg Giebichenstein rettete.

Als Hauskloster seiner Familie gründete er in der Nähe ihres Stammsitzes auf der Schauenburg die Benediktinerabtei Reinhardsbrunn. Hier starb er als Mönch und wurde im Chor der Klosterkirche beigesetzt; diese wurde zur Grablege der Ludowinger. Die ursprünglichen Grabsteine der Landgrafen ersetzte man im 14. Jh. durch neue Steinplatten mit bildlichen Darstellungen der Verstorbenen. Nach dem Ende des Klosters im 16. Jh. gelangten die Grabmäler nach Gotha; 1614 wurden sie zurückgeführt und an die Außenmauer der neuen Schloßkirche von Reinhardsbrunn gesetzt, im 19. Jh. in die neoromanische Schloßkapelle übertragen. Von dort verbrachte man sie nach dem 2. Weltkrieg in die Georgenkirche zu Eisenach; die Steinplatte Ludwigs des Springers ist durch das Stiftermodell hervorgehoben.

● Maimonides
Jüdischer Religionsphilosoph (1135–1204)

Aus seiner Vaterstadt Córdoba geflohen, wirkte er später in Kairo als Arzt und Richter. Sein religionsphilosophisches Werk – von aristotelischem Denken geprägt – übte tiefen Einfluß auf die abendländische Scholastik aus.

Er liegt auf den Anhöhen oberhalb von Tiberias begraben.

Manfred
König von Sizilien (1258–1266, geb. 1232)

Nach dem Tod → Friedrichs II. übernahm sein illegitimer Sohn die Regentschaft im Königreich Sizilien; ein Gerücht vom Tod → Konradins veranlaßte ihn, sich selbst zum Herrscher zu erheben. Angesichts der wachsenden Macht des Staufers übertrug der Papst sein Reich auf → Karl von Anjou; gegen ihn verlor Manfred bei Benevent Schlacht und Leben.

Sein siegreicher Gegner ließ ihn auf dem Schlachtfeld ehrenvoll bestatten und über dem Grab Steine aufhäufen. → Dante beklagt, daß die Gebeine auf päpstlichen Befehl aus ihrer Ruhestätte gerissen und an den Ufern des Verde verstreut wurden; doch ist die Historizität dieser Grabschändung umstritten.

Manuel I. Komnenos
Byzantinischer Kaiser (1143–1180, geb. 1118)

Der bedeutende Feldherr und Staatsmann weitete seine Macht über Serbien, Kroatien und Dalmatien aus. Große Teile Kleinasiens wurden erobert, die Kreuzfahrerstaaten unterstellten sich dem Kaiser; lediglich die Rückgewinnung Italiens scheiterte. Unter dem Bewunderer des abendländischen Rittertums erlebte das Reich eine wirtschaftliche und kulturelle Blüte. Das Werk von Jahrzehnten vernichtete die katastrophale Niederlage gegen die Seldschuken bei Myriokephalon; sie bedeutete das Ende der byzantinischen Großmacht.

Mit seiner Gemahlin Bertha von Sulzbach, der Tante → Friedrich Barbarossas, wurde er im Herrschermausoleum des Pantokratorklosters (→ Johannes II. Komnenos) beigesetzt. Den Deckel des Sarkophages fand man 1750 im Neuen Saray (j. Topkapi); er wies die (einzigartige) Gestalt einer Kirche mit sieben Kuppeln auf. Eine rote Marmorplatte, auf der man angeblich nach der Kreuzabnahme den Leib Christi gesalbt hatte, stand wegen ihrer heilsgeschichtlichen Bedeutung und Auferstehungssymbolik in unmittelbarer Nähe des Kaisergrabes.

Margarete
Königin von Dänemark, Norwegen und Schweden (1353–1412)

Die Tochter → Waldemars IV. wurde durch den Tod ihres Sohnes Reichsverweserin von Dänemark und Norwegen; im Krieg gegen Albrecht III. gewann sie zudem die schwedische Krone. Auch wenn sie ihren Großneffen Erich von Pommern in Kalmar zum König der neuen Union der nordischen Länder krönen ließ, blieb sie ihre tatsächliche Regentin; energisch wirkte sie für die Festigung der Monarchie und die Wahrung des inneren Friedens.

Sie wurde zunächst im Zisterzienserkloster Sorø bestattet, ein Jahr später nach Roskilde übergeführt und im Kanonikerchor der Domkirche beigesetzt. Auf einem schwarzen Marmorsarkophag ruht die Alabasterstatue der Königin; bei einer Untersuchung mit Sonden (1950) wurde in seinem Inneren ein Bleisarg festgestellt. Der Baldachin mit den Wappen der nordischen Union ist erneuert, auch die Liegegestalt und die Heiligenstatuen auf der Tumba sind stark restauriert.

● **Margarete Maultasch**
Gräfin von Tirol (1318–1369)

Die Erbin der Grafschaft Tirol war zunächst mit dem Bruder → Karls (IV.), später dem Sohn → Ludwigs des Bayern vermählt. Nach dem Tod ihres Sohnes übertrug sie das Land den nächstverwandten Habsburgern. Berühmt wurde sie durch ihren bereits im Mittelalter überlieferten, bis heute ungedeuteten Beinamen.

Ihr Grab in der Wiener Minoritenkirche ist verloren.

● **Martin V.**
Oddo Colonna, Papst (1417–1431, geb. 1367)

Seine Wahl auf dem Konzil zu Konstanz beendete das Große Abendländische Schisma. Mit der Reform der Kirche „an Haupt und Gliedern" beauftragt, gelangte er über erste Ansätze nicht hinaus. Dagegen reorganisierte er den Kirchenstaat und ließ zahlreiche Bauten Roms erneuern; das Papsttum wurde wieder ein Machtfaktor der italienischen Politik.

Er wurde in der Lateranbasilika im Boden des Mittelschiffs bestattet; die bronzene Deckplatte zeigt die liegende Gestalt des Papstes. Seit 1853 erhebt sich das Grabmal in der Confessio vor dem Hauptaltar; in der Tradition des Peterspfennigs steht der heute noch geübte Brauch, Münzen auf das Monument zu werfen.

Mathilde von Tuszien
Markgräfin (1071–1115, geb. 1046)

Die fromme Anhängerin der cluniazensischen Reformbewegung unterstützte → Gregor VII. im Investiturstreit; auf ihrer Burg Canossa unterwarf sich → Heinrich IV. dem päpstlichen Willen. Der Streit zwischen Kaiser und Papst um ihre Ländereien („Mathildische Güter") währte bis in das 13. Jh.
 Sie wurde in der Abtei S. Benedetto di Polirone (bei Mantua) beigesetzt; den ursprünglichen Steinsarg bewahrt der Vorraum der Sakristei. Papst Urban VIII. ließ die Gebeine in den Petersdom übertragen (1633) und stiftete ihnen im nördlichen Seitenschiff ein prunkvolles Grab (Entwurf: G. Bernini). Über dem Sarkophag mit der Canossaszene erscheint die Markgräfin in jugendlicher Schönheit; mit schirmender Hand umfaßt sie Tiara und Schlüssel.

Matthias Corvinus
König von Ungarn (1458–1490, geb. 1443)

Der Sohn des → Johannes Hunyadi festigte die königliche Macht gegen den Hochadel; eine wirtschaftliche Blüte ermöglichte reiches kulturelles Schaffen: In Ofen (Buda) und Visegrád entstanden glänzende Renaissancehöfe, die „Bibliotheca Corviniana" war in ganz Europa berühmt. Von → Friedrich III. gegen Georg von Podiebrad um Hilfe gerufen, gewann er Mähren, Schlesien und die Lausitz; seine Wahl zum böhmischen König blieb dagegen folgenlos. Im Krieg gegen den früheren habsburgischen Verbündeten eroberte er Wien, das bis zum Tod seine bevorzugte Residenz blieb. Die Herrschaft des Königs gilt als Höhepunkt der ungarischen Geschichte.
 Sein Leichnam wurde vom Todesort Wien in die königliche Grablege von Stuhlweißenburg (→ Stephan I. d. Hl.) übergeführt und dort in der unvollendeten Familienkapelle bestattet.

de' Medici, Cosimo d. Ä.
Florentiner Bankier und Politiker (1389–1464)

Als Sachwalter der popolaren Richtung stieg er zum heimlichen Herrscher der Stadt auf; seine Macht beruhte weniger auf politischen Ämtern als vielmehr dem Reichtum und persönlichen Einfluß. Der große Kunstmäzen legte den Grundstein für die einzigartige Bedeutung von Florenz im Zeitalter der Renaissance.

Er ruht in einer Gruft unter der Vierung von S. Lorenzo, der Familiengrablege der Medici; die marmorne Deckplatte des Sarkophages, ein Frühwerk Verrocchios, ist im Fußboden der Kirche sichtbar.

● de' Medici, Lorenzo il Magnifico
Florentiner Bankier und Politiker (1449–1492)

Wie seine Vorfahren übte er die Macht als persönliche Herrschaft aus, ohne die republikanische Verfassung zu ändern. Die führende Rolle von Florenz als Garant des politischen Gleichgewichts in Italien ermöglichte eine einzigartige kulturelle Blüte; sie begründete Lorenzos Ruhm als Muster eines kunstsinnigen Renaissancefürsten.

Seinen Sarg bewahrte die Alte Sakristei von S. Lorenzo bis zur Errichtung eines würdigen Grabmals, das jedoch wegen der folgenden Wirren nie ausgeführt wurde. Erst 1559 bettete man die Gebeine in einen schlichten Marmorsarkophag an der Eingangswand der Neuen Sakristei um; dort wurde er im 19. Jh. wiederentdeckt und mit der heutigen Inschrift bezeichnet.

● Mehmed II. der Eroberer
Osmanischer Sultan (1451–1481, geb. 1432)

Zu Beginn seiner Herrschaft eroberte er Konstantinopel, das zur neuen Hauptstadt des Reiches wurde; danach unterwarf er Serbien und Albanien, die Donaufürstentümer, das byzantinische Kaisertum von Trapezunt und große Teile Anatoliens. Die Einnahme von Otranto sollte die Eroberung Italiens einleiten, blieb aber durch seinen Tod ohne Folgen. Der Sultan erwies sich als großer Bauherr und neuen Ideen aufgeschlossen; so ließ er sich (als Moslem!) von G. Bellini porträtieren.

Der Sultan ließ die altehrwürdige Apostelkirche zu Konstantinopel (→ Constantin d. Gr.) abreißen und durch einen Moscheebezirk ersetzen, in dem auch sein Mausoleum lag. Im 18. Jh. wurde der Komplex nach schwerem Erdbeben weitgehend erneuert; damals entstand auch die heutige Türbe des Eroberers.

Michael VIII. Palaiologos
Byzantinischer Kaiser (1259–1281, geb. 1224/25)

Durch die skrupellose Entmachtung Johannes' IV. begründete er die letzte Dynastie der byzantinischen Geschichte. Seine Erfolge gegen die Lateiner gipfelten in der Rückeroberung von Konstantinopel mit genuesischer Hilfe. Die Bedrohung durch die ehrgeizigen Pläne → Karls von Anjou vermochte er durch geschickte Diplomatie zu vereiteln. Nach seinem Tod verfiel das Reich endgültig.

Er wurde in der Nea Mone bei Rhaidestos im Norden des Marmarameeres bestattet; wegen der Bedrohung durch die Mongolen ließ ihn Andronikos II. in das Erlöserkloster von Selymbria überführen.

Mieszko I.
Fürst von Polen (um 960–992)

Der erste (bekannte) Herrscher Polens mußte die deutsche Oberhoheit anerkennen; die Treue des Fürsten zum Reich wurde mit der Förderung seiner territorialen Ambitionen belohnt. Durch die Annahme des Christentums führte er das Land in die Gemeinschaft der abendländischen Völker.

Er wurde in der Kathedrale von Posen beigesetzt, ebenso sein Sohn Bolesław Chrobry. Im 19. Jh. entstand dort als Mausoleum für beide Herrscher das neobyzantinische Kuppeloktogon der Goldenen Kapelle. Dabei wurden zwei erhaltene Platten des früheren gotischen Grabmals in den neuen Steinsarkophag eingefügt. Gegenüber ihrer Ruhestätte steht eine Skulpturengruppe beider Fürsten (Chr. Rauch). Ein Vorschlag Schinkels zur monumentalen Umgestaltung des Domplatzes mit einer Grabkapelle als Mittelpunkt blieb unausgeführt.

Mohammed
Religionsstifter (um 569–632)

Der Kaufmann aus Mekka fühlte sich durch Visionen zum Propheten des einen Gottes Allah berufen; wegen seiner Predigten verspottet und bedroht, floh er nach Medina. Von dort aus unterwarf er seine Vaterstadt und einte ganz Arabien unter dem Banner des Islam. Seine Lehren, die zahlreiche christlich-jüdische Elemente enthalten, sind im Koran gesammelt.

Nach eigenem Wunsch wurde er am Todesort, dem Haus seiner Gattin Ayscha, in Medina begraben. Auf dem eigenen Mantel wurde er ins Grab gebettet, danach die Gruft durch ein Gewölbe aus ungebrannten Ziegeln geschlossen.

Schon bald nach seinem Tod wurde die Ruhestätte in eine schlichte Moschee aus Backstein einbezogen, deren Dach aus Zweigen Palmenstämme trugen; später vergrößert und durch eine feste Steinarchitektur ersetzt, erfuhr der Bau im 8. Jh. eine grundlegende Umgestaltung durch byzantinische Werkleute. Trotz schwerer Schäden durch Brand und Blitzeinschläge sowie späterer Erweiterungen bewahrte die Grabmoschee den damals entstandenen Bautypus: Ein Hof mit vier Eckminaretten öffnet sich in Portiken, die reichen Dekor an Gold, Marmor und Mosaiken tragen; die südliche Säulenhalle umschließt das Allerheiligste mit dem Prophetengrab. Den eigentlichen Grabraum verhüllt eine Decke aus grüner Seide; an seiner Südseite ruht Mohammed, daneben die beiden ersten Kalifen; eine vierte Ruhestätte soll angeblich dereinst den wiedererstandenen Christus aufnehmen. Zu den Reliquienschätzen des Heiligtums zählte die Urhandschrift des Koran.

Nach einer Verdoppelung des Moscheeareals unter König Ibn Saud (1953/55) wurde der Komplex durch seinen Nachfolger Fahd nochmals um ein Vielfaches erweitert (1985/94); modernste Technik verbindet sich dabei mit der Beibehaltung der traditionellen Formen von Architektur und Dekor.

● **Murad I.**
Osmanischer Sultan (1362–1389, geb. 1326?)

Tatkräftig festigte er den osmanischen Staat und dehnte seine Macht in Kleinasien und auf dem Balkan aus; Byzanz wurde tributpflichtig, Makedonien und Bulgarien niedergeworfen. Im Krieg gegen die Serben fiel der Sultan auf dem Amselfeld; aber die Schlacht besiegelte für Jahrhunderte die türkische Vorherrschaft im Südosten Europas.

Die Eingeweide setzte man in einem Mausoleum bei Priština nahe dem Schlachtfeld bei und überführte den Körper nach Bursa. Die Türbe (1741) bei der dortigen Moscheestiftung des Herrschers wurde zu Beginn des 20. Jhs. erneuert.

Nikolaus von Kues
Deutscher Theologe und Humanist (1401–1464)

Der Sohn eines Fischers stieg zum Kardinal und Bischof von Brixen auf; in Schriften und Predigten wirkte er für eine grundlegende Reform der Kirche. Wegen der Wiederentdeckung von Handschriften des Plautus und Tacitus genoß er bei den Humanisten Italiens hohes Ansehen.

Er wurde in seiner Titelkirche S. Pietro in Vincoli beigesetzt. Seit ihrem Umbau bezeichnet eine Reliefplatte das Grab im linken Seitenschiff; sie zeigt den Kardinal vor dem Thron Petri. Vermutlich wurde sie ursprünglich von dem Verstorbenen als Altarpaliotto gestiftet; die eigentliche Grabplatte mit seiner Halbfigur in Ritzzeichnung ist zu ihrer Rechten eingemauert. Das Herz ruht in der Hospitalkirche zu Kues, einer Stiftung des Kardinals; eine Bronzeplatte (1488) – Kopie des römischen Grabsteins – kennzeichnet die Stelle.

Norbert von Xanten
Ordensgründer (1080/85–1134)

Enttäuscht vom weltlichen Leben in seinem Xantener Stift, zog er sich in die Einöde zurück und wirkte später als Wanderprediger. Mit der Klostergründung zu Prémontré schuf er die Keimzelle des Prämonstratenserordens. Zum Erzbischof von Magdeburg gewählt, wirkte er unermüdlich für die Belange des Reiches.

Den Streit um seinen Leichnam zwischen dem Domkapitel und dem Liebfrauenkloster von Magdeburg, wo der Verstorbene eine Gemeinschaft seines Ordens angesiedelt hatte, entschied Kaiser Lothar zugunsten der Prämonstratenser; daher wurde Norbert vor dem Kreuzaltar der Liebfrauenkirche bestattet, später in den Chor umgebettet. 1626/27 übertrug man die Gebeine in das Prämonstratenserkloster Strahov zu Prag; dort ruhen sie in einer Seitenkapelle der Klosterkirche.

Notker Balbulus („der Stammler")
Karolingischer Dichter und Gelehrter (um 840–912)

Der Mönch von St. Gallen verfaßte ein – sprachlich wie musikalisch – hervorragendes Hymnenbuch für die kirchlichen Feste sowie Lehrschriften. Während seine „Gesta Karoli Magni" den christlichen Idealherrscher preisen, ist das Werk über die zeitgenössischen Ereignisse der historischen Wahrheit verpflichtet.

Er wurde in der Apsis der Basilika St. Johannes d. T. und Petrus zu St. Gallen beigesetzt.

● Notker Labeo („der Dicklippige")
Dichter und Gelehrter (um 950–1022)

Für den Unterricht an der Klosterschule von St. Gallen übertrug (und kommentierte) er zahlreiche lateinische Werke ins Althochdeutsche; seine Übersetzungen zählen zu den wichtigsten Zeugnissen aus der Frühzeit der deutschen Sprache.

Mit anderen Opfern der Pest erhielt er ein gemeinsames Grab im Kloster.

● Odilo
Abt von Cluny (994–1049, geb. 961/62)

Mit päpstlicher Unterstützung erlangte er die Unabhängigkeit der Cluniazenser von der bischöflichen Gewalt und baute einen zentralistischen Ordensverband auf. Hochangesehen war er als Vermittler zwischen den Mächtigen des Abendlandes. Bis heute wirkt die Einführung des Allerseelentages durch Odilo fort.

Am Todesort Souvigny wurde er in der Kirche St-Pierre bestattet. Für den wachsenden Andrang der Pilger entstand schon bald ein neuer Sakralbau; dort ruhte der Heilige im südlichen Querschiff; im 14. Jh. wurden die Gebeine in einen kostbaren Reliquienschrein erhoben.

● Odo
Westfränkischer König (888–898)

Heldenhaft wehrte der Graf von Paris die monatelange Belagerung der Stadt durch die Normannen ab und wurde nach der Absetzung Karls des Dicken zum Nachfolger gewählt. Auch wenn die Karolinger nach Odos Tod die Königswürde wiedererlangten, hatte er die Grundlage geschaffen für die spätere Herrschaft seiner Nachkommen, der Kapetinger, in Frankreich.

Bei der Neuordnung der Königsgräber von St-Denis (→ Dagobert) wurde er im nördlichen Querhaus an der Seite von → Hugo Capet beigesetzt (1263/64); das Grab ging in der Revolution verloren.

Odo
Abt von Cluny (927–942, geb. 878/79)

Durch das päpstliche Privileg, andere Klöster der eigenen Abtei zu unterstellen, wurde er zum Begründer der cluniazensischen Reformbewegung, die das Antlitz des Abendlandes verändern sollte. In seinen Schriften pries der hochgelehrte Abt die Bedeutung des Mönchtums für die Erneuerung der Christenheit.

Er wurde an seinem Todesort Tours in der Krypta der Klosterkirche St. Julian unter dem Altar des Märtyrers bestattet.

Olaf II. d. Hl.
König von Norwegen (1016–1030, geb. um 995)

Nach langjährigen Wikingerzügen erkämpfte er die Herrschaft in Norwegen und organisierte den Staat nach normannischem Vorbild. Von → Knut d. Gr. vertrieben, fiel er beim Versuch der Rückkehr bei Stiklestad. Trotz wenig frommen Lebenswandels – der König hatte zahlreiche Konkubinen – wird er als Nationalheiliger verehrt.

Treue Gefolgsleute bestatteten ihn bei der Burg von Nidaros (Drontheim). Nach einem Jahr wurde er in die hölzerne Clemenskirche übertragen; sein Sohn stiftete einen kostbaren Reliquienschrein. Da der Leichnam des heiligen Königs der dynastischen Legitimation diente, wurde Drontheim zur norwegischen Herrschergrablege; die Nachfolger stifteten hier jeweils ihre eigenen Grabkirchen und ließen den Schrein dorthin überführen; der Hochaltar der letzten Königskirche Olaf Kyrres (1066–1093), des späteren Domes, erhob sich unmittelbar über dem ursprünglichen Olafsgrab, gekrönt vom Schrein des „Märtyrerkönigs". In der Reformation wurde er eingeschmolzen, die Gebeine zur Verhinderung weiterer Pilgerfrömmigkeit in einem geheimen Grab verborgen.

Oleg
Russischer Fürst (gest. 912/3)

Mit der Eroberung von Kiev begründete der Herrscher über Novgorod das altrussische Reich. Durch einen Feldzug gegen Konstantinopel erzwang er einen günstigen Handelsvertrag; damit begann die tiefe Prägung Rußlands durch den orthodoxen Glauben und die byzantinische Kultur.

Er wurde auf dem Berg Ščekovica bei Kiev, nach anderer Überlieferung in Alt-Ladoga beigesetzt.

● Olga
Fürstin von Kiev (gest. 969)

Nach dem Tod ihres Gemahls Igor – den sie grausam rächte – übernahm sie die Regentschaft, die sie auch später oftmals für ihren Sohn Svjatoslav führte. Mit ihrer Regierung begann der Aufbau einer geordneten Verwaltung im Kiever Reich. Die Fürstin nahm in Byzanz das Christentum an, unterhielt aber auch Kontakte zu → Otto d. Gr.

Sie wurde an ihrem Todesort Kiev bestattet; später ließ → Vladimir d. Hl. die Gebeine in die dortige Zehntkirche überführen.

● Omar
2. Kalif (634–644, geb. um 582)

Unter seiner Herrschaft erfochten die Araber entscheidende Siege über Perser und Byzantiner. Auch Ägypten wurde erobert; der Befehl des Kalifen, die Bibliothek von Alexandria zu vernichten, ist freilich Legende. Die Lehren → Mohammeds wurden im Koran gesammelt; bei der Herausbildung eines islamischen Staates löste allerdings – gegen Omars Willen – pragmatisches Denken die reine Lehre der Urgemeinde ab. Der sittenstrenge Herrscher fiel einem Anschlag zum Opfer.

Nach eigenem Wunsch wurde er in Medina neben Mohammed und Abu Bakr beigesetzt.

● Osman
Dynastiegründer (um 1299–1326?, geb. 1258?)

Den Niedergang des Seldschukenreiches nutzte der Statthalter einer Markgrafschaft im Nordwesten Kleinasiens, um die Unabhängigkeit zu erlangen und sein Gebiet durch erste Eroberungen zu erweitern. Aus diesen Anfängen erwuchs das türkische Großreich, das man später mit seinem Namen bezeichnete.

Dem eigenen Wunsch folgend, bestattete man ihn im „Silbernen Gewölbe" in der ehemaligen Bischofskirche auf der Burg von Bursa. Seine Türbe wurde nach einem Erdbeben im 19. Jh. grundlegend erneuert.

● Oswald von Wolkenstein
Deutscher Dichter (1376/78–1445)

Er hinterließ ein vielfältiges Werk von großer sprachlicher wie musikalischer Qualität; die Handschriften enthalten auch das erste Porträt eines deutschen Dichters. Zu Lebzeiten nur den adligen Standesgenossen bekannt, wurde er im 19. Jh. wiederentdeckt und durch die autobiographische Prägung seiner Lieder zum Gegenstand weitverbreiteten Interesses.

Man bestattete ihn im Neustift zu Brixen; sein wappengeschmückter Grabstein aus weißem Marmor ist verloren.

● Otto I. d. Gr.
Kaiser und deutscher König (936–973, geb. 912)

Der Sohn → Heinrichs I. mußte zunächst in schweren Kämpfen seine Nachfolge durchsetzen; daher festigte er später die königliche Macht durch das Reichskirchensystem, in dem die geistlichen Fürsten zur wichtigsten Stütze der Herrscher wurden. Der Sieg auf dem Lechfeld befreite das Abendland endgültig von der ungarischen Bedrohung. Mit seiner Kaiserkrönung erneuerte er das karolingische Imperium und begründete die Tradition des Heiligen Römischen Reiches Deutscher Nation. Durch die Missionierung der slawischen Nachbarvölker dehnte er das christliche Abendland nach Osten aus. Auch infolge der Blüte von bildender Kunst und Literatur zählt seine Regierungszeit zu den großen Epochen der deutschen Geschichte.

Zur Grablege hatte er Magdeburg ausersehen, das er stets gefördert und zum Zentrum seiner Missionspolitik erwählt hatte (die Eingeweide bestattete man am Todesort Memleben). Er wurde in der dortigen Domkirche an der Seite seiner ersten Gemahlin Edgith bestattet; diese war in der Stiftskirche St. Mauritius (dem Vorgängerbau des Domes) beigesetzt worden, sicherlich vor dem Hauptaltar. Bei der Errichtung der ottonischen Metropolitankirche blieb der Standort ihres Grabes unverändert und lag nunmehr – aufgrund des abweichenden Grundrisses – im nördlichen Querschiff. Als das Heiligtum des 10. Jhs. einem Brand zum Opfer fiel (1207), wurde der gotische Neubau auf das Herrschergrab ausgerichtet; daher erhebt es sich im Chor der hochmittelalterlichen Kathedrale. Bei dem schlichten Kalksteintrog mit marmorner Deckplatte handelt es sich höchstwahrscheinlich um den ursprünglichen Sarkophag des Kaisers. Seit spätromanischer Zeit war er von einer Bogenarchitektur umschlossen; die Deckplatte umgab die vergoldete Grabinschrift (modern ersetzt). Bei einer Öffnung (1844) fand man in einem Holzsarg die Gebeine in Unordnung und ohne jeden Schmuck.

Magdeburg, Dom, Sarkophag Ottos d. Gr.

An Edgith erinnert ein Sandsteinmonument (1510) im Chorumgang, das jahrhundertelang als Kenotaph galt. In seinem Unterbau wurde 2009 ein Bleisarg entdeckt; er birgt – laut Aussage der Inschrift – die wiederbestatteten Überreste der Königin. Adelheids Grab in ihrem Lieblingskloster Selz (Elsaß) ist dagegen verloren.

● **Otto II.**
Kaiser und deutscher König (973–983, geb. 955)

Durch die Heirat mit der byzantinischen Prinzessin → Theophanu besiegelte der Sohn → Ottos d. Gr. bereits zu dessen Lebzeiten den Frieden zwischen beiden Staaten. In den ersten Regierungsjahren sicherte er tatkräftig das Reich. Der Versuch, das südliche Italien zu erobern, scheiterte; im folgenden Jahr erlag der Kaiser in Rom der Malaria. Kurz vor seinem Tod fegte ein Slawenaufstand die deutsche Grenzverteidigung an Elbe und Saale hinweg.

Auf eigenen Wunsch wurde er im Atrium von Alt-St. Peter beigesetzt; einen prächtigen Rahmen für das Grabmal bildete ein Mosaik mit der Darstellung Christi und der Apostelfürsten (j. in den Vatikanischen Grotten in der Grabkapelle Ottos II.). Im 16. Jh. war die Ruhestätte allerdings so vernachlässigt, daß sie als „cloaca mendicorum" diente.

Beim Neubau der Peterskirche wurde der guterhaltene Leichnam in den heutigen Sarkophag in den Vatikanischen Grotten umgebettet, der antike Porphyrdeckel später für das Taufbecken des Petersdomes wiederverwendet (1694). Der ursprüngliche Sarkophag, dem heutigen ähnlich, diente noch lange im Quirinal als Brunnentrog. Das Vorhaben Wilhelms II., das Grab seines „Vorgängers" im Atrium von St. Peter zu erneuern, blieb unausgeführt.

Otto III.
Kaiser und deutscher König (983–1002, geb. 980)

Er stand zunächst unter der Regentschaft seiner Mutter → Theophanu, später der Großmutter Adelheid. Der hochbegabte Visionär erstrebte eine Erneuerung des römischen Kaisertums; durch die Erhebung seines Freundes Gerbert von Aurillac zum Papst (→ Silvester II.) begründete er eine enge Verbindung zwischen beiden Häuptern der Christenheit. Zur Einbeziehung der Nachbarvölker in das erstrebte universale Imperium gründete er die Erzbistümer von Gnesen und Gran; dadurch förderte er allerdings die Lösung Polens und Ungarns von deutschem Einfluß. Auf einem weiteren Italienzug erlag der junge Kaiser der Malaria; seine hochfliegenden Pläne blieben ein Traum.

In tiefer Verehrung für den großen Karolinger hatte er eine Bestattung an der Seite → Karls d. Gr. gewünscht. Tatsächlich wurde er jedoch im Chor der Pfalzkapelle von Aachen vor dem Marienaltar beigesetzt (die Eingeweide in St. Afra zu Augsburg). Bei der Errichtung des gotischen „Glashauses" im 14. Jh. entstand vor den Stufen der Chorhalle ein neues Grabmal für den frühverstorbenen Herrscher; Beschreibungen des 17./18. Jhs. erwähnen eine schlichte dunkelblaue Marmorplatte auf steinerner Basis. Um 1780 trug das Monument eine kleine Orgel und diente als Sängerpult; unter der französischen Herrschaft wurde es beseitigt. Bei der Suche nach den Gebeinen stieß man auf einen Sarkophag aus rotem Sandstein, beließ ihn aber ungeöffnet an seinem Platz. Seit 1834 erinnert eine Inschrift an das verlorene Kaisergrab.

Otto IV.
Kaiser und deutscher König (1198–1218, geb. 1175/6?)

In einer Doppelwahl gegen → Philipp von Schwaben zum König erhoben, wurde der Welfe nach der Ermordung des Rivalen auch von der staufischen Seite anerkannt. Während er gegenüber → Innozenz III. zunächst auf die kaiserlichen Rechte verzichtet hatte, nahm er nun die Italienpolitik seiner Vorgänger wieder auf und drang bis zur Straße von Messina vor. Gegen ihn erhoben der Papst, die staufischen Anhänger sowie → Philipp II. August von Frankreich den jungen → Friedrich (II.) zum König; bei Bouvines entscheidend geschlagen, starb Otto entmachtet auf der Harzburg.

Er wurde in der Grabkirche seines Vaters → Heinrich dem Löwen, der Stiftskirche St. Blasius zu Braunschweig (j. Dom), bestattet; das Grabmal ist verloren. Die Gebeine birgt eine Tumba in der nördlichen Nebenapsis, die 1707 die Überreste aus den damals beseitigten Welfengräbern aufnahm.

● Otto von Freising
Universalhistoriker (um 1112–1158)

Der Abt von Morimond und Bischof von Freising förderte das geistliche Leben in Bayern durch die Gründung mehrerer Klöster. Geprägt vom theologischen Denken des → Augustinus, schilderte der hochbedeutende Historiker die Weltgeschichte von den Anfängen bis zum Jüngsten Gericht; die „Gesta Frederici" preisen das staufische Geschlecht, dem der Oheim → Friedrich Barbarossas selbst angehörte.

Um stets das Gedenken der Mitbrüder wachzurufen, hatte er den vielbeschrittenen Durchgang von der Kirche zum Kreuzgang im Kloster Morimond für seine Bestattung ausersehen; stattdessen errichtete ihm der Nachfolger ein Hochgrab vor dem Hauptaltar. Dieses fiel der Französischen Revolution zum Opfer, die Überreste wurden jedoch in einem provisorisch gefertigten Bleikästchen geborgen. 1954 fand man die Schachtel nahe dem ursprünglichen Grabort. Eine anthropologische Untersuchung erwies die Echtheit der Gebeine, die seit 1969 in einem neugefertigten Reliquienschrein ruhen.

● Ottokar II. Přzemysl
König von Böhmen (1253–1278, geb. um 1233)

Begünstigt durch das Interregnum in Deutschland, führte er Böhmen zum Höhepunkt seiner Macht. Österreich, Kärnten und Krain wurden erobert, auf zwei Kreuzzügen gegen die Prußen der Einfluß der Přzemysliden auch nach Norden ausgedehnt (daran erinnert noch der Name der Stadt Königsberg). Das Streben nach der deutschen Krone scheiterte jedoch in der Wahl → Rudolfs I.; gegen den Habsburger verlor Ottokar bei Dürnkrut Schlacht und Leben.

Er wurde zunächst in Znaim begraben, 1296 in den romanischen Veitsdom zu Prag, bei dessen Abriß unter → Karl IV. in den neuen gotischen Bau übertragen. Seine Tumba mit der liegenden Rittergestalt des Herrschers in der südöstlichen Chorkapelle ist ein Werk der Parlerhütte, vielleicht des Meisters selbst; im Grab fand man die Insignien des Königs.

Parler, Peter
Baumeister und Bildhauer (um 1330/33–1399)

Von → Karl IV. wurde der Meister aus Schwäbisch Gmünd nach Prag berufen. Neben weiteren Projekten vollendete er den Chor des Veitsdoms und überspannte die Moldau mit der gewaltigen Karlsbrücke.

Man bestattete ihn im Chorumgang des Veitsdomes; das Grab und die gotische Deckplatte wurden 1928 wiederaufgefunden.

Paulus Diaconus
Langobardischer Historiker (um 720/30–um 799)

Als Lehrer wirkte er in seinem Kloster Montecassino, weilte aber auch einige Jahre am Hof → Karls d. Gr. Unter den zahlreichen Schriften des hochgebildeten Mönchs ragt die „Historia Langobardorum" als wichtigste Quelle zur Geschichte seines Volkes hervor.

Er wurde in Montecassino bestattet.

Pelayo
Fürst von Asturien (718–732)

Nach der Überlieferung rief der westgotische Adlige in den Bergen Asturiens zum Freiheitskampf gegen die Mauren auf; der Sieg bei Covadonga gilt als Beginn der Reconquista. Sein Titel „caudillo" (Anführer) lebte in der Amtsbezeichnung von F. Franco bis ins 20. Jh. fort.

Auf halbem Weg zwischen Covadonga und seiner Residenz Cangas de Onís wurde er vor der Kirche S. Eulalia de Velamio (j. Abamia) beigesetzt; seit der Errichtung einer größeren Klosterkirche (13./14. Jh.) steht sein – jetzt leerer – Steinsarg im Inneren. Die Tradition einer späteren Überführung in die Marienkapelle von Covadonga ist nicht bewiesen.

Peter I.
König von Portugal (1357–1367, geb. 1320)

Unter seiner Herrschaft kam es zu bedeutenden Fortschritten in Gesetzgebung und Rechtsprechung; berühmt aber wurde er durch die tragische Liebe zu Inês de Castro. Die Kusine seiner frühverstorbenen kastilischen Gemahlin wurde die Geliebte (und heimliche Gattin?) des Thronfolgers; aus Furcht vor fremder Einflußnahme ließ sie sein Vater beseitigen. Nach dessen Tod nahm Peter grausame Rache an den Schuldigen und erhob die Ermordete postum zur rechtmäßigen Königin.

Sie wurden im Querhaus der Zisterzienserabtei Alcobaça beigesetzt; ihre Sarkophage zählen durch die ungewöhnliche Ikonographie und den Reichtum der Darstellungen zu den bedeutendsten Werken der gotischen Skulptur. Sie ruhen auf Löwen und Wesen mit menschlichem Antlitz; die Liegegestalten der Verstorbenen sind von Engeln umgeben. Das Grabmal des Herrschers ist mit Wappenschilden geschmückt; die Längsseiten tragen Szenen aus der Heilsgeschichte und dem Leben seines Patrons Bartholomäus, die Fußseite Peters Auferstehung mit Hilfe des Heiligen. Umstritten sind die Darstellungen zu Häupten des Königs; sie wurden als Schicksalsrad, aber auch als Geschichte seiner unglücklichen Liebe gedeutet. Das Monument der Inês zieren Wappen Portugals und ihres Geschlechts, christologische Reliefs sowie das Weltgericht. Die beiden Sarkophage sind mit den Füßen gegeneinander gestellt – bei der Auferstehung am Jüngsten Tag sollen die Liebenden einander als erstes erblicken.

Peter der Eremit
Kreuzzugsprediger (gest. 1115?)

Mit feuriger Beredsamkeit gewann er in Frankreich und Deutschland zahlreiche Anhänger für seinen „Armenkreuzzug". Die schlechtbewaffneten und disziplinlosen Scharen erreichten Konstantinopel, wurden aber in Kleinasien von den Seldschuken vernichtet. Peter entkam der Katastrophe und kehrte nach der Befreiung Jerusalems in die Heimat zurück.

Er wurde bei seiner eigenen Klostergründung Neufmoustier nahe dem (belgischen) Huy begraben, 1242 vor den Apostelaltar der Abteikirche übertragen. Die Gebeine bewahrte man seit dem 17. Jh. in einer Kapsel; sie fielen der Zerstörung der Kirche in den Revolutionskriegen zum Opfer.

Petrarca, Francesco
Italienischer Dichter und Humanist (1304–1374)

Begeistert von der Schönheit der klassischen Literatur, widmete sich der „Vater des Humanismus" der Suche nach antiken Handschriften und dem Studium lateinischer Texte; nach ihrem Vorbild verfaßte er eigene historische und philosophische Schriften. In zahlreichen Gedichten – v. a. den Sonetten an Laura – fand er zu einzigartiger Schilderung seiner innersten Empfindungen. Als Dichter wie als Gelehrter prägte er das abendländische Geistesleben für Jahrhunderte.

Seinem Wunsch folgend, setzte man ihm am Todesort Arquà (seit 1868 Arquà Petrarca) bei Padua einen Marmorsarkophag auf vier Pfeilern neben der Pfarrkirche S. Maria. 1630 wurde der rechte Arm geraubt; man zeigte ihn später im Königlichen Museum von Madrid.

● Philipp von Schwaben
Deutscher König (1198–1208, geb. 1177)

Da der Thronerbe → Friedrich (II.) beim frühen Tod → Heinrichs VI. erst drei Jahre zählte, wurde sein Oheim von der staufischen Partei zum König gewählt; gleichzeitig erhoben deren Gegner den Welfen → Otto IV. Als sich der Sieg auf Philipps Seite neigte, fiel er einem Mordanschlag aus privaten Gründen zum Opfer.

Er wurde zunächst an seinem Todesort Bamberg im Dom beigesetzt, später auf Geheiß Friedrichs II. nach Speyer (→ Konrad II.) übertragen; dort ruht er in einem Grab aus Werkstein, das bei der französischen Plünderung verschont blieb. In seinem Bleisarg fand man goldgestickte Gewänder, unter denen ein Mantel mit der Darstellung Christi und Mariens hervorragt.

● Philipp II. Augustus
König von Frankreich (1180–1223, geb. 1165)

Gegen die großen Vasallen setzte er die königliche Macht durch; der Aufbau einer effizienten Verwaltung war ein Meilenstein im Werden des französischen Staates. Gemeinsam mit → Richard Löwenherz unternahm er den 3. Kreuzzug, brach ihn jedoch nach der Eroberung von Akkon ab. Das Bündnis mit den Staufern ermöglichte ihm, gegen Johann Ohneland die Normandie zu gewinnen; zugleich entschied sein Sieg bei Bouvines den deutschen Thronstreit zugunsten → Friedrichs II.

Er wurde in St-Denis (→ Dagobert) beigesetzt. Eine silbervergoldete Grabplatte trug die Liegegestalt des Königs, umgeben von 48 Würdenträgern; wohl erstmals wurde eine Grabstatue mit der Darstellung von trauernden Höflingen verbunden, die später in den burgundischen Pleurants ihren Höhepunkt erreichen sollte. Wahrscheinlich wurde das Monument zu Beginn des 15. Jhs. von Engländern oder Armagnaken zerstört.

● Philipp IV. der Schöne
König von Frankreich (1285–1314, geb. 1268)

Auch wenn der Versuch, Flandern zu erobern, in der „Sporenschlacht" von Kortrijk scheiterte, erreichte das französische Königtum des Mittelalters mit seiner Herrschaft den Höhepunkt. Der Streit um kirchliche Machtansprüche gipfelte in der Gefangennahme → Bonifatius' VIII.; ungeheuren Prestigegewinn bedeutete die Verlegung der Papstresidenz nach Avignon. Mit äußerster Brutalität wurde der Templerorden vernichtet.

Er wurde in der südlichen Vierung von St-Denis (→ Dagobert) beigesetzt. Das Monument des Königs entstand nach dem Vorbild der benachbarten Grablege seines Vaters Philipp III., freilich von einer wesentlich schwächeren Werkstatt ausgeführt (1327/29): daher ist das Porträt gleichförmig und ausdruckslos.

● Philipp II. der Kühne
Herzog von Burgund (1364–1404, geb. 1342)

Nach dem Heimfall von Burgund an die französische Krone gab Johann II. seinem Sohn Philipp das Herzogtum zu Lehen. Durch die Heirat mit der Erbtochter Flanderns gewann er zudem das reichste Land nördlich der Alpen. Mit Philipps Herrschaft begann die glanzvolle Epoche der Großen Herzöge von Burgund; als dynastische Grablege stiftete er die Kartause von Champmol.

Dort erhob sich sein Grabmal in der Mitte des Chores, in langjähriger Arbeit geschaffen von Jean de Marville, Claus Sluter und Claus de Werve (1384–1410). Den schwarzmarmornen Sockel umzieht eine Arkatur aus Alabaster, in der sich 40 lebensnahe Statuen von trauernden Höflingen und Klerikern versammeln. Auf der Tumba ruht die betende Liegegestalt des Verstorbenen, zu Häupten zwei Engel mit seinem Helm, zu Füßen ein Löwe; anstelle des heutigen weißen Umhangs sind ursprünglich Rüstung und Hermelinmantel vorzustellen. Das Prunkgrab diente weiteren Monumenten aus dem familiären Umkreis des Herzogs zum Vorbild; es wirkte fort bis zu den Kaisergräbern → Friedrichs III. in Wien und Maximilians I. in der Innsbrucker Hofkirche.

1792 wurden die Grabmäler Philipps und seines Sohnes → Johann Ohnefurcht nach St-Bénigne in Dijon verbracht, ihre Überreste dort in einem Pfeiler beigesetzt. Im folgenden Jahr zerschlug man die Liegegestalten; Köpfe und Hände sowie zahlreiche Pleurants wurden verkauft. In der Restauration erneuerte man die Grabstatuen (1816–27); die veräußerten Teile wurden zurückerworben und wiedereingefügt, die Monumente in der „Salle des Gardes" im Palast zu Dijon (j. Musée des Beaux-Arts) aufgestellt.

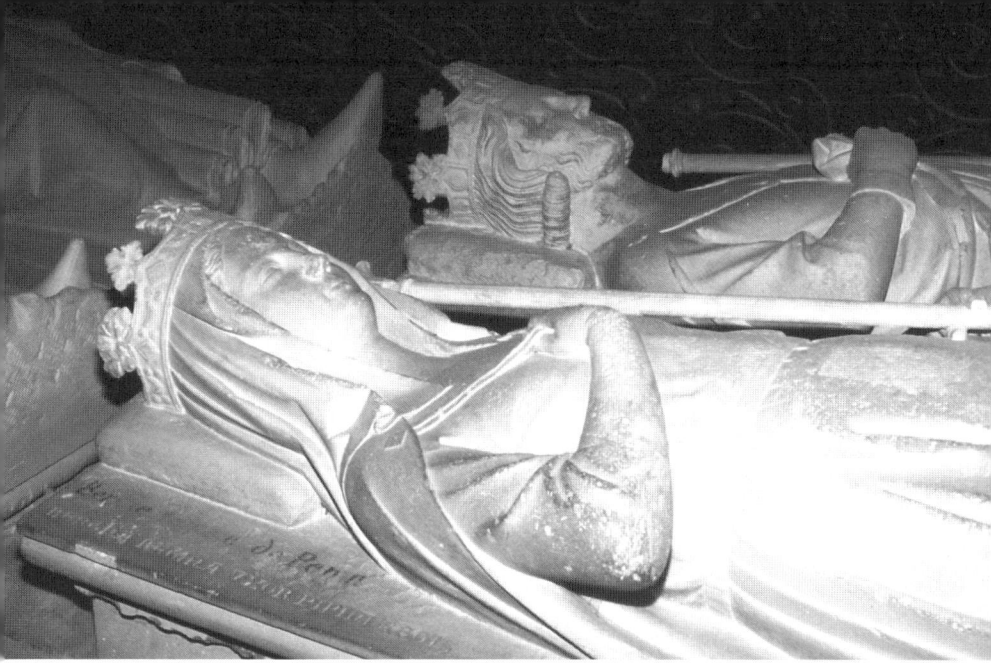

St-Denis, Abteikirche, Grabmonument für Pippin III.

● Philipp III. der Gute
Herzog von Burgund (1419–1467, geb. 1396)

Im Hundertjährigen Krieg zunächst mit England verbündet, wurde er für einen Seitenwechsel mit der Aufhebung der Lehenspflichten gegen Frankreich belohnt. Energisch erweiterte der Herzog die niederländischen Besitzungen. Unter seiner Herrschaft blühten Kunst, Musik und Literatur, letztmals auch das Rittertum, das er durch den neugestifteten Orden vom Goldenen Vlies eng mit der Dynastie verband; der Glanz seines Hofes lebte im „spanischen" (tatsächlich burgundischen) Hofzeremoniell durch Jahrhunderte fort.

Zunächst am Todesort Brügge bestattet, wurde er sieben Jahre später von seinem Sohn → Karl dem Kühnen nach Champmol übertragen und im Chor der Klosterkirche provisorisch beigesetzt. Das Monument, das er für sich nach dem Vorbild der Grablege → Philipps des Kühnen geplant hatte, wurde nie ausgeführt; die schlichte Deckplatte ist verloren.

● Pippin III. der Jüngere
Fränkischer König (751–768, geb. 714/5)

Beim Tod seines Vaters → Karl Martell zunächst Hausmeier in den westlichen Gebieten, wurde er durch den Machtverzicht seines Bruders Karlmann Alleinherrscher im Frankenreich; mit päpstlicher Zustimmung beseitigte er die merowingischen Schattenkönige. Nach dem Sieg über die Langobarden begründete er durch die Schenkung der eroberten Gebiete an den Heiligen Stuhl den Kirchenstaat. Damit legte er den Grundstein für die geschichtsmächtige Verbindung zwischen dem Papsttum und den fränkisch-deutschen Königen, zugleich für das universale Kaisertum seines Sohnes → Karl d. Gr.

Er wurde in St-Denis (→ Dagobert) beigesetzt; die Bestattung vor der Schwelle der Basilika – zur Sühne für die Sünden des Vaters angeblich mit dem Gesicht nach unten gewandt – bezeugte die demütige Verehrung des Königs für den Hl. Dionysius. Ein Steingrab vor der Kirche könnte seine Ruhestätte gewesen sein.

Über dem Grab des Vaters errichtete Karl d. Gr. einen Bau an der Westfassade der karolingischen Abteikirche, der die Bilder beider Herrscher trug; dort ließ er auch seine Mutter Bertrada beisetzen. Die Ruhestätte fiel der neuen Basilika → Sugers zum Opfer; doch ließ der Abt die Gebeine bergen. 1264 setzte man dem Herrscherpaar im südlichen Querhaus ein neues Monument mit ihren Liegegestalten; 1793 in das Dépôt des Petits Augustins verlegt, kehrte es in der Restauration an den früheren Ort zurück.

● Pius II.
Enea Silvio de' Piccolomini, Papst (1458–1464, geb. 1405)

Der hochbedeutende Humanist und Diplomat erstrebte nach seiner Wahl eine grundlegende Kirchenreform, die jedoch niemals verwirklicht wurde. Gegen die türkische Bedrohung plante er einen Kreuzzug; während der Vorbereitungen starb er in Ancona. Unter seinen vielfältigen literarischen Werken ragen die „Commentarii" als einzige historische Selbstdarstellung eines Papstes hervor.

Sein viergeschossiges Renaissancegrabmal im südlichen Seitenschiff von Alt-St. Peter wurde beim Neubau der Basilika nach S. Andrea della Valle übertragen (1614), die Gebeine neun Jahre später umgebettet. Über der Grabinschrift zeigt ein Relief den Papst bei der Translatio des Andreashauptes in den alten Petersdom, darüber ruht der Sarkophag mit seiner Liegegestalt. Im obersten Rang empfehlen Petrus und Paulus den Verstorbenen der Gottesmutter. Erstmals erscheinen auf dem Grabmal eines Papstes Darstellungen seiner Taten statt heilsgeschichtlicher Szenen, Tugendallegorien anstelle von Heiligen. Die Eingeweide des Papstes ruhen im Dom zu Ancona.

Polo, Marco
Venezianischer Weltreisender (1254–1324)

Mit seinem Vater Nicolò und dem Onkel Matteo gelangte der junge Kaufmann an den Hof des Mongolenchans Khubilai, in dessen Auftrag er zahlreiche Reisen durch Asien unternahm. Nach der Heimkehr diktierte er in genuesischer Gefangenschaft seine Erlebnisse; das Buch wurde weithin gelesen und regte durch die Schilderung der fernöstlichen Schätze die Entdeckungsfahrten von Spaniern und Portugiesen an.

Neben seinem Vater wurde er in S. Lorenzo zu Venedig bestattet.

Rainald von Dassel
Erzbischof von Köln (1159–1167, geb. um 1120)

Der treue Gefolgsmann → Friedrich Barbarossas stieg zum Erzbischof von Köln und Erzkanzler für Italien auf; maßgeblich bestimmte er die kaiserliche Politik gegenüber dem Papsttum und den lombardischen Städten. Nach dem Sieg bei Tusculum erlag er einer verheerenden Seuche. Tatkräftig wirkte er auch für das Erzbistum: Aus dem zerstörten Mailand ließ er die Reliquien der Hl. Drei Könige in seine Bischofskirche übertragen.

Er wurde im alten Dom zu Köln beigesetzt, im 13. Jh. in die Marienkapelle der gotischen Kathedrale umgebettet. Damals entstand eine neue Sandsteintumba mit der bronzenen Liegegestalt des Verstorbenen. Die Statue wurde in der Französischen Revolution als Altmetall verkauft; erst 1905 ersetzte man sie durch eine neue Deckplatte aus Kalkstein mit dem Bild des Erzbischofs. Die erhaltene Tumba gleicht mit ihren Spitzbogenarkaden einem gotischen Kirchbau, vielleicht als Sinnbild des „Himmlischen Jerusalem", der künftigen Wohnstatt des Verstorbenen.

Richard I. Löwenherz
König von England (1189–1199, geb. 1157)

Nach seiner Krönung brach der Sohn → Heinrichs II. unverzüglich zum 3. Kreuzzug auf. Bei der Eroberung von Akkon beleidigte er den österreichischen Herzog → Leopold V.; daher wurde er auf der Heimreise bei Wien

Fontevrault, Abteikirche, Sarkophage von Richard Löwenherz und Eleonore von Aquitanien

gefangengesetzt und erst gegen hohes Lösegeld freigelassen. Nach der Rückkehr führte der König Krieg in Frankreich; dabei fiel er durch einen verirrten Pfeil. Trotz seines Versagens als Regent wurde er als Nationalheld und idealer Ritter verehrt.

Auf eigenen Wunsch wurde er in der Abteikirche von Fontevrault (→ Eleonore von Aquitanien) beigesetzt; dort ruht seine Liegestatue zur Rechten der Mutter auf einem Prunkbett. Das Herz wurde in der Kathedrale von Rouen bestattet.

● **Richard III.**
König von England (1483–1485, geb. 1452)

Zunächst wichtigste Stütze seines Bruders Eduard IV., riß er nach dessen Tod die Herrschaft an sich. Der rechtmäßige Thronerbe Eduard V. wurde im Tower eingekerkert; ob ihn sein Oheim beseitigen ließ, bleibt ungeklärt. In der Bretagne scharte → Heinrich (VII.) Tudor die Gegner des Königs um sich; nach seiner Landung in England verlor Richard bei Bosworth durch Verrat Schlacht und Leben.

Seine Leiche wurde völlig entblößt, den Verräterstrick um den Hals, nach Leicester gebracht, dort zur Schau gestellt und ohne Stein und Inschrift ins Grab geworfen. Zehn Jahre ruhte er in der dortigen Franziskanerkirche; dann setzte ihm der siegreiche Gegner ein Grab mit einer Alabasterstatue, das den Stürmen der Reformation zum Opfer fiel.

Riemenschneider, Tilman
Bildhauer und Bildschnitzer (um 1455/60–1531)

Als einer der großen Meister der spätgotischen Skulptur erlangte er Reichtum und Ansehen; er wurde zum Ratsherrn und Bürgermeister von Würzburg gewählt. Zu seinen bedeutendsten Werken zählen die Altäre in Rothenburg und Creglingen sowie das Kaisergrab zu Bamberg. Im Alter stürzte ihn die Parteinahme für die aufständischen Bauern ins Verderben.

Der Grabstein wurde 1822 im Leichhof zwischen Dom und Neumünster zu Würzburg wiederentdeckt und ist heute in der Nordseite der Bischofskirche vermauert. Von Riemenschneiders Sohn Jörg geschaffen, zeigt er den Verstorbenen mit seinem Wappen.

Robert Guiscard
Herzog von Apulien und Kalabrien (1059–1085)

Der größte Held seiner Zeit erkämpfte sich die Herrschaft über Apulien und Kalabrien. Im Investiturstreit rettete er → Gregor VII. vor dessen deutschem Gegner → Heinrich IV.; im folgenden Jahr erlag er auf dem Feldzug gegen Byzanz einer Krankheit.

Herz und Eingeweide wurden in Otranto beigesetzt, der Leichnam in der Abtei SS. Trinità zu Venosa, die der Verstorbene zur dynastischen Grablege der Hauteville bestimmt hatte. Im 16. Jh. bettete man die Überreste der normannischen Herrscher in ein gemeinsames Monument um. In eigenartiger Ironie blieb lediglich die Ruhestätte Alberadas – der verstoßenen ersten Gemahlin des Herzogs – unverändert erhalten.

Robert de Sorbon
Französischer Theologe (1201–1274)

Durch seine Bildung stieg der Bauernsohn zum Hofkaplan → Ludwigs IX. auf; berühmt wurde er jedoch durch die Gründung eines Kollegs für arme

Studenten in Paris, das bereits F. Villon als „Sorbonne" kannte. Später auf die gesamte Universität übertragen, läßt die Bezeichnung seinen Namen bis heute fortleben.

Wahrscheinlich bestattete man ihn in der (noch provisorischen) Kapelle seines Kollegs.

● **Robin Hood**
Mythischer englischer Held

Als edler Räuber lebt er mit den Gefährten im Sherwood Forest; der Streit mit dem schurkischen Sheriff von Nottingham spiegelt den Konflikt zwischen Angelsachsen und Normannen im mittelalterlichen England wider. Erst spät wurde die Sage um das Motiv seiner unverbrüchlichen Treue zu → Richard Löwenherz erweitert.

Am legendären Todesort Kirklees zeigte man das Grab des Helden; angeblich hatte man ihm auf eigene Weisung die Waffen in die jenseitige Welt mitgegeben; auch ein Epitaph ist überliefert. Im 19. Jh. entwendeten Eisenbahnarbeiter zahlreiche Stückchen der Grabplatte als „Heilmittel" gegen Zahnschmerzen.

● **Roderich**
König der Westgoten (710–711)

Ohne dynastische Legitimation erhoben, lag er im Krieg mit den Anhängern seines Vorgängers Witiza; diese riefen die Araber zu Hilfe. Gegen Tarik verlor der letzte König der Westgoten bei Jerez de la Frontera (Guadalete) – wohl durch Verrat – Schlacht und Leben.

Nach der Niederlage fand man im Schlamm sein Pferd und Teile der Gewänder; der Leichnam wurde wahrscheinlich von den Getreuen nach Viseu (j. Portugal) gebracht; dort zeigte man seit dem 9. Jh. das Grab des Königs.

● **Roger II.**
König von Sizilien (1130–1154, geb. 1095)

Durch Erbschaft verband er die normannischen Besitzungen in Apulien mit dem angestammten sizilischen Reich; zudem eroberte er die Küstenländer Nordafrikas. In einem kirchlichen Schisma nahm er den Königstitel an und behauptete die neue Würde gegen Kaiser und Papst. Der Aufbau einer hervorragenden Verwaltung ermöglichte eine einzigartige wirtschaftliche und kulturelle Blüte des Staates.

Ursprünglich hatte er den Dom von Cefalù zu seiner Grablege bestimmt und dort zwei monumentale Porphyrsarkophage gestiftet, die später für die Beisetzung → Heinrichs VI. und → Friedrichs II. verwendet wurden. Da die Kirche beim Tod des Königs weder vollendet noch geweiht war, wurde er im Dom zu Palermo bestattet. Sein dortiger Steinsarg besteht aus dünnen Porphyrplatten; er wird von einem Baldachin auf mosaizierten Marmorschäften überfangen.

Roger Bacon
Englischer Naturphilosoph und Theologe (um 1219–um 1292)

In Paris und Oxford lehrte und forschte er zu zahlreichen naturwissenschaftlichen Fragestellungen. Zunächst unter päpstlichem Schutz, wurde er später wegen seiner unkonventionellen Ideen von den franziskanischen Ordensoberen inhaftiert. Mit dem Vorschlag, in westlicher Richtung nach Indien zu segeln, wies er Kolumbus den Weg zur Entdeckung Amerikas.

Er wurde in der Franziskanerkirche von Oxford bestattet.

Rogier van der Weyden
Niederländischer Maler (1399/1400–1464)

Als einer der führenden altniederländischen Maler war er bereits zu Lebzeiten in ganz Europa berühmt. Sein von tiefer Frömmigkeit geprägtes Schaffen umfaßt v. a. Altarretabel, Andachtsbilder und Porträts; zu den bedeutendsten Werken des Meisters zählt das „Jüngste Gericht" im Hôtel-Dieu von Beaune.

Er wurde in der Katharinenkapelle der Kathedrale Ste-Gudule zu Brüssel beigesetzt; die Grabplatte ist verloren.

Roland
Hruodland, Markgraf der Bretagne (gest. 778)

Auf dem Rückzug → Karls d. Gr. aus Spanien fiel er bei einem Überfall der Basken auf die fränkische Nachhut in den Pyrenäen, angeblich bei Roncesvalles. Später wurde er von der Sage zum heldenhaften Kämpfer gegen die Ungläubigen überhöht; seine Verehrung als Wahrer des Rechts bezeugen zahlreiche Rolandstatuen.

Nach dem legendenhaften Bericht des Rolandsliedes wurde er mit seinen Gefährten Oliver und Turpin in der Romanuskirche zu Blaye (an der Gironde) bestattet; die Herzen der drei Helden barg man gemeinsam in einem Marmorsarkophag.

● Romanos IV. Diogenes
Byzantinischer Kaiser (1068–1071, gest. 1072)

Angesichts der seldschukischen Bedrohung zum Kaiser erhoben, führte der erfahrene Militär zwei erfolgreiche Feldzüge in Kleinasien; dann wurde er durch Verrat bei Mantzikert besiegt. Während seiner Gefangenschaft abgesetzt, wurde er bei der Rückkehr grausam geblendet und erlag wenig später den schweren Verletzungen.

An seinem Todesort, der eigenen Klosterstiftung auf der Insel Prote, setzte ihm die Witwe ein prächtiges Grab.

● Rublev, Andrej
Russischer Maler (um 1360/70–vor 1427)

Der Mönch des Moskauer Andronikov-Klosters war als bedeutender Fresken- und Ikonenmaler u. a. an der Ausschmückung der Verkündigungskathedrale im Kreml, seines eigenen Klosters sowie der Troice-Sergieva Lavra (ehem. Zagorsk) beteiligt; die dortige Dreifaltigkeitsikone gilt als berühmtestes Werk des Meisters.

Er wurde in seinem Kloster begraben; nach Presseberichten wurden die Überreste dort 2006 wiederentdeckt.

● Rudolf von Rheinfelden
Deutscher Gegenkönig (1077–1080, geb. um 1020/30)

Dem salischen Geschlecht verschwägert, diente der Herzog von Schwaben → Heinrich IV. loyal im sächsischen Aufstand. Mit päpstlicher Unterstützung im Investiturstreit zum (Gegen-)König erhoben, blieb er weitgehend auf Sachsen beschränkt. Sein Tod nach der Schlacht an der Elster – er hatte die Schwurhand verloren – galt den Zeitgenossen als Gottesurteil.

Er wurde im Dom zu Merseburg bestattet; über der Gruft ruht im Boden der Vierung die (ursprünglich vergoldete) bronzene Grabplatte mit der Reliefdarstellung des Königs. Der auffällige Unterschied zwischen seiner aufwendigen Beisetzung – es handelt sich um das älteste (erhaltene) Figurengrab eines Laien aus dem Mittelalter – und den schlichten Steinsärgen der Salier in Speyer (→ Konrad II.) zeigt, daß es sich um ein denkmalartiges Grabmonument handelt, von der päpstlichen Partei dem Herrscher gesetzt, der als „sacra victima" (heiliges Opfer) im Dienst der Kirche den Tod gefunden hatte.

Rudolf I.
Deutscher König (1273–1291, geb. 1218)

Mit seiner Wahl endete die „schreckliche, die kaiserlose Zeit" des Interregnums. Ziel des neuen Herrschers war die Konsolidierung des Reiches nach Jahrzehnten von Faustrecht und allgemeiner Unsicherheit. Der unbotmäßige König → Ottokar von Böhmen wurde in der Schlacht bei Dürnkrut niedergeworfen. Durch die Belehnung seiner Söhne mit Österreich und der Steiermark legte Rudolf den Grundstein für die spätere Donaumonarchie und die Weltgeltung des Hauses Habsburg.

Im ehrwürdigen Dom zu Speyer (→ Konrad II.) wurde er im Königschor beigesetzt; in seinem Grab fand man die Gebeine unvollständig und zerstreut, den Schädel durch einen französischen Säbelhieb (1689) verletzt. Die noch zu Lebzeiten gefertigte Grabplatte zeigt in fast vollplastischem Relief den Verstorbenen mit individuellen Zügen, denen freilich erst bei der Restaurierung (19. Jh.) „habsburgische Eigenheiten" hinzugefügt wurden; es handelt sich um das älteste erhaltene deutsche Herrscherporträt. Später gelangte sie in den Johanniterhof; nach der Wiederauffindung (1811) wurde sie in den Dom zurückgebracht und 1961 am Zugang zur heutigen Kaisergruft aufgestellt.

Rudolf IV. der Stifter
Herzog von Österreich (1358–1365, geb. 1339)

Dem wichtigsten Ziel des Habsburgers – der Gleichstellung mit den Kurfürsten – dienten die Fälschung des „Privilegium maius" und der neugeschaffene Titel eines „Erzherzogs". Seine Macht mehrte er durch den Erwerb von Tirol, den Glanz der Residenz Wien durch den Ausbau der Stephanskirche und die Gründung der zweiten deutschen Universität. Seine Herrschaft war ein Meilenstein beim Aufstieg Österreichs zur Vormacht in Deutschland.

Nach eigenem Wunsch wurde er in der Herzogsgruft unter dem Chor der Stephanskirche beigesetzt. Am Grab befand sich sein lebensnahes Bild – das älteste Porträt der deutschen Kunst. Eine Graböffnung (1933) erwies, daß Gebeine und Beigaben vollständig erhalten waren. Bei einer Neugestaltung der Gruft wurde der Sarg des Stifters in der Mitte des Raumes aufgestellt (1956).

Im Hauptchor hatte er sich einen Kenotaph errichtet, der 1493 in den nördlichen Seitenchor umgesetzt wurde. Auf einer Tumba ruhen die Liegegestalten des fürstlichen Paares; der Sockel zeigte (in verlorenen Darstellungen) die Stiftungen des Habsburgers.

● Ruprecht
Deutscher König (1400–1410, geb. 1352)

Bei der Absetzung → Wenzels zum Nachfolger gewählt, vermochte sich der Pfalzgraf bei Rhein nicht allgemein durchzusetzen; ein Italienzug scheiterte, ebenso alle Ansätze zu einer grundlegenden Kirchenreform. Zahlreiche zukunftsweisende Projekte (etwa für eine einheitliche Reichswährung) wurden nie verwirklicht – zu weit war der Niedergang der deutschen Königsmacht fortgeschritten.

Der Sohn stiftete ihm ein Hochgrab im Chor der Heiliggeistkirche von Heidelberg, dessen Bau der König selbst begonnen hatte. Die einzig erhaltene Deckplatte (j. seitlich des Chores) zeigt den Verstorbenen im vollen Ornat, seine Gemahlin Elisabeth von Hohenzollern an der Seite. Die Gebeine wurden nach der Verwüstung der Stadt durch die französische Armee (1693) in einem eilig angelegten Sammelgrab der pfälzischen Fürsten unter dem Chor beigesetzt.

● Saladin
Ayyubidenherrscher (1174–1193, geb. 1138)

Der kurdische Heerführer erlangte die Herrschaft über Ägypten und Syrien und eroberte nach dem Sieg bei Hattin die heilige Stadt Jerusalem. Ihr Fall löste den 3. Kreuzzug aus, der trotz der Heldentaten des englischen Königs → Richard Löwenherz scheiterte. Als ritterlicher Gegner genoß Saladin auch bei den Christen hohes Ansehen und prägte für Jahrhunderte das Bild des „edlen Heiden".

Unter großer Trauer des Volkes wurde er im Gartenhaus der Zitadelle von Damaskus begraben. Zwei Jahre später errichtete ihm einer der Söhne ein

Damaskus, Saladin-Mausoleum

Mausoleum an der Nordmauer der Großen Moschee. Der kubische Bau birgt unter der Schirmkuppel den ursprünglichen Holzsarg des Herrschers (j. seitlich aufgestellt); der heutige Kenotaph wurde von Kaiser Wilhelm II. gestiftet.

● Sergej von Radonež
Russischer Klostergründer (um 1314–1391/2)

Der Sohn einer Bojarenfamilie zog sich in das asketische Leben zurück und gründete später die Troice-Sergieva Lavra bei Moskau (in kommunistischer Zeit unter dem Stadtnamen „Zagorsk" bekannt). Er wurde zur dominierenden Persönlichkeit seiner Zeit, dessen Reformen das russische Klosterwesen durch Jahrhunderte prägten; mit seiner geistlichen Unterstützung errang → Dmitrij Donskoj den Sieg bei Kulikowo über die Mongolen.
 Er wurde in der schlichten Holzkirche seines Klosters beigesetzt; an ihrer Stelle entstand im 15. Jh. die weißsteinerne Dreifaltigkeitskathedrale über der Ruhestätte des Gründers; diese bedeckt eine silberne Platte (16. Jh.). Hier wurden im 15./16. Jh. die Nachkommen der Moskauer Herrscher getauft, das Sakrament durch einen Kuß auf das Kreuz über dem Grab des Heiligen besiegelt.

● Seuse, Heinrich
Deutscher Mystiker (1295/97–1366)

Der Prior des Dominikanerklosters zu Konstanz wirkte als Seelsorger und Prediger; mit seinem Lehrer Meister Eckhart und Johannes Tauler bildet er das männliche Dreigestirn der deutschen Mystik. Mit dem „Büchlein der Ewigen Weisheit" schuf er das meistverbreitete Andachtsbuch des späten Mittelalters.
 Er wurde in der Predigerkirche von Ulm beigesetzt; seit der Errichtung der protestantischen Dreifaltigkeitskirche über dem mittelalterlichen Bau (1619) ist das Grab verschollen.

● Sforza, Francesco
Herzog von Mailand (1450–1466, geb. 1401)

Nach dem Ende der Visconti beanspruchte der erfahrene Condottiere aufgrund seiner Heirat mit der Tochter des letzten Herzogs erfolgreich – freilich nicht kampflos – dessen Erbe. Eine kluge Regierung sowie die Politik eines

Gleichgewichts der italienischen Mächte brachten Mailand eine Epoche von Frieden, Wohlstand und kulturellem Glanz.

Die Särge des Herzogs und anderer Mitglieder der Dynastie hingen im Dom zu Mailand an Ketten vom Gewölbe des Chorumgangs herab. Wohl auf Geheiß des Erzbischofs Karl Borromäus wurden sie im 16. Jh. entfernt; an die verlorenen Grabstätten erinnern Kenotaphien.

● Sigismund
Kaiser und deutscher König (1410–1437, geb. 1368)

Durch Heirat erlangte der Sohn → Karls IV. die ungarische Krone, später auch die Herrschaft in Böhmen; zudem wurde er zum deutschen König gewählt. Auf dem Konzil von Konstanz gelang die Beendigung des Abendländischen Schismas; die Verbrennung des Reformators → Johannes Hus löste dagegen die verheerenden Hussitenkriege aus. Weit in die Zukunft wirkte die Belehnung der Hohenzollern mit der Mark Brandenburg.

Auf eigenen Wunsch wurde er von seinem Sterbeort Znaim in den Dom von Großwardein (Oradea) übergeführt; dorthin hatte er bereits die Reliquien des Namenspatrons aus Prag verbringen lassen. Bischofskirche und kaiserliche Ruhestätte fielen den Türkenkriegen zum Opfer; lediglich das Epitaph ist überliefert. 1755 entdeckte man auf dem Gelände der Kathedrale ein Grab, das einige kostbare Objekte enthielt; ihre Entstehungszeit und das Drachenmotiv auf einer Gürtelschnalle (Sigismund hatte den Drachenorden gestiftet!) könnten auf seine Beisetzung hindeuten; letzte Gewißheit fehlt allerdings.

● Silvester II.
Gerbert von Aurillac, Papst (999–1003, geb. um 950)

Der bedeutendste Gelehrte seiner Zeit verwendete wohl zuerst im Abendland die „arabischen" Ziffern; späteren Generationen galt er als Zauberer. Von → Otto III. zum Lehrer und Berater berufen, beeinflußte er maßgeblich dessen imperiale Konzeption. Durch seinen kaiserlichen Freund zum Papst erhoben, wahrte er das tiefste Einvernehmen zwischen beiden Häuptern der Christenheit.

Er wurde im Portikus der Laterankirche beigesetzt, im 14. Jh. in ein Sammelgrab (Polyandron) übertragen. Bei einer Graböffnung (1648) wurde der Leichnam unversehrt aufgefunden, zerfiel aber sofort zu Staub. Das damals von F. Borromini geschaffene Monument im rechten Seitenschiff ist verloren.

An seiner Stelle entstand als ungarische Stiftung das heutige Grabrelief; es zeigt die Übersendung eines königlichen Diadems für → Stephan d. Hl. durch den Papst. Auf einer fehlerhaften Übersetzung der Grabinschrift beruht die Legende, hier sei kurz vor dem Ableben eines Papstes das Rasseln von Gebeinen zu hören.

● Sixtus IV.
Francesco della Rovere, Papst (1471–1484, geb. 1414)

Glanz und Elend des Renaissancepapsttums spiegeln sich in seinem Pontifikat; bedeutende Künstler wirkten in Rom, die Errichtung der Sixtinischen Kapelle machte den Namen ihres Stifters unsterblich. Zugleich standen jedoch Korruption und Nepotismus in höchster Blüte.

Beauftragt von Giuliano della Rovere, dem Neffen des Verstorbenen (und späteren Papst Julius II.), schuf A. Pollaiuolo sein bedeutendes Grabmonument in der Chorkapelle von Alt-St. Peter, die der Verstorbene selbst gestiftet hatte. Auf einem Sockel aus grünem Marmor trug eine Bronzeplatte die Liegegestalt des Papstes in hervorragendem Porträt. Mit der Ruhe des Toten kontrastieren die bewegten Darstellungen der sieben Tugenden und zehn (!) freien Künste in den seitlichen Feldern, getrennt von Eichenlaub, dem heraldischen Emblem der Familie. Das Grabmal bewahren die Vatikanischen Grotten; die Gebeine wurden 1926 in der Sakramentskapelle wiederentdeckt und seitlich der Apsis beigesetzt.

● Skanderbeg
Georg Kastriota, albanischer Fürst (um 1405–1468)

Als Geisel der Osmanen aufgewachsen und in ihrem Militärdienst aufgestiegen, wurde er später zum Vorkämpfer des albanischen Widerstandes; mehrfach siegte er über türkische Heere. Mit Skanderbegs Tod endete der Freiheitskampf seines Volkes.

Er wurde in der St.-Nikolauskathedrale im nordalbanischen Alessio bestattet. Bei der Eroberung der Stadt (1478) brachen die Türken das Grab auf und verwendeten die Gebeine als Amulette. In osmanischer Zeit als Moschee genutzt, wurde die Kirche im 20. Jh. zur Gedenkstätte an den Freiheitshelden umgestaltet.

Stephan I. d. Hl.
König von Ungarn (1001–1038, geb. um 970)

Durch die Übernahme des christlichen Glaubens führte er sein Volk in die Gemeinschaft der abendländischen Nationen; → Otto III. verlieh ihm den Königstitel und stiftete das Erzbistum Gran. Nach der Heiligsprechung wurde der Begründer des ungarischen Staates als Patron des Landes verehrt.

Man setzte ihn in seiner eigenen Stiftung bei, der Propsteikirche Mariae Himmelfahrt zu Stuhlweißenburg (Székesfehérvár), die zu Krönungsort und Grablege der meisten ungarischen Herrscher wurde. Mehrfach wurde der Bau des 11. Jhs. umgestaltet und durch königliche Grabkapellen erweitert. Nahezu alle Ruhestätten fielen der Plünderung durch die osmanische Soldateska zum Opfer (1543); dabei wird von reichen Beigaben berichtet (sie werden vorstellbar durch das unversehrte Grab Bélas III. mit den bedeutendsten Herrschergrabfunden des Mittelalters). Nach schweren Schäden durch eine Pulverexplosion wurde der Bau im 18. Jh. abgerissen; bei archäologischen Untersuchungen (v. a. 1936/38 und 1970/71) legte man die Fundamente frei und bestattete die Gebeine aus den Königsgräbern am Eingang des neugeschaffenen Ruinengartens.

In seiner Arkadengalerie sind Fragmente der Bauplastik ausgestellt, unter ihnen der Stephan I. zugeschriebene Sarkophag (nach abweichender Auffassung die Grablege seines Sohnes); dabei handelt es sich um einen im 11. Jh. umgearbeiteten römischen Marmorsarg; auf der Schmalseite erscheint die Darstellung eines Engels, der die Seele des Verstorbenen zum Himmel trägt.

Störtebeker, Klaus
Seeräuber (gest. 1401)

Den Krieg zwischen Dänemark und Schweden nutzten norddeutsche Seeräuber zum Eingreifen; den Lieferungen für das belagerte Stockholm verdankten sie den Namen „Vitalienbrüder" (Viktualien). Später setzten sie ihre Raubzüge in der Nordsee fort; zu den Anführern zählte Störtebeker, dessen Gestalt freilich von der Legende weit über ihre historische Bedeutung erhöht wurde. Bei Helgoland besiegt und gefangen, wurde er auf dem Grasbrook zu Hamburg enthauptet.

Wie bei der Hinrichtung von Piraten üblich, wurde sein Kopf auf einem Pfahl aufgepflanzt, der Körper in einer Grube verscharrt. Am Ort der Hinrichtung fand man 1878 zwei Schädel mit Spuren einer Annagelung (j. im Museum für Hamburgische Geschichte), die höchstwahrscheinlich von mittelalterlichen Seeräubern stammten. Die sorgfältige Behandlung des einen deutet auf das Haupt eines Anführers, der für die Betrachter erkennbar bleiben sollte.

● **Stoß, Veit**
Bildhauer und Maler (um 1440/50–1533)

Einer der größten Meister des spätgotischen „Bewegungsrausches", schuf er zahlreiche Bildwerke in Holz und Stein; unter ihnen ragen der Krakauer Marienaltar, das Grabmal Kasimirs IV. und der „Englische Gruß" in der Nürnberger Lorenzkirche hervor. Zu Unrecht wegen Wechselfälschung grausam bestraft, starb er als gebrochener Mann.
  Er wurde auf dem St.-Johannis-Friedhof zu Nürnberg begraben.

● **Suger**
Abt von St-Denis (1122–1151, geb. 1081)

Der hochgebildete und kunstsinnige Abt war der wichtigste Ratgeber am königlichen Hof, bei Abwesenheit der Herrscher Regent von Frankreich. Tatkräftig erneuerte er Mönchsleben und Wirtschaftskraft seines Klosters; dies ermöglichte den Neubau der Abteikirche, mit dem die Gotik ihren Siegeszug antrat. Der neue Stil entsprach Sugers geistlichem Anliegen: Die lichtdurchstrahlte Schönheit der Sakralbauten sollte die Menschen zu Gott führen.
  In Gegenwart des Königs wurde er in seinem Kloster bestattet; im 13. Jh. setzte man ihm ein neues Grabmal am Zugang der Kirche vom Kreuzgang. Auf der Tumba war eine Gruppe von Mönchen dargestellt; der Deckel trug die Liegegestalt des Verstorbenen. Das Monument fiel der Revolution zum Opfer.

● **Tassilo III.**
Herzog der Bayern (748–788, geb. 741, gest. nach 794)

Tatkräftig mehrte er seine Macht; kirchenpolitische und kulturelle Ambitionen des Agilolfingers spiegeln sich in bedeutenden Klostergründungen und dem herrlichen Tassilokelch (j. Kremsmünster). Der Versuch, durch ein Bündnis mit den Langobarden die Unabhängigkeit Bayerns zu bewahren, scheiterte; der Herzog mußte sich seinem Vetter → Karl d. Gr. unterwerfen und wurde in ein Kloster verbannt; dort verliert sich seine Spur.
  Wahrscheinlich wurde er an seinem Verbannungsort, dem Kloster Jumièges, bestattet.

● Tauler, Johannes
Deutscher Mystiker (um 1300–1361)

Der Straßburger Dominikanermönch zählt mit Meister Eckhart und → H. Seuse zu den bedeutendsten deutschen Mystikern des Mittelalters; seine Schriften wirkten bis in die Gegenreformation fort.

Ursprünglich war der Grabstein in seinem Konvent zu Straßburg in den Boden des Kreuzgangs eingelassen; nach der Säkularisierung (19. Jh.) wurde er an der Wand aufgestellt. In feiner Ritzzeichnung zeigt er den Verstorbenen mit dem Gotteslamm; die Säule zu seiner Rechten kennzeichnet ihn als Stütze der Kirche.

● Theophanu
Kaiserin, Gemahlin Ottos II. (um 960–991)

Um den Frieden zwischen beiden Reichen zu besiegeln, wurde die Nichte des Johannes → Tzimiskes mit → Otto (II.) vermählt. Nach dessen Tod sicherte sie gemeinsam mit der Schwiegermutter Adelheid ihrem Sohn → Otto III. die Herrschaft. Später verschlechterte sich das Verhältnis zwischen den beiden ehrgeizigen Frauen; zunehmend wuchs der Einfluß Theophanus; ihr früher Tod machte Adelheid zur alleinigen Regentin.

Nach eigenem Wunsch wurde sie in St. Pantaleon zu Köln beigesetzt; das Bodengrab – wohl im Westwerk – bezeugte die Demut der Verstorbenen. Im Lauf der Jahrhunderte wurden die Gebeine mehrfach innerhalb der Basilika verlegt, schließlich 1965 in den heutigen antikisierenden Sarkophag umgebettet.

● Thomas von Aquin
Dominikanertheologe und Philosoph (1224/25–1274)

Der Schüler des → Albertus Magnus lehrte später in Paris, Rom und Neapel. In den zahlreichen Schriften des bedeutendsten Scholastikers verbinden sich christliches und aristotelisches Denken. Sein Hauptwerk, die „Summa theologiae", prägt die katholische Lehre bis heute.

Am Todesort Fossanova wurde er vor dem Hochaltar der Zisterzienserkirche beigesetzt, die Ruhestätte von den Mönchen aus Furcht vor Rückgabeansprüchen der Dominikaner, aber auch vor Reliquiendiebstahl mehrfach heimlich verlegt. Schließlich sprach Urban V. die Gebeine dem Orden zu; daher wurden sie in seine Kirche Les Jacobins zu Toulouse übertragen (1369).

Nach der Zerstörung der Grabstätte in den Hugenottenkriegen errichtete man im Chor einen monumentalen Aufbau mit Säulen und Statuen, gekrönt von einer Kuppel über Altar und Schrein des Kirchenlehrers (1623). In der Französischen Revolution wurde er zerstört, die Überreste des „Doctor angelicus" in der Kirche St-Sernin geborgen.

● Thomas a Kempis (von Kempen)
Augustinertheologe (um 1379/80–1471)

Nahezu das ganze Leben verbrachte er im Kloster Agnetenberg bei Zwolle; hier verfaßte er zahlreiche asketische und mystische Schriften. Seit dem 15. Jh. ist umstritten, ob ihm auch das Erbauungsbuch über die „Imitatio Christi" zuzuschreiben ist; es gilt – nach der Bibel – als das meistverbreitete Buch der Welt.

Er wurde im Kreuzgang seines Klosters bestattet; nach dessen Zerstörung in der Reformation überführte man die Gebeine in die Michaelskirche von Zwolle.

● Timur i Leng (Tamerlan)
Zentralasiatischer Herrscher (1370–1405, geb. 1336)

Als angeblicher Nachkomme → Dschingis Chans beanspruchte er dessen Erbe; unter unvorstellbaren Greueln eroberte er Zentralasien und Persien. Siegreich drang er nach Rußland und Vorderasien vor; den osmanischen Sultan → Bayezit schlug er vernichtend bei Angora. Seine Residenz Samarkand erhob er zum glanzvollen Zentrum des Reiches, das freilich den Tod des Herrschers nicht überlebte.

In Samarkand ließ er sich ein grandioses Mausoleum – das größte Grabmal der islamischen Welt – errichten. Turmartig erhebt sich das „Gūr-i-Amīr" (Grab des Herrschers) über einem oktogonalen Unterbau, auf dem Ziegelmonogramme die Namen Allahs und seines Propheten nennen; unter der mehrfarbigen Rippenkuppel verkündet eine Inschrift die Ewigkeit Gottes. Der Innenraum ist mit Alabaster, Stuck und Mukarnas reich ausgestattet, ein Schriftband preist die Taten des Verstorbenen. Neben seinem Kenotaph aus kostbarem Nephrit erheben sich die Grabmonumente der Angehörigen und Vertrauten, auch des „Heiligen", der Timur einst die Herrschaft prophezeit hatte. In der Krypta ruhen die Gebeine unter schlichten Grabplatten. Bei einer Untersuchung (1941) entdeckte man in einem der hölzernen Särge ein männliches Skelett mit Verwachsungen an Knie und Schulter – sie entsprechen den zeitgenössischen Beschreibungen des Eroberers.

Ulrich
Bischof von Augsburg (923–973, geb. 890?)

Durch die erfolgreiche Verteidigung der Stadt gegen die Ungarn legte er den Grundstein für den Sieg → Ottos d. Gr. auf dem Lechfeld. Seine Kanonisierung durch Papst Johannes XV. – die erste der Kirchengeschichte – ist neuerdings in Zweifel gezogen worden.

Man bestattete ihn in der Kirche der Hl. Afra (später St. Ulrich und Afra) zu Augsburg, wo er sich selbst die Grablege errichtet hatte. Nach einem Brand wurden die Gebeine 1187 in die erneuerte Stiftskirche umgebettet; den Sarg trugen → Friedrich Barbarossa und drei Bischöfe. Bei der Übertragung der Reliquien legte man eine Kupferplatte mit der gravierten Darstellung des Heiligen – das älteste erhaltene Grabbild dieser Art – auf die Ruhestätte. Das Rokoko gab der Ulrichsgruft neue, anmutige Züge; damals entstand auch der heutige Marmorsarkophag; 1962 wurde der Raum in die neugestaltete Unterkirche einbezogen.

Urban II.
Odo von Châtillon, Papst (1088–1099, geb. um 1035)

Der ehemalige Prior von Cluny führte die Gregorianische Kirchenreform energisch, aber diplomatischer fort. Sein Vorhaben, Byzanz gegen das Vordringen der Seldschuken zu unterstützen, wurde zur Vision von der Befreiung des Heiligen Landes; die Ausrufung des 1. Kreuzzuges in Clermont zeigte das Papsttum – nicht den Kaiser – als führende Macht des Abendlandes.

Er wurde im südlichen Querhaus von Alt-St. Peter bestattet.

Vladimir I. d. Hl.
Fürst von Kiev (972–1015)

In siegreichen Feldzügen gegen zahlreiche Nachbarvölker mehrte er die Macht Kievs. Sein Bündnis mit Byzanz gegen die Bulgaren wurde mit der Hand einer „purpurgeborenen" Prinzessin belohnt; in einer Massentaufe am Dnjepr übernahm der Fürst mit dem gesamten Volk den orthodoxen Glauben und besiegelte damit die kulturelle und religiöse Prägung Rußlands bis in unsere Zeit.

Als ersten steinernen Sakralbau Rußlands hatte er der Gottesmutter die Desjatinnaja (Zehntkirche) im Fürstenhof zu Kiev gestiftet; den Namen verdankte sie der Förderung durch den zehnten Teil seiner Einkünfte. Dort wurde er in einem Marmorsarkophag beigesetzt; der ehrwürdige Bau fiel dem Mongolensturm (1240) zum Opfer.

Walahfrid Strabo
Karolingischer Dichter und Gelehrter (808/9–849)

Der Schüler des → Hrabanus Maurus stieg zum Erzieher → Karls des Kahlen, später zum Abt der Reichenau auf. Durch seine theologischen Werke, v. a. aber die stilistisch vollendeten Gedichte zählt er zu den bedeutendsten Literaten der Karolingischen Renaissance.
  Er fand seine letzte Ruhe auf der Reichenau.

Waldemar IV. Atterdag
König von Dänemark (1340–1375, geb. um 1321)

Nach Jahrzehnten des Niedergangs gelang ihm die Wiederherstellung der königlichen Macht; er mußte zwar Estland an den Deutschen Orden verkaufen, gewann aber Schonen zurück und eroberte in blutigen Kämpfen Gotland. Dieser Machtzuwachs führte zum Konflikt mit der Hanse; in zwei Kriegen besiegt, mußte ihr der König im Frieden von Stralsund die Märkte des Landes öffnen.
  Er wurde in der Schloßkirche von Vordingborg bestattet; zwei Jahre später erwirkte seine Tochter → Margarete die päpstliche Erlaubnis zur Umbettung nach Sorø; dabei wurden nur die großen Knochen übergeführt. Das gotische Grabmal im Chor der Klosterkirche zeigt den Verstorbenen in voller Rüstung.

Wallace, William
Schottischer Freiheitsheld (um 1270–1305)

Im schottischen Freiheitskampf schlug er die Engländer bei Stirling; bei Falkirk besiegt, versuchte er vergeblich, französische Unterstützung zu gewinnen. Nach der Niederwerfung des Aufstandes wurde er als „Hochverräter" grausam hingerichtet, sein tragisches Schicksal aufwendig verfilmt („Braveheart").
  Herz und Eingeweide wurden verbrannt, das Haupt auf der London Bridge ausgestellt, Teile des zerstückelten Körpers nach Norden gesandt und dort gleichfalls zur Schau gestellt.

● Walther von der Vogelweide
Deutscher Minnesänger (um 1170–um 1230)

Der bedeutendste deutsche Minnesänger wirkte an zahlreichen Höfen zwischen Frankreich und Ungarn. Seinen Ruhm begründen sprachschöpferische Kraft und Vielfalt des Werkes; dieses umfaßt außer den Minneliedern Sangsprüche und politische Dichtungen, etwa für seinen königlichen Gönner → Philipp von Schwaben. Das Preislied „ir sult sprechen willekomen" wurde zur Grundlage des Deutschlandliedes.

Man bestattete ihn im Lusamgärtchen, dem Kreuzgang des Neumünsters von Würzburg; ein moderner Gedenkstein erinnert an das verlorene Grab.

● Wenzel
Deutscher König (1378–1400, geb. 1361, gest. 1419)

Der Sohn → Karls IV. zeigte sich den politischen und religiösen Spannungen im Reich und in Böhmen nicht gewachsen; sein Konflikt mit der Kirche gipfelte in der Hinrichtung des Johannes Nepomuk. Von den Kurfürsten als deutscher König abgesetzt, förderte er zunächst die Reformbewegung des → Johannes Hus, bekämpfte sie aber später erbittert.

Wegen der Unruhen in Böhmen setzte man ihn in bescheidener Form in Königsaal bei, dem alten Hauskloster der Přemysliden. Bereits im folgenden Jahr wurde das Grab von Hussiten geplündert, die Leiche des trinkfreudigen Königs zum Spott mit Wein übergossen; ein Getreuer barg den Körper und bestattete ihn – in eigenartiger Ironie – in seinem Weinberg. Seit 1424 ruhte er an der Seite des Vaters im Veitsdom; bei der Errichtung der neuen Königsgruft unter Rudolf II. waren die Überreste nicht mehr sicher zu identifizieren. Zusammen mit anderen Gebeinen setzte man sie in einem großen Sarkophag bei; eine Trennung erfolgte bei der erneuten Umbettung im 19. Jh.

● Wenzel I. d. Hl.
Fürst von Böhmen (921–929/35, geb. um 907)

Seine Herrschaft war vom Konflikt zwischen Christen und Heiden geprägt. Nach der Anerkennung der deutschen Oberhoheit, aber auch wegen seiner tiefen Frömmigkeit zunehmend unbeliebt, wurde er vom eigenen Bruder → Boleslav ermordet und schon bald als Märtyrer verehrt. Aus dem Kult des Landespatrons erwuchs das böhmische Nationalbewußtsein.

Man begrub ihn an seinem Todesort Altbunzlau in der Kirche der Hll. Kosmas und Damian. Auf allgemeinen Wunsch des Volkes ließ ihn sein Bruder (und Mörder) nach drei Jahren in die Prager Veitsrotunde umbetten, die Wenzel selbst gestiftet hatte; diese stieg zum zentralen Heiligtum Böhmens auf. In der späteren romanischen Basilika barg eine eigene Kapelle im südlichen Seitenschiff seine Ruhestätte.

Als neue Grablege und Abbild des Himmlischen Jerusalem schuf P. Parler im Auftrag → Karls IV. die ursprünglich freistehende Wenzelskapelle auf der Südseite des Domes (14. Jh.); ihre Wände überziehen Halbedelsteinplatten sowie Wandgemälde zur Passion Christi und der Legende des fürstlichen Märtyrers. Das Meisterwerk der Gotik – eine der bedeutendsten mittelalterlichen Raumschöpfungen – umschloß das Grabmal des Heiligen; dieses war mit goldenen und silbernen Reliefs sowie 1300 Edelsteinen, Perlen und Kameen geschmückt. Auf die nahe Burg Karlstein verbracht, fiel es hussitischer Plünderung zum Opfer; bei Restaurierungsmaßnahmen (1911/12) setzte man dem Landespatron eine neue Tumba.

● Widukind
Herzog der Sachsen (gest. 807?)

Als Führer des sächsischen Widerstandes gegen → Karl d. Gr. errang er beachtliche militärische Erfolge; schließlich unterwarf er sich jedoch und nahm in Attigny die Taufe. Sein weiteres Schicksal ist umstritten; vielleicht starb er in klösterlicher Haft.

Eine (zweifelhafte) Tradition lokalisiert das Grab des Herzogs in der Stiftskirche seiner Residenz Enger (Westfalen). Im 12. Jh. setzte man ihm dort eine steinerne Grabplatte mit einer Liegegestalt im königlichen Ornat (Widukind wurde später als „heiliger König" verehrt); das Stuckrelief war ursprünglich farbig gefaßt, Glasflüsse (oder Halbedelsteine) eingelassen.

● Wilhelm I. der Eroberer
König von England (1066–1087, geb. 1027/28)

Bereits als Kind zum Herzog der Normandie erhoben, sicherte er später seine Herrschaft tatkräftig gegen den rebellischen Adel. Durch den Sieg bei Hastings eroberte er England, das er grundlegend umgestaltete: Das europäische Feudalsystem wurde eingeführt, eine neue normannische Führungsschicht begründet, ein für das Mittelalter nahezu einzigartiger Kataster erarbeitet (Domesday Book). Ungeachtet aller Härten legte der König damit den Grundstein für den Aufstieg des Landes zur europäischen Großmacht.

Er wurde im Presbyterium seiner eigenen Stiftung St-Étienne zu Caen bestattet. Dabei kam es zum Eklat: Ein Ritter beschuldigte den Verstorbenen, er habe ihm das Land für den Bau der Abtei gewaltsam geraubt; erst als man ihm den Grabplatz abkaufte und weitere Entschädigung versprach, konnte der Herrscher beigesetzt werden. Der Sarg erwies sich jedoch als zu klein für den umfangreichen Körper; als man den Leichnam hineinpreßte, platzte er auf; der fürchterliche Gestank zwang zur Beschleunigung des Zeremoniells.

Als kostbare Hülle für den Sarg stiftete der Sohn des Verstorbenen einen prächtigen Schrein. 1562 zerstörten die Hugenotten das Grabmal und zerstreuten die Gebeine; nur ein Oberschenkelknochen konnte geborgen werden. Ihm setzte man 1642 – damals war Kardinal Richelieu Titularabt des Klosters – ein neues Grab. Ein drittes Monument (1742) fiel der Französischen Revolution zum Opfer; seit 1802 erinnert eine Marmorplatte an die verlorene Ruhestätte.

● Willibrord
Erzbischof der Friesen (695–739, geb. um 657/58)

Mit päpstlicher und karolingischer Unterstützung predigte der angelsächsische Mönch bei den Friesen; diese Form der Mission wurde wegweisend für → Bonifatius. Zentren seiner Tätigkeit waren Utrecht und das Kloster Echternach, wohl auch der Todesort des „Apostels der Friesen".

Seit mehr als 500 Jahren wird sein dortiges Grab durch die berühmte Springprozession geehrt. Der merowingische (bis heute erhaltene) Steinsarg des Erzbischofs stand ursprünglich im Chor der Klosterkirche; schon bald setzte man ihm ein repräsentatives Grabmal. Im karolingischen wie im romanischen Neubau ruhten Willibrords Gebeine unter dem Hauptaltar. In den Revolutionskriegen wurde die Ruhestätte geplündert (1794), die verstreuten Überreste jedoch später geborgen. Der Historismus setzte ihnen einen neuen Marmorschrein vor den Chorstufen; 1938 übertrug man sie in die Krypta. Gelegentlichen Zweifeln am Grabort steht die lückenlose Tradition seiner Bestattung seit dem 8. Jh. entgegen.

● Wolfram von Eschenbach
Deutscher Dichter (um 1200)

Über den bereits zu Lebzeiten vielbewunderten Minnesänger ist wenig bekannt. Unter seinen epischen Dichtungen ragt der „Parzival" hervor; er schildert die leidvolle und abenteuerliche Suche des Ritters nach dem Heiligen Gral.

Seine Familie errichtete ihm ein Hochgrab (14. Jh.) in der Liebfrauenkirche im fränkischen Eschenbach (j. Wolframs-Eschenbach); dort wird es noch 1608 erwähnt.

● Wyclif, John
Englischer Reformator (um 1330–1384)

Wahrscheinlich wegen gescheiterter Karrierehoffnungen von der Papstkirche enttäuscht – statt des erstrebten Bistums hatte er nur eine Pfarrstelle in Lutterworth (Lincolnshire) erlangt –, lehnte er die katholische Abendmahlslehre und Hierarchie ab und forderte eine Rückkehr zur apostolischen Armut. Seine Schriften beeinflußten den böhmischen Reformator → Johannes Hus; bei dessen Verurteilung in Konstanz verfiel auch Wyclif postum als „Ketzer" dem kirchlichen Verdikt.

Man setzte ihn neben seiner Marienkirche zu Lutterworth bei; nach der Verdammung in Konstanz wurden die Gebeine ausgegraben und verbrannt (1427), die Asche in den Swift geschüttet.

● Žižka, Jan
Hussitischer Heerführer (um 1360–1424)

Erfolgreich organisierte er die hussitischen Scharen und begründete ihre Taktik, die vom Einsatz der Wagenburgen geprägt war; damit gelangen mehrfach Siege über katholische Heere und innerhussitische Gegner.

Er wurde in der Hauptkirche von Königgrätz beigesetzt, nach dem Verlust der Stadt (1437) in die Peter- und Paulskirche zu Tschaslau (bei Kuttenberg) übertragen. Grabmal und Liegestatue sind durch Beschreibungen bekannt; nach dem Sieg der Katholiken am Weißen Berg wurden sie zerstört, die Überreste des Hussitenführers unter einem Galgen begraben (1622). Auf Haß und Bewunderung zugleich beruht die Überlieferung, er habe auf dem Totenbett befohlen, sein Fleisch den Vögeln und Tieren zu überlassen, mit der Haut aber eine Trommel zu bespannen; vor deren Klang würden alle Feinde weichen. Noch im 18. Jh. wurde das legendäre Instrument auf der Festung Glatz gezeigt und von Friedrich d. Gr. als Kriegsbeute weggeführt.

Ohne Überlieferung

Hammurabi
Isaias
Sargon I.
Tiglatpileser I./III.

Antiochos III. d. Gr.
Ardaschir I.
Aristophanes
Aristoteles
Arminius
Athanasius
Attalos I.
Aurelian
Bar Kochba
Belisar
Brutus d. Ä.
Camillus
Catilina
Cato d. Ä.
Catull
Cicero
Crassus
Decius
Epikur
Euklid
Eumenes II.
Fritigern
Galenos
Geiserich
Hamilkar Barkas
Hieron II.
Kassander
Kroisos
Lukrez
Lysippos
Martial
Menenius Agrippa
Odysseus
Olympias

Ovid
Peisistratos
Periander
Pheidias
Plautus
Plinius d.Ä
Plinius d. J.
Plutarch
Polygnot
Polyklet
Praxiteles
Pythagoras
Romulus Augustulus
Roxane
Sallust
Schapur I./II.
Severus Alexander
Sokrates
Spartacus
Tacitus
Terenz
Valens
Vercingetorix

Arnolfo di Cambio
Gottfried von Straßburg
Hartmann von Aue
Hrotsvit von Gandersheim
Leif Eriksson
Lochner, Stephan
Olaf I. Tryggvason
Pacher, Michael
Rurik
Schongauer, Martin
Schwarz, Berthold
Sluter, Claus
Tarik
Tell, Wilhelm
Villon, François

Glossar

Agon	sportlicher Wettkampf (griech.)
Agora	Marktplatz (griech.)
Archon	höchster Staatsbeamter Athens; ein Kollegium von neun Archonten amtierte jeweils ein Jahr
Arianismus (Arianer)	Lehre des Arius, daß Christus nicht wesensgleich mit Gott ist
Cachette	Mumienversteck
castrum doloris	(hölzerner) Aufbau für ein Leichenbegängnis
Columbarium	Grabanlage mit Urnennischen (röm.)
Confessio	Heiligengrab unter dem Hochaltar einer Kirche
Crux Gemmata	edelsteinbesetztes Kreuz
Damnatio Memoriae	Tilgung des Andenkens (u. a. durch Vernichtung von Bildnissen und Inschriften)
Fasces	Rutenbündel mit Beilen als Machtsymbol (röm.)
Goryt	Köcher für Pfeile und Bogen
Harmost	spartanischer Kommandant
Hypogäum	unterirdische Grabanlage
in effigie	Vollzug einer Handlung am Bild eines Verstorbenen oder Abwesenden
Ka	„Seele", personifizierte Lebenskraft des Menschen in der ägyptischen Religion
Kanonisation/Kanonisierung	Heiligsprechung
Kanopen	Urne zur Bestattung der in Ägypten bei der Einbalsamierung herausgenommenen Eingeweide
Kline	Ruhebett (griech.)
konsekrieren	zu göttlicher Verehrung erheben
Larnax	kleine Truhe
laudatio funebris	Grabrede
Mastaba	flaches viereckiges Grab mit schrägen Seiten (ägypt.)
Mukarnas	islamischer „Stalaktiten"-Dekor
mutatio	Poststation zum Pferdewechsel
Nepotismus	Bevorzugung von Verwandten bei der Vergabe von Ämtern und Würden

ostrakisieren	durch das „Scherbengericht" verbannen; diese Exilierung galt nicht als Strafe, sondern diente dem Schutz der Demokratie vor zu mächtigen Politikern
Ostrom	Konstantinopel
Paliotto	Verkleidung für die Vorderseite eines Altares
Peterspfennig	Sondersteuer, später Spende für den Papst
Pleurant	Klagegestalt
Polis	Stadtstaat (griech.)
Reichsverweser	Verwalter der königlichen Macht bei Abwesenheit eines Herrschers
Säkularisierung	Übertragung von geistlichem Besitz in weltliche Hand
Satrap/Satrapie	Statthalter/Provinz im Perserreich
Schisma	Kirchenspaltung
Scholastik	mittelalterliche Erkenntnislehre, in der sich christlicher Glaube und philosophisches Denken verbinden
Sphaira	Herrschaftszeichen („Reichsapfel")
Tabula ansata	Tafel mit seitlichen Ansätzen
Tiara	Papstkrone
Triere	griechisch-römisches Kriegsschiff (Galeere)
Türbe	islamischer (meist überkuppelter) Grabbau
Uschebti	ins Grab gelegte Figur, die anstelle des Toten im Jenseits die Arbeiten verrichten soll
Zikkurat	mesopotamische Tempelpyramide

Bildnachweis

Umschlagabbildung: plainpicture/Tanja Luther
Alle übrigen Aufnahmen: Dr. Stephan Elbern